Herausgeber und Autor:

FREE SPIRIT MMEDIA-PRODUCTION
Bruno Purusha Würtenberger

Interessierte Leser sind herzlich eingeladen, sich mit dem Verlag oder dem Autor in Verbindung zu setzen:

Spirituelle Schule Schweiz
FREE SPIRIT MMEDIA-PRODUCTION
Bruno Würtenberger
Wermatswilerstrasse 48
CH-8610 Uster

Telefon: +41-(0)44-951 04 05
Telefax: +41-(0)44-951 18 00

E-Mail: spiritinfo@swissonline.ch

Erste Auflage: Herbst 2007 (3000 Ex.)

ISBN 978-3-9522721-5-2

EINLEITUNG

von Dipl. Ing. Klaus Podirsky

Gegenwärtigkeit leben

Mit wachsendem Interesse tastete ich mich lesend Kapitel um Kapitel in diesem Buch voran. Nun haben Sie – lieber Leser, liebe Leserin – es selbst vor sich liegen und sind wohl ebenso gespannt darauf, was ‚Sein im Zentrum der Mitte' Neues an Sie heranbringt beziehungsweise, wo etwas in Ihnen selbst in Schwingung kommt oder auch andersartig angestoßen wird.

Ein Aspekt wurde mir beim Lesen des Buches besonders wesentlich: Bruno Würtenberger berührt bereits in den ersten Kapiteln eine Thematik, auf die ich selbst vor kurzem in einem wissenschaftlichen Artikel gestoßen war – dort allerdings, ohne dass in irgendeiner Art und Weise auf die davon betroffene Lebenswirklichkeit Bezug genommen worden wäre. Trotzdem: ein interessanter Aspekt, der, als ich ihn in der Zeitschrift las, etwas in mir zum Klingen brachte. Lesend spürte ich damals, dass das Free Spirit-Bewusstseins-Werkzeug mir den ‚Schlüssel' in die Hand gegeben hatte, in dieser Lebenswirklichkeit lebendig aufgehen zu können.

Was unsere Zeit auszeichnet, ist mit Sicherheit die unglaubliche Dynamik aller Entwicklungsprozesse. Wir alle sind Zeitgenossen. Die Welt – so wie wir sie heute erleben – hat eine Entwicklungsdynamik erreicht, welche uns Menschen oftmals zweifeln lässt, ob das Leben so noch bewältigbar oder gar lebenswert ist. Darauf kann man mit Ablehnung, Widerstand und absichtlicher ‚Regression' antworten, oder sich dieser unerhörten Dynamik hingeben. Ohne jedoch das notwendige Werkzeug dafür erworben zu haben, ist die zweifelnde Zukunfts-Diagnose mehr als nahe liegend: übermäßiger Stress, Überforderung und Hand in Hand gehende Aggression werden die Menschen überfallen – Hand in Hand gehend mit jener allerorts beschriebenen akzelerierten Dynamik.

Vor kurzem also las ich in dieser wissenschaftlichen Fachzeitschrift jenen Artikel über Forschungen zur ‚Informations-Dynamik' in der Evolution – von der kosmischen Evolution, über die biologische bis herauf zur kulturellen Evolution unserer Gegenwartskultur und des menschlichen Bewusstseins. Um diese einleitenden Bemerkungen nun nicht zu vielschichtig werden zu lassen, sei nur zusammenfassend gesagt, was der Autor vermitteln wollte: Bezüglich ‚In*form*ation' lässt sich in unserem Universum seit seinem Bestehen (mehr als 10 Mrd. Jahre = 10^{10} Jahre) eine exponentiell zunehmende Dynamik nachweisen: In 10-er Potenzsprüngen wurden bzw. werden in der Evolution die Intervalle ‚sich selbstorganisierender, stets neuer Information' dynamisch kürzer. Dieser Prozess setzt sich nachweislich bis in die menschliche ‚Kultur-Evolution' – ja, bis zum heutigen Tag fort: Was sich am Beginn der modernen Wissenschaft vor etwa 500 Jahren zu entfalten begann, mündet heute im sogenannten ‚In*forma*tionszeitalter': Die Dynamik der letzten 100 Jahre (10^2 Jahre) zeitigt vornehmlich Bewusstseins- und Technologie-Entwicklungen, die sich allesamt zu überschlagen scheinen. In den letzten 10 (10^1)

Jahren erreichte die Entwicklung – vor allem auch durch Gentechnik und Internet – ein unglaubliches Maß der Dynamik. Und vom Heute wird gesagt, dass sich menschliches Wissen (In*form*ations-Input unserer Kultur) jährlich (1 Jahr = 10^0) verdoppelt.

Worauf weist uns dieser Prozess der In*form*ations-Eigendynamik während der Evolution – welcher im Grunde genommen ja die ‚Evolution selbst ist' – hin?[1] Die der Evolution offensichtlich innewohnende Dynamik scheint das Leben – und damit uns Menschen, die wir nicht nur Teil dieser Evolution sind, sondern spätestens durch die Kultur- und Technologieentwicklung selbst radikal Anteil genommen haben an dieser Dynamik – letztlich in eine ‚Augenblicklichkeit' zu versetzen, für die bislang wenig brauchbare Werkzeuge entwickelt werden konnten. Daher auch die oft vertretene, verständliche Forderung, diese Dynamik möglichst zu drosseln, daraus wieder ‚aussteigen', das ‚Rad zurückdrehen' zu wollen...

Es stellt sich die Frage, ob diese Antworten die ‚rechten' Antworten auf jene Dynamik sind, nur weil uns die Entwicklung und ihre Art der Dynamik zu überfordern scheint.

1 Den Phänomenen dieser evolutions-immanenten Dynamik entsprechend, kann man darauf schließen, dass sich dieser Prozess wohl in dieser Weise fortsetzen wird. Mathematisch beschrieben bedeutet das, dass sich die 10-er Potenz-Hochzahlen in den negativen Bereich fortsetzen werden (10^{-1} = 1/10 Jahr; 10^{-2} = 1/100 Jahr etc.).

Alles steuert also auf eine Art von ‚Augenblicklichkeit' zu, welche sich zu Beginn des 21.Jahrhunderts auf alle Bereiche menschlichen Lebens erstrecken will. Und zunächst kann das absehbare Szenario ja auch Angst machen. Aber muss es das...?! Was also braucht es an innerer Kraft um uns in dieser Dynamik nicht selbst restlos zu überfordern und uns infolge dessen gar gegenseitig zu zerstören?

Bruno Würtenberger schlägt hierzu einen Paradigmenwechsel im menschlichen Bewusstsein vor und hat mit FREE SPIRIT gleich auch noch das Werkzeug hinzugeliefert um ganz konkret dafür zu er-wachsen, zu er-wachen. Die angesprochene Evolutionsdynamik scheint von uns Menschen völlig neu auszubildende Fähigkeiten einzufordern: Die Fähigkeit absoluter ‚Präsenz' zum Beispiel; die Fähigkeit und Bereitschaft dem Leben stets neu und unvoreingenommen zu begegnen: mutig, selbst-verantwortlich in unserem Entscheiden; und – das vielleicht Wesentlichste! – frei, ganz aus der Kraft der Intuition und aus der Sicherheit heraus, dass derartiges Handeln das Leben nicht nur bewältigbar machen wird, sondern: begeisternd lebendig, wahrhaft lebenswert. Sich darauf einzulassen und die Notwendigkeiten in diesem Prozess zu erkennen und anzuerkennen sowie entsprechende Fähigkeiten zu entwickeln, stellt einen ‚Quantensprung' der menschlichen Entwicklung dar und so avanciert FREE SPIRIT – wie ich selbst als Teilnehmer und später als Trainer feststellen konnte – zum liebevollen Akt menschheitlicher Selbsterneuerung, der wohl schon des Längeren ansteht – jetzt allerdings eine Überlebens-Forderung der Zeit darstellt.

Was Bruno Würtenberger in dem nunmehr vorliegenden Büchlein darstellt - und in FREE SPIRIT-Kursen für Menschen erfahrbar macht - zeigt Leserinnen und Lesern, dass es an der Zeit ist, jenes ursprüngliche Vertrauen in ihre ‚intuitive Ebene' wiederzugewinnen - und den KursteilnehmerInnen, dass sie es auch vermögen: das Anerkennen und freie Verantworten der eigenen Handlungsimpulse - letztlich die Liebe zum eigenen Handeln wieder zu finden. Die Werkzeuge von FREE SPIRIT legen Ebenen offen, um eigenverantwortlich ‚Ja-sagen' zu lernen. ‚Ja-sagen' zu dieser Evolution, welche aus der kosmischen Liebe geboren ist und nur aus der menschlichen Liebe heraus auch weitergeführt werden kann. Wesentliche Bedingung: die Befreiung unserer gebundenen Aufmerksamkeit aus unerledigt und unverarbeitet Vergangenem und sorgenvoll Zukünftigem sowie ein erneuerter Umgang mit dem eigenen Bewusstsein.

Wohin sich die Leserin / der Leser als kritischer Zeitgenosse hereingefordert empfinden kann, und was FREE SPIRIT ermöglicht, ist eine Wandlung unseres Selbst- und Weltbegegnens. Diese steht heute unwiderruflich an.

Vorläufer dieser Botschaft gab es in unserer abendländischen Kultur einige. „Liebe und tu, was Du willst!" - ist ein Wort des Frei-Geistes und Philosophen Augustinus aus dem 5. Jahrhundert. „Leben in der Liebe zur Handlung und Lebenlassen im Verständnis des fremden Wollens ist die Grundmaxime der freien Menschen." - jenes, eines Frei-Geistes und Vordenkers des ausklingenden 19. Jhdts: Rudolf Steiner, der wegbereitend - mein Free Spirit-

Leben geprägt hatte. Beide haben deutlich gemacht, dass es für die Menschheit am Evolutions-Weg zur Freiheit, einer erneuerten Qualität / Fähigkeit bedarf, jenseits eines, unsere Zeit beherrschenden depressiv grübelnden Denkens: der Liebe zur eigenen Handlung. Jener Sicherheit des Herzens, zu fühlen, was sich als eigene Wahrheit im Innern ausspricht. Diese Fähigkeit wiederzugewinnen, ergibt sich für die ‚Free Spirits' somit geradezu als Forderung unserer Gegenwartskultur. Es ist ein Liebesdienst - nicht nur an sich selbst - das entsprechende ‚Herzens-Werkzeug' auszubilden. Es ist ein Liebesdienst an der gesamten Schöpfung.

Wer seine diesbezüglich ersten, selbständigen Schritte in so eine neue ‚Präsenz des Lebens' zu setzen begonnen hat, der weiß, dass sich das Leben plötzlich wieder leicht und gestaltbar anfühlt, der stete Nebel einer lieblos-hastigen (auch gegenseitigen) Überforderung sich verzogen hat und das Dasein wieder Freude und Leichtigkeit atmen darf - ohne uns (selbst) abzuwerfen.

‚Unsere Wirklichkeit und unsere Möglichkeiten reichen immer nur so weit wie unser Glaube.' Das zu erleben, und zu leben lässt Dankbarkeit wachsen, ist ein Segen...

Insofern dürfen wir uns durchaus realistisch sagen: Die Chancen stehen - 'auf die Spitze getrieben', aber 'gut' - um mit einer dynamisch erneuerten Zeitqualität voller ‚Gewärtig-Sein' offen umgehen zu lernen, anstatt reaktionäre Tendenzen an den Tag zu legen und Entwicklungen meinen bremsen zu müssen. Nehmen wir doch den frischen Wind der

Evolutions-Entwicklung an! Seien wir mutig und selbst-bewusst genug um jene Not-Wendigkeit einer neuen Beziehung zwischen Herz und Welt zu erschaffen; eine, welche es ermöglicht, endlich wirklich den Augenblick zu leben und jede ‚Entscheidung-zur-Tat' einem unbekümmert wachen, liebevollen Herzen entspringt zu lassen. So, dass sich die Gegenwart aus der Wahrhaftigkeit unserer Intuitionen stets so abschließen kann, dass die gesamte individuelle Aufmerksamkeit einem ‚Jetzt-Erleben' zufließt, ohne dass eine scheinbar offene Vergangenheit zu verwalten übrig bleibt oder eine ständig projizierte Zukunft uns belastet. Dann steht allemal genug Kraft und Klarheit für jeden Augenblick – für alles was da ‚werden will' – zur Verfügung! Ohne die klare Entscheidung für eine solche Moment-getragene neue Lebendigkeit allerdings und ohne den Willen, das entsprechende Werkzeug zu erwerben, werden wir als Menschheit wohl an der Überforderung verurteilender und somit überkommener Bewusstseinsstrukturen zugrundegehen oder sind in der steten Gefahr reaktionären Strömungen zu verfallen.

Ich wünsche dem vorliegenden Büchlein die entsprechende Publizität um die notwendigen Veränderungen zu stärken. Es möge dies ein kraftvoller Anstoß sein, in jeder Leserin, in jedem Leser den nötigen Mut zur Selbst-Verwandlung auszulösen. Das Werkzeug dazu steht heute zur freien Verfügung. Sei mutig! Lebe den Augenblick: ‚Jetzt!' – **‚Man sieht (doch) nur mit dem Herzen gut...'**

Juni 2007

Dipl. Ing. Klaus Podirsky, lebt in Wien und ist neben seiner Tätigkeit als FREE SPIRIT-Trainer seiner Ausbildung nach Architekt. In den 1980/90-er Jahren war er Initiator und maßgeblicher Mitverfasser des Österreichischen Waldorf-Lehrplans (seit 1995: Internationaler Lehrplan der Waldorfschulen Europas). Mit seinem Buch: Fremdkörper Erde – Strukturbildung im Sonnensystem (Frankfurt/2004) hat er sowohl vom Standpunkt heutiger Physik als auch von Seiten einer spirituellen Kosmologie zu Evolution, Sinn- und Menschheitsfragen Stellung bezogen. Klaus Podirsky ist weiters Dozent im Rudolf Steiner Seminar für Heilpädagogik und Sozialtherapie in Wien, Teamentwickler, Erziehungshelfer, Maler und Lyriker.

VON DER MITTE INS ZENTRUM

WAS IST MEDITATION?

Kaum einer weiß heute noch, was echte Meditation wirklich ist. Ich unterscheide Meditation, Kontemplation, Visualisation und Phantasiereisen. Du musst wissen, dass das, was heute allgemein unter dem Begriff Meditation angeboten wird, nicht einmal mehr in die Kategorie Visualisation passt. Meditation jedoch befindet sich weit jenseits von schöner Musik und der Vorstellung einer schönen Wiese mit Blumen und Schmetterlingen. Ich sage nicht, dass solche Übungen nicht wertvoll sind oder keine Wirkung haben, bitte versteh´ mich nicht falsch, aber es ist nicht Meditation.

Der Zustand der Meditation ist nicht durch 'Tun' zu erreichen, sondern durch 'Nicht-Tun'. Du kannst ihn nicht herstellen – er kann sich bloß einstellen. Meditation ist ein Geschehenlassen, kein Herbeiführen.

Meditation hat nichts mit Vorstellung zu tun und eigentlich existiert bloß eine einzige Meditationstechnik: das stille Beobachter-Sein. Wenn Du still bist, wenn Du beobachtest, wenn Du nichts weiter bist als ein Zeuge all dessen, was gerade geschieht, dann meditierst Du. Und wenn Du dabei selbst das Zeuge-Sein vergisst, dann befindest Du Dich vollständig im Zustand der Meditation.

In der Meditation eröffnet sich Dir eine neue Dimension des Daseins. Es ist aber keine Welt der Phantasie und der Vorstellungen, welche sich Dir eröffnet, sondern eine neue Welt in der Welt. Du nimmst die herkömmliche Realität, die normale Welt von einer ganz anderen Warte aus wahr. Du lebst inmitten des Alltags jedoch ohne mit diesem identifiziert zu sein. Meditation ist also ein identifikationsloser Zustand des einfachen Seins. Du tust nichts und Du unterlässt nichts. Du denkst nicht über das Wahrgenommene nach, denn das wäre Kontemplation. Du bist einfach mit dem was Ist und mit dem, was nicht Ist, Punkt.

Du gehst auch nicht hin und stellst Dir eine bessere oder andere Welt vor; nein, Du veränderst nichts, Du Bist einfach. Wenn Du also ein meditatives Leben leben willst, dann heißt das nicht, dass Du nirgendwo mehr hingehen und nichts mehr tun wirst oder kannst, sondern dass Du es so Sein lässt, wie es Ist. Du bewertest es nicht, Du begrenzt es nicht und Du veränderst es nicht. Weder die Außenwelt noch die Innenwelt wird verändert. Du beobachtest bloß. Wenn Du Dich auf spirituellen Pfaden bewegst, dann ist es wichtig zu wissen, worum es sich genau handelt. Die meisten Menschen wissen es nicht, deshalb zeigen ihre Übungen und Anstrengungen so wenig Wirkung. Hiermit wollen wir dies ändern. Wenn Du meine Anleitungen, Hinweise und Tipps verstehst und ihnen folgst, dann werden sich Resultate einstellen, von denen Du nicht einmal wagtest zu träumen. Es ist einfacher als Du denkst und einfacher als andere Dir glauben machen wollen.

Meditation, Spiritualität und Erleuchtung beinhalten eine große, große Einfachheit!

Möglicherweise versteht Dein Verstand nicht, wie er es anstellen soll nicht zu denken, einfach zu Sein oder sich nicht irgendwie in alles einzumischen. Aber das braucht er auch nicht. Die Lösung heißt: Betrachte einfach Deinen Verstand. Identifiziere Dich nicht mit seinen Gedanken, Vorstellungen und Überzeugungen, beobachte ihn einfach. Sei einfach Zeuge dafür, dass es ihn gibt, dass er existiert und dass er versucht die Kontrolle über alles zu haben. Das ist Meditation. Du wirst zum Betrachter der eigenen Schöpfung und mischt Dich nicht mehr ein.

Du fließt mit ihr.

Um diesen Punkt zu erreichen, musst Du von der Mitte ins Zentrum gelangen.

VON DER MITTE INS ZENTRUM

Du musst in die Mitte kommen – in der Mitte Sein!

Hier begegnen wir einem recht großen Paradoxon. Denn diese ominöse Mitte von der die Rede ist, verschwindet sobald wir sie wirklich erreicht haben. Es ist trotzdem ein guter Rat, erstmal in die Mitte zu kommen; doch kaum jemand versteht, was es damit wirklich auf sich hat. Deshalb möchte ich nun auf dieses Thema eingehen, denn es ist sehr wichtig. Aber eben, es gibt eine Mitte und eine Mitte...

Wenn Du also in die Mitte kommen willst, in erstere Mitte – jene, welche sich zwischen den Extremen befindet, musst Du dieselbigen zuerst integrieren können. Du darfst sie nicht mehr fürchten, nicht mehr bewerten und nicht mehr vermeiden wollen. Von welchen Extremen rede ich? Ich spreche von links und rechts, von Licht und Finsternis, von Gut und Schlecht, von Liebe und Hass sowie von Vertrauen und Angst. Eigentlich von allen Gegensätzlichkeiten. Um in die Mitte – ich nenne diese Mitte jetzt ´mal die menschliche – zu kommen, gehen wir davon aus, dass Du sowohl das linke wie auch das rechte Extrem kennst und noch in Dir trägst. Nur wenn diese Extreme, Liebe und Hass, in Dir vorhanden sind, ist es möglich, in die menschliche Mitte zu kommen. Dies ist der erste Schritt in die richtige Richtung zur Mitte hin: die Mitte zu finden zwischen Liebe und Hass. Diese Mitte nenne ich Toleranz und Verständnis. Dahin zu kommen ist durchaus wünschens- und lobenswert.

Du bist im Zentrum der Menschlichkeit angekommen. Hier fühlst Du zwar noch die beiden Seiten in Dir, gibst ihnen jedoch nicht mehr nach.

Die andere Mitte – ich nenne sie *das* Zentrum – ist eigentlich kein Zentrum, keine Mitte und das ist das Paradoxe. Denn um hierher zu gelangen, müssen alle Extreme, links und rechts, Liebe und Hass verschwunden, integriert sein. Und wo kein Links und kein Rechts mehr vorhanden sind, da gibt es auch keine Mitte. In dem Moment also, wo Du das Zentrum erreichst, verschwindet es als solches auch. Es lässt sich also nicht festhalten. Das Zentrum ist nicht fix. Es ist immer dort, wo Du Dich gerade befindest, jenseits aller Gegensätzlichkeiten. Was dort entsteht nenne ich Wertschätzung und Mitgefühl.

Wirklich im Zentrum zu sein bedeutet also, dass Du beide Seiten, links und rechts, loslassen musst. Aus dem Zentrum zu leben beinhaltet die absolute Freiheit, Entscheidungsfreiheit. Dies ist deshalb so frei, weil es dann kein Entscheiden mehr gibt, denn auch Entscheidungen können nur stattfinden, wenn man zwischen mindestens zwei Möglichkeiten entscheiden muss. Aber auch das fällt von diesem Moment an weg. Da gibt es immer nur das Eine zu tun, das Richtige, zum richtigen Zeitpunkt. Der Meister entscheidet nicht, was er sagen oder tun soll. Er tut es einfach, er Ist. Er verkörpert den Augenblick jenseits von Vergangenheit und Zukunft: das Jetzt. Ja, und wo es keine Alternativen gibt, keine Entscheidung, dort liegt der Punkt höchstmöglicher Freiheit. Diese liegt also nicht darin, sich für alles Mögliche entscheiden zu können, wie man allgemein annehmen könnte, sondern darin, dass es nur diese eine Möglichkeit gibt. Wenn also der Suchende versucht jenen Punkt zu erreichen, wo er alles tun und lassen kann, was er will, so kümmert das den Meister nur noch wenig. Er hat erkannt, dass es nicht darum geht, alles tun zu können, sondern darum, das zu tun, was gerade getan werden will - aus dem Augenblick heraus. Dies hat den Vorteil, dass er sich nie überlegen muss, ob er nun auch das Richtige getan habe. Es sind keine Zweifel mehr möglich, da es auch um zweifeln zu können, mindestens noch eine Alternative gegeben haben hätte müssen. Die Selbstsicherheit liegt also darin verborgen, dass er sich nicht zwischen zwei oder mehreren Möglichkeiten entscheiden musste. Er wählt immer das, was bereits da ist und somit 'wählt' er eigentlich nicht.

Was also einerseits als völlige Unfreiheit betrachtet werden kann, ist auf der anderen Seite genau das Gegenteil. Egal wie viele Möglichkeiten Du hast um etwas zu entscheiden, Du wirst nie alle Möglichkeiten besitzen, nie alle möglichen Standpunkte berücksichtigen können und somit nie wirklich frei sein. Aber, es macht schon Sinn, diesen Weg der vielen Möglichkeiten zu gehen, denn irgendwann kommst Du an den Punkt, wo Du über so viele Möglichkeiten verfügst, dass sie sich alle wieder relativieren. Und dann lässt man sie alle los. Man findet zurück zu jenem Punkt, wo man sich ganz alleine auf das Gefühl verlässt, wo man der Intuition vertraut und sie nicht mehr hinterfragt. Hier ist der Moment erreicht, wo sich alle Fragen auflösen und damit auch alle Antworten. Jetzt bist Du frei, jetzt befindest Du Dich im Zentrum des Seins; da, wo nichts mehr existiert außer dem, was Ist. Jetzt wird Dein Sein zu einer zentralen Angelegenheit.

Hier stößt Du gleichermaßen auf das Zentrum Deines Seins. Hier begegnest Du erstmals dem, was Du wirklich Bist und immer schon hättest Sein können. Hier entspannst Du Dich und hier kannst Du Dich diesem, Deinem wahren Sein hingeben. Du erlebst Dich selbst als das, was Du wirklich Bist: nicht dies, nicht das und auch nicht jenes. Kannst Du die Bedeutung dessen erahnen?

Das Universum kennt keine Gegensätze. Alles ergänzt sich auf wundersame, vollkommene Weise und trägt dazu bei, ein großes Ganzes zu sein. Erst wenn Links und Rechts mit der Mitte verschmelzen entsteht das Zentrum. Vorher war es nicht da. Doch wenn Du es erreichst, dann wird es immer schon da gewesen sein. Ich weiß, das klingt verrückt; es ist irgendwie paradox, aber dennoch ist es so. Und: Es eröffnet Dir ungeahnte Möglichkeiten. Du kannst nämlich entscheiden, ob Du weiterhin als Teil der Schöpfung, als Teil Gottes lebst, was auch schon wundervoll ist, oder ob Du zur Schöpfung selbst werden willst. In der Mitte bist Du ein Teil des Ganzen, im Zentrum das Ganze selbst. Ist das nicht eine verlockende Option? Sie steht Dir in jedem Moment offen, sobald Du Dich dazu entschließt die Gegensätze zu integrieren. Allerdings ist diese Transformation von einem großen Verlust begleitet, dem einzigen Verlust, den wahre Free Spirits in Kauf nehmen. Ja, man muss dabei bereit sein, alles an Bewertungen, Vorurteilen und Vorstellungen über das Leben und Gott, die Existenz und das Universum loszulassen. Aber, dies ist doch kein zu hoher Preis. Es lohnt sich. Fortan wirst Du aus dem Zentrum des Seins heraus wirken, agieren, kreieren und erleben. Es gilt also, zuerst in die Mitte zu kommen und Dich

von dort aus weiter in Richtung Zentrum zu transformieren. Grenzen, welche sich bis anhin bloß ausgedehnt haben, weiter und unendlicher geworden sind, verschwinden vollkommen. Hier findet kein Entfaltungsprozess mehr statt, kein Wachstum und keine Entwicklung. Dies alles bedingt ja Zeit. Zeit aber ist an Extreme gebunden, an Anfang und Ende...
Im Zentrum bist Du auch frei davon: Es ist konstantes, ewiges Sein jenseits von Raum und Zeit. Unvorstellbar, unerklärbar und trotzdem real und auch möglich. Bestimmt nichts für Anfänger, welche noch zu sehr an ihren Vorstellungen hängen. Wenn Du eines Tages die Mitte erreicht hast, wirst Du erkennen, was ich meine und feststellen, dass es selbst da noch einen Schritt weiter geht. Zuerst lernst Du die Freiheit entscheiden zu können (Mitte), dann die Freiheit nicht mehr entscheiden zu müssen (Zentrum), dann handelst Du aus dem 'nichtwählenden Beobachter-Bewusstsein' heraus. Was Du tust, ist, was Du tust; was Du sagst, ist, was Du sagst und was Du bist ist, was Du Bist. Jenseits davon...: nichts.

Und jetzt, lass uns noch einen Schritt weiter gehen, die Verwirrung vervollständigen sozusagen...
Im Beobachter- oder Zeugenbewusstsein zu Sein bedingt, dass da irgendwo auch etwas Wahrzunehmendes existieren muss. Was aber geschieht, wenn kein einziger Beobachter mehr da ist? Besteht die Schöpfung dann weiter? Du kannst Dir die Antwort darauf gerne selbst geben. Aber bestimmt sind diese Fragen ein paar Gedanken wert. Hier noch etwas zum Nachdenken: Weißt Du eigentlich, dass es mit den üblichen '6 Sinnen' der Menschen nicht möglich ist, die Gegenwart wahrzunehmen? Du

schaust in den Spiegel und denkst: Das bin also ich. Oder? Aber das stimmt so nicht ganz. Das warst Du! Du nimmst nämlich immer bloß die Vergangenheit wahr. Alles, was Du mit Deinen menschlichen '6 Sinnen' wahrnehmen kannst, benötigt Zeit um bei Dir anzukommen. Sehen benötigt Zeit, damit das Licht reflektiert werden kann; Hören benötigt Zeit, damit der Schall zu Dir gelangt; Tasten benötigt Zeit, bis Deine Nervenzellen die sensorischen Impulse ans Gehirn weitergeleitet haben und dieses sie interpretiert hat, usw. Immer benötigen diese Vorgänge – wenn auch manchmal nur ganz kurz – Zeit. Somit ist genauso genommen alles, was Du wahrnehmen kannst, Vergangenheit. Sich über etwas aufzuregen zum Beispiel, ist also gar nicht nötig, denn im Moment des Geschehens, wenn Du es wahrnimmst, ist es bereits vorbei. Du hast also keine Möglichkeit – zumindest nicht über Deine sinnlich- körperliche Wahrnehmung – die Gegenwart, geschweige denn den Augenblick, zu erfassen. Das was ist, jetzt gerade ist, entgeht Dir somit zur Gänze. Es wird also nun klar, weshalb das Denken in den meisten Fällen unwesentlich ist. Weil es immer bloß über die Vergangenheit oder aber über Mutmaßungen nachsinnen kann. Der Augenblick entzieht sich somit unweigerlich, weil zeitbedingt, dem Verstand. Wenn Du also sprichst, dann sprichst Du immer über die Vergangenheit. Manchmal liegt diese, besonders wenn Du über Erkenntnisse sprichst, nur ganz kurz, manchmal Millisekunden zurück, aber... es handelt sich dennoch um Vergangenes. Ein Schmerz den Du fühlst, ist bereits vorbei, wenn er bei Dir (dem Gehirn / Bewusstsein) ankommt! Das lässt doch ganz neue Therapieansätze entstehen oder?! Richtest Du Deine gesamte Aufmerksamkeit also auf einen anderen

Punkt auf der Zeitschiene oder, im besten Falle, auf die Gegenwart, den Augenblick, so verschwindet dieser ebenso augenblicklich. Er kann ja im Hier und Jetzt nicht bestehen, zumindest nicht so lange, wie es unser Gehirn aufrecht zu erhalten vermag.

Tja, wenn Du also dereinst zum Beobachter-Bewusstsein vorstößt, dann wird Dir Dein Leben in etwa so vorkommen, als würdest Du die unmittelbare Vergangenheit nachbetrachten. Kein Wunder also, dass man sich dann nicht mehr mit sich als Körper oder Gedanke identifiziert, oder? Also brauchst Du Dir wirklich keine Sorgen zu machen, denn das, was Du als Dein Leben wahrnimmst, ist bereits geschehen. Aber, und jetzt kommt das noch Verrücktere, es ist nicht die einzig mögliche Realität, die Du leben könntest. Ja, denn möglicherweise lebst Du in dem Sinne ja gar nicht hier (...), sondern nimmst es einfach nur als solches wahr. Und möglicherweise existieren da noch unzählig viele Parallelmöglichkeiten, auf welche Du Dich ebenfalls genauso intensiv einstimmen könntest und sie als genauso real empfinden könntest, wie Dein gegenwärtiges Leben. Ja, es ist mit Sicherheit zu vielfältig um behaupten zu können: Ich weiß, wie es läuft. Das Einzige, was Du jemals wissen kannst ist, 'dass Du eigentlich nichts weißt'. Dies wird Dir klar, sobald Du auf Deiner Forschungsreise in jene relativen oder paradoxen Ebenen Einblick erhältst, von denen ich hier nun gerade spreche. Und wenn Du nun glauben solltest, dass ich aber 'gescheit' – oder etwas Ähnliches – bin, dann muss ich Dich hier leider ebenfalls enttäuschen. Denn ich weiß überhaupt nichts; und das, je länger, desto deutlicher, desto mehr. Doch wird es auch – proportional zur Größe des Mysteriums des Lebens –

spannender. Und ich vermute, dass genau dieser Aspekt, dass es eben gerade so spannend ist, mich davon abhält, endlich weiter zu gehen. Schimpfe mich also nicht *gescheit*, nenne mich vielleicht besser *weise*. Denn Gescheitheit strebt man in der Welt und in der Schule an oder auf der Universität. Aber im Leben, im richtigen Leben, erwartet Dich Weisheit. Das Leben ist keine Theorie und es kommt keiner Formel gleich. Es ist praxisbezogen und liefert die für das Erlangen von Weisheit nötigen Erfahrungen. Auch wenn sich diese Erfahrungen einst als unwirklich herausstellen werden, so waren sie dennoch wesentlich, weil wir an ihre Echtheit geglaubt haben. Und wenn Du jetzt denkst, Du wüsstest, wie ich denke, dann bedenke, dass Dein Urteil über mich bereits schon wieder Vergangenheit ist. Und nur weil ich das ebenfalls von Dir weiß, dass alles, was Du tust, bis ich davon Kenntnis erhalten habe, Vergangenheit ist, kann ich Dich deswegen nicht verurteilen oder mir ein Bild von Dir machen. Denn ich will Dich nicht in einer Vergangenheit festhalten, nur damit mein Bild von Dir bestehen bleiben kann, in einer Vergangenheit, in die Du möglicherweise gar nicht mehr hineinpasst oder aus der Du Dich schon längst hinaus weiterbewegt hast. Deshalb ist jeder Mensch für mich, jeden Augenblick neu. Wenn ich mit Dir Schritt halten will, muss ich Dich also in jedem Augenblick neu erfahren. Wenn ich das nicht tun würde, so würde ich nicht zu Dir sprechen können. Dann würde ich zu dem sprechen, der Du ´mal gewesen bist und somit würden wir ständig aneinander vorbeireden. Das geschieht den Menschen im Alltag nur allzu oft. Deshalb betone ich ja immerzu, dass die meisten Probleme der Menschen, ja der gesamten Menschheit, auf Missverständnissen beruhen. Und deshalb ist es auch in der Tat oft besser, zu schweigen.

Denn im Schweigen liegt das Gold der unmittelbaren Erfahrung des Augenblicks!

Es ist möglich, den Augenblick wahrzunehmen; aber nicht mit dem Körper. Dein Geist vermag es und Deine Seele, wenn sie rein ist auch. Rein wovon – soll die Seele sein? Rein von den Gedanken, Bewertungen, Vorurteilen und Vorstellungen. Rein von allen Extremen, von links und rechts, schwarz und weiß. Du musst also zumindest in der Mitte Sein um zu verstehen, was ich meine. Also komm und reiche mir Deine Hand. Lass mich, zumindest für eine Weile, Dein Begleiter sein. Damit ich Dich zumindest soweit führen kann, wie es mir möglich ist. Dann schreite weiter auf Deinem Weg und erkunde das Leben auf eigene Faust und staune... Wir begegnen uns dann bald wieder, im Zentrum. Dort, wo sich dereinst alle wieder treffen; dann, wenn sie den Weg bis zum Ende gebracht haben; dort, wo jegliche Illusion verblasst, alle Worte verstummt und alle Unterschiede wieder ineinander verschmolzen sind; dort, wo einst alles begann: am Punkt, der keiner ist, jenseits von Anfang und Ende. Denn auch Anfang und Ende, Alpha und Omega sind Extreme, welche im Lichte des Einen verblassen.

Welcome home!

ZUM GEBET WERDEN

Dasselbe gilt für die Praktik des Betens. Die Kunst des Betens liegt bei weitem nicht darin, den lieben Gott anzubetteln oder die Engel zu bitten, seine eigenen Wünsche zu erfüllen. Sie liegt auch nicht darin, gewisse Formeln, Mantren oder Rosenkränze zu beten, sondern darin, die dem Beten zugrundeliegende Sehnsucht aufrechtzuerhalten. Ich sage nicht, dass das normale Beten ohne Wirkung bleibt, sondern ich weise hier auf die hohe Kunst des Betens hin. Ob das Gebettel der Menschen erfüllt wird oder nicht, liegt nicht am Gebet, sondern an der Tiefe des Glaubens. Einerlei an was man glauben möge, glaubt man zweifelsfrei, so kann alles in Erfüllung gehen. Wie dem auch sei, lass mich erläutern, was ich meine, mit der 'hohen Kunst des Betens'...

Die Kunst liegt nicht im Beten selbst, Rem rezitieren oder Bitten, sondern darin, dass Du zum Gebet wirst. Ja, Du selbst musst zum Gebet werden. Es erscheint vielleicht nicht ganz leicht, ist aber durchaus zu bewerkstelligen. Jedem Gebet, welches Du sprichst, innerlich oder auch mit Worten, Dein eigenes oder ein vorgegebenes, liegt ein Gefühl, ein Impuls, eine Sehnsucht zugrunde. Diese Sehnsucht gilt es, jenseits von Worten und Formeln aufrechtzuerhalten. Das ist das eigentliche Gebet: Dieses Gefühl: beten zu wollen. Wenn es Dir gelingt, immer in diesem Gefühl zu sein, dann bist Du zum Gebet geworden. Diese Sehnsucht, nicht Deine Wünsche, diese unstillbare Sehnsucht nach dem Göttlichen ist es, was das wahre Gebet ausmacht.

Erst wenn Du in diesem Gefühl lebst, betest Du wirklich: Wenn diese Sehnsucht beten zu wollen in dir aufsteigt und Dich berührt, einfach anstatt es mit einem Gebet zu zerreden, diese aufrechtzuerhalten. Zu Beginn zerstören Worte dieses Gefühl und der entstandene Raum verschwindet wieder. Deshalb rate ich Dir, in diesen Momenten einfach still zu sein. So lange, bis sich dieses Gefühl vollständig in Dir und um Dich herum ausgebreitet hat. Dann kannst Du den anmutigen Raum, die Atmosphäre der Gottessehnsucht überall in Dir verspüren. Wenn Du Dir dies zur Gewohnheit machst, dann wird dieser Zustand immer intensiver und anhaltender werden. Jetzt kannst Du mehr und mehr Deinen Alltagsbeschäftigungen nachgehen, ohne dass es sich wieder verliert. Und eines nicht allzu fernen Tages, wirst Du zum Gebet selbst geworden sein. Das ist es, was ich *Gebet* nenne. Solange wie ein Gebet oder eine Meditation nur Augenblicke oder Minuten beanspruchen, handelt es sich um eine Übung, es ist nicht das Ziel. Es ist der Weg zur Mitte, aber noch nicht das Zentrum. Im Zentrum des Gebetes, im Zentrum der Meditation, verschwinden sowohl das Gebet, wie auch die Meditation. Alles Erreichte verschwindet, wenn Du das Zentrum erreicht hast und verwandelt sich in Sein.

Deshalb wirst Du auch begreifen, spüren, wie wesentlich es ist, stets auch bereit zu sein, alles was Du erreichen willst, auch wieder loszulassen. Deshalb ist Loslassen von so essenzieller Bedeutung. Etwas zu besitzen ist nicht schwer, aber es ist ab dem Zeitpunkt des Erreichens – tot. Es bleibt sitzen (Besitzen). Das Zentrum aber lässt sich nicht besitzen, denn nur so kann es immer wieder, in jedem Augenblick, neu sein. Es entsteht und verschwindet im selben Moment, ununterbrochen. Es ist immer neu. Es gibt kein altes Gebet, keine alte Meditation, keine alte Liebe und kein altes Glück. Es handelt sich hier um die Essenz des Lebens, sie ist immer augenblicklich, immer neu, immer jung und immer rein. Versuchst Du sie auch nur einen Augenblick zu bewahren, zu konservieren, dann tötest Du sie. Ich hoffe, Du kannst meine Worte verstehen. Sie sind mehr als eine bloße Lehre, sie sind lebendig. Und wenn Du sie erfassen kannst, dann – lass sie auch wieder gehen. Denn auch hier gilt: Sobald sie zu einer Lehre würden, wären sie tot. Entdecke sie immer wieder neu, versenke Dich immer wieder 'mal in sie, erforsche sie wieder und wieder. Nur so eröffnet sich Dir der Raum, aus dem heraus sie entspringen. Sie entspringen dem Augenblick und können daher auch nur *im Augenblick* erfasst werden. Beim erneuten Lesen, Hören oder Sehen bekannter Worte, Bücher, Vorträge oder sonstiger Dinge bleiben sie Dir in ihrer Essenz stets verschlossen – wenn Du das Alte mit hineinbringst. Komme leer und werde erfüllt. Wenn Du voll kommst, dann wirst Du leer gehen. Wenn der Verstand voll ist, dann habe ich nichts zu geben. Traust Du Dich aber leer zu sein wenn Du mir begegnest, dann kann ich Dich erfüllen. Dann ist es möglich, dass wir beide, alle zusammen, zu einem einzigen Gebet, zu einer einzigen Meditation und zu einem einzigen Zentrum werden. Das ist es, was ich mit meinem Dasein bezwecke. Ich bin das Gebet und die Hingabe an jedes Zentrum und somit auch an Dich. Ich kann Dir Nahrung sein und Du kannst mich in Dich aufnehmen, wenn Du willst. Finden tun wir uns aber mit Sicherheit nicht in der Welt, sondern im Zentrum des Seins. Tritt ein...

VON DER KOHLE ZUM DIAMANT

Schon möglich, dass Du Dir hin und wieder schmutzig und unvollkommen vorkommst, aber das ist ok. Schon möglich, dass die anderen verächtlich an Dir vorübergehen, auch das ist ok. Das würden sie auch tun, wenn sie an einem Haufen Kohle vorbeigehen würden. Es ist schier unglaublich, welch´ gewaltige Schätze Menschen oft einfach übersehen! Denn im Innern der Kohle bildet sich, aus derselben schmutzigen, pechschwarzen Substanz, ein Diamant. Und selbst wenn Du im Spiegel Deiner gegenwärtigen Wahrnehmung bloß 'schwarz' siehst, wisse einfach, dass in Deinem Inneren ein wundervoller Diamant verborgen ist!

Dann gehe einen Schritt weiter und versuche auch in jedem anderen Menschen diesen Diamanten zu finden. Lass Dich nicht durch das kohlehafte Äußere davon ablenken. Ich bezeichne die Kohle als Peripherie, den Diamanten als die Mitte und das Universum selbst, als das Zentrum. Du findest den Weg durch die Peripherie hindurch, durch die Mitte hindurch zum Zentrum...

Sei also mutig genug, an der Kohle nicht einfach vorbeizugehen. Auch wenn Deine Hände dabei schmutzig werden, das ist ok. Gehe durch sie hindurch: Finde den Diamanten. Dort erklärt sich dann alles von alleine und Du wirst den Sprung ins Zentrum mit Leichtigkeit bewerkstelligen können.

Wo Kohle ist, ist auch ein Diamant

Der Unterschied zwischen Kohle und Diamant ist gering, genau so gering, wie der Unterschied zwischen Blei und Gold. Deine vermeintlichen Fehler und Unzulänglichkeiten sind unwesentlich und vermögen nicht, den Prozess Deiner Verwandlung aufzuhalten. Nimm sie nicht zu wichtig, bleibe entspannt, sei im Bewusstsein, dass es jederzeit geschehen könnte. Natürlich bildet sich so ein Diamant nur unter einem gewissen Druck, das stimmt. Aber diesem Druck warst Du nun lange genug ausgesetzt. Der Edelstein in Dir hat sich längst gebildet. Er wartet bloß noch darauf, von Dir freigelegt und zum Brillianten geschliffen zu werden.

Und wenn man die Dinge so betrachtet, dann fällt es ganz leicht mit allen um uns in Liebe zu sein. Es ist kein großartiger Verdienst zu lieben. Denn: Wer kann schon dem Anblick eines funkelnden Edelsteins widerstehen? Ich jedenfalls nicht. Liebe und Hass, Himmel und Hölle, Gut und Böse, Leben und Tod bestehen aus derselben Energie, nur in transformierter Form. Was immer Du gerade bist oder siehst, denk daran, dass es sich transformieren wird! Genau so, wie auch Du Dich verwandeln wirst, wie die Raupe sich in einen Schmetterling verwandelt, das Eis in Wasser und das Wasser in Dampf. Alles verwandelt sich, alles fließt... auch Du.

STRUKTUREN SIND TOTE AUGENBLICKE

Strukturen entwickeln sich immer in Bezug auf Zeit, Gesellschaft und Moral. Sie sind Krusten längst vergangener Zeiten. In spiritueller Hinsicht müssen sie alle aufgebrochen werden und dem Augenblick – dem Leben – Platz machen. Traditionen sind Strukturen, Armeen sind Strukturen, Religionen und Gesellschaften basieren auf Strukturen. Ja, man könnte meinen, dass das ganze Leben aus Strukturen besteht. Und irgendwie tut es das auch, jedoch besteht das Leben aus einer ganz andersartigen Struktur: der Struktur des Augenblicks. Jede Hochkultur basierte auf solcher Art von Strukturen. Das heutige Fundament der Welt besteht jedoch nicht aus geistigen, sondern aus materialistischen Strukturen. Diese werden – früher oder später – zugrunde gehen. Sie werden neuen, spirituellen Strukturen weichen und den gegenwärtigen, gewohnten Lebensstil gänzlich verändern. Die Menschen haben nun die Möglichkeit entweder mit der Zeit zugehen, oder mit der Zeit zu gehen...

Erst wenn der Augenblick wieder lebendig sein darf und die alten Strukturen aufgebrochen sind, wird eine neue Kultur ihren Anfang nehmen. Sie wird die 'goldene Zeit' genannt werden und ich hoffe, dass ihr alle, gemeinsam mit mir, einst auf die alten Strukturen zurückblicken könnt, mit einem Lächeln auf den Lippen...

ALLES, WAS DU WISSEN MUSST UM ZU ERWACHEN

Mit den folgenden Erläuterungen möchte ich Dir nahe bringen, wie Du Dich am stimmigsten, am schnellsten von den Fesseln Deines Verstandes befreien kannst. Keine Sorge, Du wirst dabei nicht den Verstand verlieren, sondern lediglich über ihn hinauswachsen! Das Erwachen geschieht, wie Du vermutlich weißt, in der Stille. Daher ist es wichtig zu wissen, was denn diese Stille bis dato stört. Wenn Du einmal ganz tief in Dich hineinhörst, dann wirst Du es selbst bemerken: Du hörst Stimmen, Du hörst Gedanken, es denkt in Dir, selbständig und unkontrolliert. Das Denken selbst ist der Lärm, welcher verhindert, dass Du die Stille Deines Gewahrseins in Deinem Bewusstsein, wahrnehmen kannst. Nicht, dass Denken an und für sich schlecht wäre, aber unkontrolliertes Denken, immerwährendes Denken verhindert, dass Du zur Ruhe kommst und Deiner Erleuchtung gewahr werden kannst. Das Licht durchbricht nur in den ganz kurzen Augenblicken absoluter Gedankenstille Dein Bewusstsein.

Das Problem liegt darin, dass der Mensch sich vollständig mit seinem Verstand identifiziert hat, er kann nicht mehr unterscheiden, was er selbst Ist und was sein Verstand ist: So wurde er zum Verstand. Ja, die allermeisten Menschen, insbesondere all jene, die noch nicht erwacht sind, sind in diese Falle getappt. Sie halten sich für den Verstand. Wie kannst Du nun aber feststellen, wie es diesbezüglich um Dich steht? Du glaubst ja sicher, Dich selbst nicht in dieser Falle zu befinden, oder? Aber Du kannst ganz einfach feststellen, wo Du selbst stehst, indem Du versuchst, den Verstand anzuhalten. Wie lange schaffst Du es, ganz bewusst und willentlich, jetzt, nicht zu denken?

(---)

Siehst Du, womöglich gelingt es Dir nicht ´mal mit dem Lesen aufzuhören! Es ist wie ein Zwang. Du kannst nicht einfach 'stopp' sagen, Du bist nicht mehr Herr über Deinen Verstand – er hat sich längst Deiner bemächtigt. Einst war er des Menschen Werkzeug, heute beherrscht dieses Werkzeug seinen Meister. Der Mensch ist sein Sklave geworden.

Wir können den Verstand auch als Maschine betrachten. Den Menschen wurde der Umgang damit so vertraut, dass sie immer mehr Aufmerksamkeit auf sie fixierten. Die Erkenntnis am Höhepunkt dieser sukzessiven Identifikation mit der 'Maschine Verstand' lautete: 'Ich denke, also bin ich.' Er verschmolz dermaßen mit seinem Werkzeug, seinem Verstand, dieser Maschine, dass es ihm nicht mehr möglich war, den Unterschied zu erkennen: Was er Ist, beziehungsweise der Maschine, dem Instrument, dessen er sich bedient. Solchen Menschen geschieht es auch, dass sie leicht von anderen Maschinen – durch Unbewusstheit in ihrem Gebrauch – abhängig werden. Zum Beispiel von Radio, Fernsehen, Telefon oder Computer und dergleichen. Und die Abhängigsten sind meist jene, die es gar nicht bemerken. Ihnen ist der Umgang damit schon so 'in-Fleisch-und-Blut-übergegangen', so vertraut geworden, dass sie glauben, es ganz bestimmt im Griff zu haben. Wähnst Du Dich unabhängig davon? Gut, dann versuche ´mal nur eine Woche lang ohne Telefon, ohne Handy auszukommen; oder ohne Fernseher, ohne E-Mail und Computer, ohne Kaffeemaschine oder Haartrockner oder was auch immer... Wenn Du es wirklich wissen willst, dann wähle ein Gerät, welches Du täglich verwendest. Dieser Test vermag Dir jedenfalls ganz deutlich zu zeigen, wo Du diesbezüglich stehst. Es geht hierbei jetzt auch nicht darum, Dich deswegen zu verurteilen. Deshalb brauchst Du auch nichts zu rechtfertigen. Es geht lediglich darum eine Bestandsaufnahme zu machen. Zu sehen, wo Du wirklich stehst. Zu sagen, dass Du diese oder jene Maschine 'locker' weglassen könntest, wenn sie Dir weggenommen würden, reicht nicht. Du musst es tun können, solange sie da sind, solange sie noch voll funktionstüchtig sind, jetzt. Wenn es um den Verstand geht, dann ist es besonders wichtig zu lernen wieder Herr (oder Frau) über ihn zu werden, bevor er nicht mehr funktionstüchtig ist. Das leuchtet Dir bestimmt ein, oder? Sonst könnte es gut sein, dass Du nicht mehr lebensfähig wärst, dass Du Dein eigenes Leben nicht mehr selbst bestimmen kannst. Alle Menschen, die ihre Selbstbestimmung verloren haben oder deren Selbstbestimmung beschnitten wird oder, besser gesagt, beschnitten werden kann oder wurde, sind in die Falle der Identifikation mit dem Verstand, getappt.

Du musst wieder zum Beobachter werden

Damit Du von all dem frei werden kannst, musst Du wieder zum Zustand des Beobachters zurückfinden. Um vom Verstand frei zu werden, musst Du Dich wieder mit Deinem Höheren Selbst verbinden und wieder den Standpunkt Deines Höheren Selbst einnehmen können. Aber auch da ist 'Vorsicht geboten', denn die Reise geht weiter... Du solltest Dich auch mit Deinem Höheren Selbst nicht so sehr identifizieren, dass Du dort nicht mehr weg kommst... Denn selbst nach dem Erwachen ist die Reise noch lange nicht zu Ende. Jedoch sieht von dort die Welt, Dein Leben, schon ziemlich anders aus. Betrachtet man die Welt wie ein Beobachter oder ein 'Außerirdischer', ganz neutral und interessiert, erscheint alles viel lichtvoller. Die Menschen, die Tiere, die Natur, die Gegenstände, alles... alles beginnt zu leuchten und Du kannst förmlich sehen, wie alles von einer unerschöpflichen Quelle des Lebens erfüllt ist. Pulsierend, strömend, energetisiert... einfach total lebendig! Plötzlich bekommt alles eine ungekannte Schönheit und Du erkennst die göttliche Essenz in allem, was ist – und selbst in allem, was nicht ist.

Tja, und all dies geschieht nicht, weil Du ein 'besserer Mensch' geworden bist oder eine bestimmte Schulung absolviert hast, sondern weil Du langsam wieder zu dem wirst, was Du ursprünglich bist, reines gewahres Sein. Es geschieht nicht, weil Du ganz besonders viel gelitten hast und auch nicht weil Du gut meditieren oder beten kannst, sondern einfach und ganz natürlich deswegen, weil Du nicht denkst, weil Du in der Stille bist, in der Stille Deines bewertungsfreien, beobachtenden höheren Selbst.

Wenn Du von der Raupe zum Schmetterling werden möchtest, dann musst Du dieses, Dein Selbstbild aufgeben!

In Deinem Selbstbild siehst Du Dich immer noch als Raupe, als ein kleiner Erdenmensch, welcher noch so viel zu lernen, so viel abzuarbeiten und noch so viel an sich zu verfeinern hat, bevor er zum Schmetterling werden kann, dass es Dir niemals möglich sein wird, es zu werden, geschweige denn es zu Sein. Die Lösung liegt jedoch im Aufgeben aller Bestrebungen, im Nichtbeachten Deines inneren Dranges immer etwas tun zu müssen, um etwas zu erreichen. Sei einfach da, ganz da, nicht mehr und nicht weniger. Je öfter es Dir gelingt, umso einfacher wird es für Dich auch längere Zeit in diesem Zustand zu bleiben. Es ist jedoch nichts Entrücktes oder Tranceartiges daran. Du bist einfach ganz hier, ganz im Hier. Zu Beginn mag es sein, dass Du nicht länger als ein paar Sekunden in diesem Zustand verweilen kannst, dann Minuten, dann Stunden, dann immer... Dann wirst Du damit leben, arbeiten und Deinen alltäglichen Pflichten damit nachkommen. Jedoch wird für Dich dadurch alles, was Du tust, eine ganz besondere Note erhalten und Du weist wieder, was es tatsächlich heißt zu leben!

Willkommen bei Dir, willkommen im Leben - willkommen zu Hause.

DER SCHLÜSSEL, DIE LIEBE, DIE SONNE UND DU

Der Schlüssel

Vor nicht allzu langer Zeit kontemplierte ich auf einen Schlüssel. Ja, Du hast recht gelesen, über einen ganz normalen Hausschlüssel. Ich weiß schon, dass dies etwas eigenartig klingt, kontempliert man doch üblicherweise eher über die Entstehung des Universums oder über die Natur der eigenen Psyche oder über die Lösung eines Problems. Doch was mir der Schlüssel vermittelte, war nicht weniger erkenntnisreich als das Lesen eines guten Buches oder die Unterweisung eines Meisters. Jetzt war also ein ganz normaler Schlüssel mein Meister. Überhaupt möchte ich an dieser Stelle betonen, dass es meistens ganz einfache Dinge sind, welche mir die größten Weisheiten offenbaren. Früher, als ich immer auf den einen 'großen Meister' wartete oder auf das 'beste Buch', war mein Bewusstsein der einfachen Weisheit ganz normaler Dinge, verschlossen.

Dieser Schlüssel offenbarte mir, dass die wichtigsten Dinge jene sind, die man nicht sieht, dass die weisesten Worte jene sind, die man nicht spricht und dass man die Tore der Einweihung nicht mit dem öffnen kann, was man hat, sondern mit jenem, was man nicht hat! Wir streben ja ständig nach dem Erreichen bestimmter Tugenden, in allen möglichen Disziplinen, nach Wissen und unterschiedlichsten Fähigkeiten. Das ist bestimmt nicht falsch, jedoch ist all das Wissen und die Bemühung etwas zu erlangen, nicht im Stande, Schlüssel zu sein und uns die letzten

Tore zu öffnen. Lass mich ein Beispiel machen: Wenn gewisse Worte, etwas ganz Bestimmtes und Weises ausdrücken sollen, steht die Weisheit dann nicht meistens zwischen den Zeilen? So, wie es bei einem guten Zitat der Fall ist? Wenn ich also sage, dass nur, wer seine eigenen Fehler erkennt, wirklich tolerant sein kann, oder Dir die Geschichte von dem Mädchen erzähle, das einen kleinen Jungen trug, als ihnen ein Herr begegnete welcher zu ihr sagte: ‚Na aber hallo, mein kleines Mädchen, was trägst denn Du für eine große Last.' und es antwortete: ‚Mein Herr, ich trage keine Last, ich trage meinen Bruder.'... steht da das Wichtigste nicht ebenfalls zwischen den Zeilen? ...na logisch! Oder hierbei: Ein Junge trug eine brennende Kerze in der Hand, da begegnete ihm ein Mann, der sagte: ‚Na mein Junge, wo ist denn dieses schöne Licht her?' Worauf der Junge die Kerze ausblies und antwortete: ‚Mein Herr, können sie mir sagen, wo es hingegangen ist?'... Solche Aussagen sind in ihrer umfassenden Weisheit, nicht gleich von jedem zu verstehen. Aber eines ist sicher: Mit solch´ wenigen Worten, kann mehr gesagt werden, als mit vielen Büchern. Wie bitte, Du möchtest noch ein Gleichnis hören, damit Du ein wenig darüber nachdenken, kontemplieren kannst? O.k. Da habe ich noch etwas ganz Schönes für Dich: Ein Mann begegnete einem kleinen Mädchen und fragte es: ‚Kleines Mädchen, ich gebe Dir einen Gulden, wenn Du mir sagen kannst, wo Gott ist?' Und das Mädchen antwortete: ‚Mein Herr, ich gebe ihnen zwei Gulden, wenn sie mir sagen können, wo er nicht ist.'

Eine solche Weisheit, begeistert mich!

Jetzt aber zurück zum Schlüssel. Ich möchte, dass Du nun einen Schlüssel holst und ihn vor Dir aufs Buch oder den Tisch legst. Und dann: betrachte ihn. Kannst Du sehen, dass seine eigentliche Form, die letztendlich ein Schloss zu öffnen vermag, dadurch entstanden ist, dass etwas fehlt? Wenn es ein Schlüssel mit Bart ist, dann siehst Du, dass man da ein paar Stücke weggesägt hat; ist´s ein moderner Schlüssel, wurde etwas Metall entfernt, indem man Vertiefungen ´reingebohrt hat, stimmt´s? Das bedeutet also, dass der Schlüssel erst dann seine Funktion ausführen kann, wenn etwas fehlt. Fehlt jedoch zuviel, geht es nicht mehr, fehlt zu wenig, dann geht es auch nicht. Es muss also ganz genau soviel fehlen bzw. da sein, wie nötig. Und damit ich Dir keine lange Erklärung darüber abhalten muss, was das nun *für Dich* bedeutet, empfehle ich Dir herzlichst, das Buch nun zur Seite zu legen und Dir einige Minuten Gedanken darüber zu machen, was er Dir sagt. Es ist *für Dich* nicht wichtig, was er mir sagt, sondern für Dich ist wichtig, was er Dir zu sagen hat.

Wenn Du es nun wirklich machst, dieses Experiment, dann wirst Du mehr Erkenntnisse über Dich finden, als je zuvor. Viel Spaß auf Deiner Forschungsreise und mit der Weisheit *Deines* Schlüssels. Lass *ihn* für diese Kontemplation Dein Meister sein und erfahre selbst, dass das Unsichtbare wesentlicher ist, als das Sichtbare, das Ungreif- oder Unfassbare essenzieller, als das Greifbare und das Unvorstellbare, weitaus größer als das Fassbare.

Die Liebe

Immer wieder versucht der spirituell ausgerichtete Mensch sich zu kultivieren, seine Tugenden, seine Talente, seine Fähigkeiten und seine Liebe. Überall sucht er die Liebe und nach Möglichkeiten, wie er sie vergrößern kann. Dabei setzt er sich oftmals auch den größten Qualen aus, überfordert sich und beginnt sich zu unterdrücken. Beobachte aber einmal, wie ein Künstler aus einem unbehauenen Stein, aus einem Holz-, Eisblock oder auch aus Ton eine Skulptur meißelt oder formt; wie ein Maler sein Bild auf die Leinwand oder auch, wie die Sonne die Welt zum Vorschein bringt. Das Kunstwerk, die Schönheit der Welt und die Skulptur, sie alle sind bereits vorhanden! Der Künstler kann das sehen, schon lange bevor der Durchschnittmensch es wahrnehmen kann. Die Sonne schält einfach die Finsternis von der Welt, so wie der Steinmetz den Stein rundherum um die im Innern des Steines verborgene Skulptur ablöst. Das eigentliche Kunstwerk muss bloß freigelegt, nicht kultiviert oder erschaffen werden. Es ist bereits da.

Genau so verhält es sich auch in Bezug auf Deine Tugenden, Fähigkeiten, Talente oder im Hinblick auf Deine Liebe. Was meinst Du denn, ist der Grund dafür, dass sich kein Mensch der Liebe erwehren kann? Wieso erliegen ihr, früher oder später, ausnahmslos alle Menschen? Weil die Liebe Deine wahre Natur ist. Du Bist Liebe. Drum herum hat sich bloß viel Gestein angesammelt, welche das Hervortreten Deiner Liebe verhindert. Du kannst Deine Liebe nicht vergrößern oder verkleinern. Du kannst Deine Liebe nicht kultivieren oder veredeln. Aber Du kannst sie freischaufeln vom Schutt des Verstandes! Sie ist da, sie ist vorhanden und sie ist bereits vollkommen.

Die Sonne

Ich sagte, dass die Sonne die Finsternis von der Welt schält und – dass die Liebe in vollkommener Form in Dir enthalten ist. Wie aber stellt die Sonne es an, zu einem so gewaltigen Bezwinger der Finsternis geworden zu sein? Bekämpft sie diese? Leistet sie Widerstand? Bearbeitet sie sie? Nein. Sie kümmert sich nicht einmal darum. Sie tut nichts gegen die Finsternis. Sie tut etwas für sich selbst! Sie erlaubt sich, ihrer wahren Natur zu folgen, sich selbst Ausdruck zu verleihen, indem sie einfach mit ihrem Sein fließt. Ja, es entspricht ihrer wahren Natur, überall hinzuströmen, sich auszudehnen und sich zu verbreiten. Sie strömt, weil sie strömen muss, weil sie lebendig ist. Sie tut nichts gegen den Schutt, sie legt einfach durch ihr Sein, durch ihr Licht-Strömen, das Kunstwerk der Schöpfung frei. Dabei verleiht sie ihr auch eine besondere Note. Ohne 'Tun', einfach durch ihr 'So-Sein'. Sie bewerkstelligt alles mit Leichtigkeit und Selbstverständlichkeit: Ohne 'Arbeit', ohne Stress und ohne Widerstand gegen irgendetwas. Sie tut es, indem sie einfach ist, was sie Ist.

Ebenso könntest es auch Du, in Bezug auf Deine Liebe, bewerkstelligen. Ganz einfach, ganz locker, ganz ohne Anstrengung. Einfach Deiner Liebe erlauben, zu Sein und ihrer wahren Natur Ausdruck zu verleihen. Das Problem ist nicht, dass Du zuwenig Liebe hättest, sondern dass Du ihre Kraft dafür verwendest, imaginäre Feinde zu bekämpfen, anstatt dass Du ihr einfach erlaubtest zu Sein. Niemand kann dem Licht und keiner kann der Liebe widerstehen. Liebe weiß das. Deshalb fühlt sie sich so sicher. Deshalb ist sie so frei von jeglichen Zweifeln oder Einschränkungen. Selbst die größten Hindernisse, die massivsten Berge durchdringt sie wie ein Fluss, der zum Meer fließt. Einem inneren Plan folgend, findet sie den Weg mit dem geringsten Widerstand und dem geringsten Aufwand hin zum Ziel ihrer Sehnsucht... Nichts kann sie aufhalten außer: von Menschen gemachte Barrieren und vom Verstand erstellte Blockaden. Werde einfach wieder zum Künstler! Eliminiere den Schutt drum herum und erfahre das Wunder des Lichtes Deiner Liebe. Werde wieder zu einer Sonne und erfülle Deine Bestimmung die da heißt: Verströme Dich!

Dein Wesen ist Liebe und diese Liebe will sich um jeden Preis durch Dich ausdrücken. Selbst wenn Du Dir manchmal vorkommst wie ein Stein, bedenke: Das Kunstwerk ist bereits vorhanden und es trägt Deinen Namen. Du brauchst es nicht zu suchen, es ist schon da, es geht bloß darum herauszufinden, wie Du es freilegen kannst. Du kannst Dein Wesen, Deine Liebe nicht definieren. Sobald Du das versuchst, verwandelt sie sich in Verliebtheit. Verliebtheit ist eine kurzfristige Angelegenheit, denn sie kommt nicht von innen, sondern wird von etwas oder jemandem außerhalb ausgelöst. Definiertes Licht verwandelt die Sonne in eine Taschenlampe. Diese mag wohl kurzfristig von Nutzen sein, langfristig aber wird sie Dir nicht dienen können. Was von innen kommt, ist unbegrenzt und unerschöpflich; darauf solltest Du Dich konzentrieren. Gehe nach innen, vertraue auf Dein Inneres, es ist ewig und nicht so vergänglich wie Äußerlichkeiten. Selbst ich - auch ich - bin nicht in der Lage, Dir zu erklären oder zu definieren, was Liebe ist, aber ich kann Dir helfen, sie zu erfahren. Kein Arzt kann Dir sagen, was Gesundheit ist, denn er kennt sich bloß mit Krankheit aus. Nur soviel können wir feststellen: Gesundheit ist Abwesenheit von Krankheit. Licht ist Abwesenheit von Finsternis und Liebe ist Abwesenheit von...

Krankheit kann Gesundheit, Angst kann Liebe und Dunkelheit kann das Licht verbergen. Aber wenn Du nichts davon festhalten würdest, weder das eine noch das andere, dann bleibt letztlich nur das über, was edel, schön und rein ist: Du selbst – das, was Du in Wirklichkeit Bist. Die Essenz Deiner selbst. Und: Loslassen *ist* Meditation. Dies meine ich nicht bewertend, sondern es ist die Natürlichkeit, welche daran zutage tritt und die ist immer wundervoll. Die Menschen sind lediglich unnatürlich geworden, das ist die weltweite Krankheit. Sie hat wie eine Epidemie um sich gegriffen und die Menschen vergiftet. Seit tausenden von Jahren wurden sie vergiftet mit allerlei Indoktrinationen von Moralität, Religion und Gesellschaft. Das ist der Schmutz, den es abzuschütteln gilt. Und, Du kannst sehen, wie tief diese Dinge in Dir verhaftet sind, wenn Du sie loslassen möchtest, und wahrnimmst, wie vehement sich etwas in Dir gegen diese 'Ent-Indoktrination' alter Muster und Blockaden wehrt. Wenn Du jedoch damit beginnst, Dir erstmals wieder Bewussheit zu verschaffen und bemerkst, wenn Du im Begriffe bist nach ihnen zu handeln..., dann hast Du schon einen großen Schritt getan. Nach und nach wird es Dir leicht und leichter fallen, sie abzulegen. Du darfst bloß nicht aufgeben. Du darfst Dich nicht der Enttäuschung hingeben, wenn es Dir nicht gleich von Anfang an gelingt. Bleib am Ball, spiele weiter, nimm es nicht zu ernst und: Sei entspannt dabei. Was nicht mit einer gewissen Entspanntheit vor sich geht, ist nicht sehr funktionstüchtig. Oder hast Du schon ´mal gesehen oder gehört, dass sich eine Blume anstrengt um zu wachsen? Dass ein Fluss heult um vorwärts zu kommen? Dass das Licht vor Anstrengung schwitzt um sich auszudehnen? Oder ein Tier: Hast Du es schon einmal verkrampft-zu-Gott-betend beobachtet? Nein! Denn sie 'sind bewusst': Das Universum funktioniert am besten entspannt und gelassen. Wenn man ihm in vollem Vertrauen begegnet, dann antwortet es ebenso. Somit sind alle Zweifel hinfällig geworden, alle Ängste lösen sich auf und es macht sich etwas in Dir breit, von dem ich sagen kann, dass es das wahre, lebendige Leben ist. Alles Weitere musst Du alleine erforschen. Ich wünsch Dir viel Spaß dabei.

DIE ENDLOSE FRAGEREI

Zweifelsohne: Fragen im richtigen Augenblick macht manchmal viel Sinn. Ich möchte hier jedoch auf die bekannte 'notorische Fragerei' eingehen, diesen unstillbaren Drang der Menschen stets zu fragen, bevor sie etwas tun oder entscheiden. Sie geben vor, sich einfach nur 'zu informieren', aber in Wahrheit geht es um etwas ganz anderes: Sie fragen Dich vielleicht, *was* sie tun sollen, ob sie dies oder jenes tun – oder lassen sollten. Oder sie geben vor, sich für Deine Meinung zu interessieren und bloß einen anderen Standpunkt in Betracht ziehen zu wollen. Das klingt bisweilen alles recht glaubwürdig, aber es bedarf manchmal einer genaueren Betrachtung um erkennen zu können, weshalb jemand diese Fragen wirklich stellt. In den meisten Fällen geht es dem Fragenden schlicht darum, nicht die gesamte Verantwortung für sein Tun und Lassen tragen zu müssen. Wer oft fragt *wie*, *was* oder *ob* er etwas so oder anders machen solle, möchte sich in Wahrheit eine Hintertüre für den Fall bauen, dass etwas 'schiefgehen' könnte. Dann nämlich sind sie die ersten, die sagen: ‚Aber *Du* hast doch gesagt...'

Unsichere und ängstliche Menschen wollen immer eine Absicherung. Diese holen sie sich vielleicht auch von Dir, indem sie Dich fragen und fragen und fragen... Du kennst das: Das eigene Ego fühlt sich dadurch natürlich sehr geschmeichelt und kündet gerne von seiner Weisheit. Es steigt also gerne in dieses Spielchen mit ein. Es fühlt sich dann wichtig und weise. Und wer schon fühlt sich nicht gerne so?! Aber das ist nicht der wahre Dienst, den die

Fragenden tatsächlich brauchen. Deine Antworten helfen ihnen nicht. Zumindest nicht dann, wenn es darum geht, zu helfen, die Verantwortung für eigenes Handeln zu übernehmen. Frager sind ja wundervolle Menschen; sie möchten einfach nichts verkehrt machen. Oft sind sie auch perfektionistisch und äußerst hartnäckig und ausdauernd. Das alles sind Qualitäten, die man gut für einen spirituellen Weg oder auch als Werkzeuge für weltlichen Erfolg gebrauchen könnte. Aber, allzu oft verwenden sie diese Werkzeuge bloß in ihrem Kopf. Und dort beginnt es dann zu kreisen und zu kreisen und zu kreisen, endlos. Dann ist es nur noch eine Frage der Zeit, bis sie sich selbst - und vielleicht auch Dich - mit ihrer nicht-enden-wollenden Fragerei an die Grenzen des Wahnsinns treiben. Gut, ich übertreibe vielleicht einwenig, aber Du weisst, was ich meine, oder...?

Die besten Fragen stellen Kinder. Kinder fragen nämlich nicht aus Unsicherheit oder deswegen, weil sie etwas perfekt machen wollen, sondern aus reinem Interesse, aus reiner Entdeckungsfreude und Abenteuerlust. Das sind wundervolle Fragen! Und Kinder machen Dir danach auch keine Vorwürfe. Sie sind nicht an Versicherungen interessiert, sondern bloß daran, das Leben und seine mannigfaltigen Möglichkeiten zu erforschen. Sie untersuchen alles ohne darüber nachzudenken, ob sie sich dabei die Hände schmutzig machen. Sie suchen einfach ständig nach weiteren, noch neueren Möglichkeiten - ohne dabei jedoch die Eigenverantwortung zu verleugnen. Es ist eigentlich schon erstaunlich, dass Kinder - kleine Kinder - eher bereit sind Verantwortung zu übernehmen als Erwachsene.

Erwachsene fragen manchmal auch bloß deswegen, weil sie zu faul zum Denken sind oder, weil sie schlicht und ergreifend einfach Bestätigung für ihre eigene Meinung haben wollen. Wehe dem, der dann etwas antwortet, was dem anderen nicht in den Kram passt. Dann entwickeln sich die heißesten Diskussionen, deren einziges Ziel es ist, Dich von einer anderen – nämlich seiner – Meinung zu überzeugen. Sag dann ganz schnell ja, ja, ja. Ansonsten läufst Du Gefahr, den unaufhörlichen Angriffen, welche durchaus sehr persönlich werden können, zu erliegen. Dann ist der Tag gelaufen und die Stimmung für einige Stunden am Boden zerstört. Ich verfahre in solchen Momenten manchmal so, dass ich sage: ‚Wieso willst Du mich von Deiner Meinung überzeugen?' Ja, komischer Weise überrascht es sie, wenn Du sie damit konfrontierst, dass sie Dich überzeugen wollen. Meist erkennen sie ihr Verhalten erst in diesem Augenblick der Konfrontation – durch Deine Frage. Sie werden Dir darauf mit Sicherheit antworten, daß sie das doch gar nicht tun würden..., aber sie wissen es schon, insgeheim. Dann sage ich: ‚Dann ist ja gut, dann können wir ja einfach unsere zwei Meinungen so stehen lassen oder?' Worauf sie dann, eben weil sie es ja nicht zugeben wollen, daß sie Dich überzeugen wollten, sagen: ‚Ja'. Wenn Dir das gelingt, dann ist Dein Tag gerettet.

Stell´ Dir bitte ´mal folgende Frage: ‚Wieso interessiert es Dich überhaupt (wirklich), was andere denken?' Aha. Die Antwort: ‚Weil es mich interessiert.', gilt nicht. Wenn Du älter als zehn Jahre bist, kannst Du davon ausgehen, dass das schlicht eine Lüge ist. Es würde von einer sehr hohen Bewusstseinsstufe zeugen, wenn es wirklich reines

Interesse wäre. Ja, wir müssen die Dinge so 'unbarmherzig' betrachten, sonst reden und denken wir weiterhin um den Kern der Sache herum. Das hilft jedoch keinem. Eine weitere gute Variante gewissen Fragen zu begegnen ist auch die, dass man gegenfragen kann: ‚Wieso fragst Du das?' Du wirst dann fast immer hören: ‚Einfach so.' Aber das geht nicht. Keine einzige Frage wird 'einfach so' gestellt. Fragen, auch die kleinsten, haben immer einen riesigen Background! Meist ist dieser jedoch, selbst für den Fragesteller, weit im Unbewussten verborgen. Wenn man diesen Hintergründen dann ´mal richtig auf den Grund geht, dann staunt vor allem der Fragesteller selbst nicht schlecht. Fragen zeigen weit mehr über den Menschen, als er sich bewusst ist. Wenn Du wissen willst, was für ein Mensch jemand ist, dann achte aufmerksam auf die Fragen, die er / sie stellt. Diese sagen Dir alles. Wer die Fragen der Menschen durchschauen kann, ist wie ein guter Arzt der es versteht ein Röntgenbild zu lesen. Die Fragen der andern sind für mich wie ein Tor zur Seele und Psyche des Menschen. Deshalb höre ich immer gut zu, wenn mir jemand eine Frage stellt. Ich kann daher nicht schon während die Frage gestellt wird, an einer möglichen Antwort 'herum-basteln', sonst verpasse ich den Einblick in mein Gegenüber. Die Frage selbst interessiert mich weitaus weniger als der Hintergrund, von wo aus die Frage aufgestiegen ist. ‚Eins und Eins ist gleich Zwei.' Das ist relativ banal, so wie die meisten Fragen es ebenfalls sind. Aber die Frage: ‚Weshalb will da einer wissen, was Eins und Eins ist?' – die ist interessant! Deshalb sind auch dumme Fragen immer für eine gute Antwort zu gebrauchen. Man muss nur durch sie hindurchschauen und wahrnehmen können, was die Seele des

Fragenden wirklich wissen möchte. Der Verstand lässt die Seele ja nicht einfach so fragen, deshalb dreht er die Fragen um und fragt Dinge, welche zwar wichtig klingen, aber letztendlich nichts bringen. Was der Verstand jedoch nicht kann ist: Die Fragen so zu manipulieren, dass keine Hinweise auf ihre tieferen, wahren Bewandtnisse mehr vorhanden wären. Der Verstand verrät sich immer. Es gibt nichts Einfacheres, als den Verstand zu durchschauen, aber nicht mit dem Verstand, sondern mit Bewusstsein. Der Verstand besitzt kein Bewusstsein, er tut nur so. Der Verstand kann berechnen, schlau sein und gerissen, gescheit und klug - aber nicht weise. Gott sei Dank! Denn sonst wäre er unübertrefflich und undurchschaubar und allem anderen weitaus überlegen. Doch er ist eben bloß eine Maschine - ohne Bewusstsein. Deshalb muss man achtsam sein, daß diese Maschine nicht alles übernimmt, sonst fehlt es an Intelligenz und - vor allem - an Integrität.

Der Verstand will immer alles *wissen*, damit er es auch kontrollieren kann. Das Herz jedoch hat kein Interesse an Kontrolle, es möchte einfach *erfahren*. Leben findet jenseits der Kontrolle statt, weil Kontrolle immer auf Angst basiert und das Herz keine Angst kennt. Der Verstand fragt immerzu: *warum?*, *wieso?*, *weshalb?*... Das Herz fragt - wenn überhaupt: *wozu?* oder *wofür?*. Neunundneunzig von hundert Fragen können der Frage: ‚Wozu dient diese Frage?' - nicht standhalten. Sie entlarvt die Fragereien in ihrer Banalität, sodass das Bedürfnis nach einer Antwort augenblicklich, wie eine Luftblase zerplatzt. Das ist übrigens ein weiterer Trick des Verstandes um keinen *wirklichen* Antworten lauschen zu müssen: Er fragt einfach ununterbrochen. Und wer selber redet, der hört bekanntlich schlechter... Ich finde es irgendwie auch amüsant. Ja, von außerhalb betrachtet ist der menschliche Verstand wirklich ziemlich lustig... und wie er doch immer alles auf 'ernstmachen' hinzutrimmen versucht...

Da muss man / frau doch wirklich schmunzeln. Nun, vielleicht möchtest Du das nächste Mal, wenn Dich selbst die Fragen überkommen, darüber nachdenken, was Du (Dir) damit alles so offenbarst – über Dich. Möglicherweise werden dadurch Deine Fragen weniger und weniger und weniger... Eines Tages werden sie gänzlich verschwunden sein und Du wirst unglaublich viel Kapazität frei haben um zu leben. Denn das Leben spielt sich mit Sicherheit jenseits des Denkens ab. ‚Gedankenlosigkeit' ist nicht gleichzusetzen mit Dummheit, sondern mit Lebendigkeit. Gedanken verzögern das Leben; dann hat man irgendwann das -Bedürfnis, ‚etwas-nachholen-zu-müssen'. Aber im Leben lässt sich nichts nachholen. Der Augenblick, welcher vorbei ist, ist vorbei und wird für immer vorbei sein. Leben ist 'Jetzt' – jetzt oder nie! Fragen beziehen sich immer auf´s Gestern oder Morgen. Heute gibt es keine Fragen und wenn Du aufgehört hast sie zu stellen, dann wirst Du Dir der Fülle an Antworten bewusst, welche stets den gegenwärtigen Augenblick erfüllen. Das Jetzt bietet Dir in seiner Fülle all jene Antworten, auf deren Fragen Du noch gar nicht ´mal gekommen bist. Das allerdings wären die wichtigsten Fragen, die man stellen könnte. Deshalb sage ich, dass die wichtigsten Fragen jene sind, welche nicht gestellt werden, von niemandem.

Ja, sie können auch nicht gestellt werden, weil sonst deren zugehörige Antwort überhört werden würde. Zu kompliziert? Na gut, was soll´s... aber schön, dass wir darüber geredet haben.

Ach ja, noch was: Falls Du noch weitere Fragen hast, dann lies doch bitte die Packungsbeilage des Lebens oder frage Deinen Arzt oder Apotheker. ☺

GELASSENHEIT, HEITERKEIT, LIEBE UND FREIHEIT

Viele glauben, dass einer schon ein Meister wäre, der über Gelassenheit verfügt. Dem ist nicht so. Unsere Gelassenheit gründet nicht auf Erleuchtung, sondern auf einer unterschiedlichen Betrachtungsweise des Lebens. Ich nenne sie die ‚bescheiden-luxuriöse' Lebensanschauung. Dazu möchte ich euch eine Geschichte erzählen, die ich gehört habe und die verdeutlicht, was ich meine:

Eines Tages machte ein Vater mit seinem Sohn eine Reise aufs Land, mit dem Ziel, ihm zu zeigen, wie reich sie wären. Sie verbrachten einen Tag und eine Nacht auf dem Hof einer armen Familie. Auf dem Nachhauseweg fragte der Vater seinen Sohn:
„Mein liebes Kind, wie war die Reise?"
„Sehr gut, Vater!"
„Konntest Du sehen, wie arm Menschen sein können?", fragte der Vater. „Ja", sagte der Sohn.
„Und was hast Du gelernt?"
Der Sohn antwortete: „Ich sah, dass wir einen Hund zu Hause haben – und sie haben vier. Wir haben einen Pool, der bis in die Mitte unseres Gartens reicht – sie haben einen kleinen Fluss, mit keinem Ende. Wir haben importierte Lampen im Garten – sie haben die Sterne. Unsere Terrasse reicht bis zum gegenüberliegenden Hof – sie haben den ganzen Horizont."
Als der kleine Junge endete, war der Vater sprachlos. Und der Sohn fügte hinzu: „Danke Vater, dass Du mir gezeigt hast, wie arm wir sind."

Bescheidenheit macht gelassen. Bescheidenheit benötigt Vertrauen. Bescheidenheit und Vertrauen machen jedoch nicht nur gelassen, sondern auch glücklich. Wenn die Menschen erst erkennen können, wie sehr ihre Abhängigkeit vom Reichtum sie begrenzt, und dass auch das Dach der schönsten Villa die Sicht auf die Sterne verbaut, wenn sie erkennen können, dass der schönste Pool keinen Fluss und keine Beziehung die Liebe einer glücklichen Familie ersetzen kann und dass sie alles, was wichtig ist, vom Universum geschenkt bekommen, dann würden auch sie entspannt und gelassen und somit glücklich Sein können.

Der Glaube an Wiedergeburt und Karma - wenn ich auch nicht in jedem Punkt übereinstimme - ermöglicht den Menschen in Indien zum Beispiel eine grundlegend andere Sicht auf die Gegenwart ihres Lebens. Sie müssen nicht alles jetzt haben, sie sind nicht so in Eile, denn sie wissen, dass dieses Leben nur eines von vielen ist. Was sie heute vielleicht entbehren, darauf freuen sie sich in der Zukunft. Zudem wissen sie, dass jeder Mangel, unter dem sie leiden, karmische Lasten abbaut oder die Veredelung ihrer Seele vorantreibt. Denken die Menschen im Westen überhaupt über eine solche Veredelung nach? Ja, jedoch nur - und das ist im Osten nicht anders - wenn es ihnen Vorteile bringt. Aber so lässt sich nicht wirklich entspannen. Gelassenheit geht tiefer, ist weiter und vor allem beständiger. Mit der Gelassenheit ist es wie mit der Liebe, erst wenn sie bedingungslos wird und aus reinem Vertrauen besteht, hat sie Ewigkeitsbestand. Wenn dieser Punkt erreicht wird, stellt sich ganz von alleine eine tiefe Heiterkeit sowie eine ungekannte Leichtigkeit des Seins ein.

Denn jetzt ist alles wie es Ist, und braucht zu nichts mehr dienen und auf nichts mehr ab-zuzielen. Ich nenne es die Freiheit der Heiterkeit, die Freiheit der Liebe, die Freiheit der Gelassenheit.

Nur wer frei ist, kann gelassen sein

Freiheit misst sich nicht daran, wie viel Geld oder Güter jemand besitzt, sondern wie viel Wert er all jenem beimisst, was ihn natürlicherweise umgibt. Jeder darf sich daher selbst fragen, wie viel Wert er den Dingen in seinem Leben gibt. Je wertvoller Dir die kleinsten Kleinigkeiten und die natürlichsten Natürlichkeiten in Deinem Leben werden, desto gelassener und freier wirst Du Dich fühlen.

Das verlorene Lachen

In gewissen Ländern dieser Erde sind die Straßen erfüllt vom Lachen der Menschen und es lässt staunen, dass ich eine solche Heiterkeit nicht in reichen, sondern in armen Ländern und Städten am meisten beobachtet habe. Dies sollte zu denken geben! Dies bedeutet nicht, dass Armut glücklich, heiter und gelassen macht, aber es bedeutet vielleicht, dass Erwartung unglücklich stimmt. Es ist nicht so, dass es den Menschen ‚objektiv' besser oder schlechter geht in Ost und West, doch kann man alles von verschiedenen Standpunkten aus betrachten und dementsprechend auch erleben. Das Lachen der Menschen verliert sich also in ihren Erwartungen. Erwartung ist es, welche die Menschen enttäuscht werden lässt. Enttäuschte Menschen verlieren ihre Fähigkeit wirklich zu lieben. Denn was bleibt ist eine Art von ‚Eigenliebe' – was ich grundsätzlich ja befürworte –, welche jedoch dem ‚Selbstmitleid' anheim gefallen ist. Eine solche Egozentrik entfernt sie in der Folge immer weiter von ihren Mitmenschen. Nicht nur so weit, dass sie sich gegenseitig gar nicht mehr wahrnehmen, sondern so weit, dass sie den Nächsten gar nicht mehr wahrnehmen wollen. Dieser Zustand ist es, von dem Jesus als „Totsein" und Buddha als „schlafend" gesprochen hat. Alle haben sie vom Aufwachen, vom Lebendig-Sein gesprochen, die schönsten, berührendsten Gleichnisse oder Geschichten erzählt, um die Menschen zur „Umkehr", zum „Aufwachen" oder zum „Leben" zu erwecken. Aber eben... Tote hören nicht und Schlafende sehen nicht. Was also müsste ich tun, um diesen Menschen zum Erwachen zu verhelfen? Seht ihr, ich weiß es einfach nicht. Denn auch wenn jemand meine Worte vernehmen kann, es garantiert nicht, dass sie auch verstanden werden. Die Leute sagen mir, wie wundervoll meine Worte sind und wie erleuchtend, aber kurz nachdem sie dies gesagt haben, schlafen sie dann doch wieder ein. Sie sind offenbar müde, zu müde – lebensmüde. Ich kann es mir nur so erklären, dass sie ermüdet sind vom Erfüllen-wollen ihrer mannigfaltigen Erwartungen und vom Erfüllen-müssen ihrer alltäglichen Pflichten; von ihrer Jagd nach Erfüllung all ihrer nie endenden Wünsche sowie von ihrer endlosen Suche nach Liebe, Glück und Zufriedenheit. Man kann ihnen Liebe geben und das gesamte Glück der Welt zu Füßen legen und es verrinnt also gleich wie ein Regentropfen, der in die Wüste fällt – Wüste, Sinnbild für die innere Leere, die seelische Einöde, in der sich die Menschen befinden. Man kann sie nicht bewässern. Ein Glas Wasser bloß reicht nicht aus, es versiegt, noch ehe die ersten Knospen sprießen. Und so versuche ich nicht Wasser in die Wüste zu tragen, sondern einen Weg zu graben, ein neues Flusstal anzulegen, in welchem der Ozean selbst zur Wüste fließen kann.

Ich baue nicht alleine, sonst würde dies ‚ewig' dauern, ich baue in Zusammenarbeit mit allen Meistern des Universums, mit dem feurigen Herzen Gottes in mir, den Händen des unendlich geduldigen Schöpfers und den Worten des Heiligen Geistes. Ich kenne keine Eile und keine Müdigkeit. Die Welt ist noch jung und alles wird sich zum Guten wenden. Dieses Wissen gibt mir die Kraft mit jedem Tag, ja mit jedem Augenblick, meine Arbeit aufs Neue in Angriff zu nehmen. Dies alles und die Gewissheit, dass letztlich Wüste und Ozean eins sind, lässt mich so heiter und gelassen sein, wie ich es bin. Und damit mich niemand von meiner Arbeit abhält, habe ich mir einen Körper erschaffen, dem man nicht ansieht, wer ich bin. Ich bin unscheinbar und gar nicht so, wie man sich mich vielleicht vorstellt und ich werde immer Wert darauf legen, einfach zu bleiben, sodass nur jene mich finden, deren Sehnsucht nach dem Ozean genauso tief und groß ist wie die meinige.

SCHWEIGEN

Wer mein Schweigen nicht versteht, der versteht auch nicht, was ich zu sagen habe.

- Warum ist Schweigen eigentlich Gold?
- Was bedeutet es, wenn ich sage, dass man zwischen den Zeilen lesen sollte?
- Weshalb liegt in der ‚Stille' die Kraft? Wieso ist die Stille heilig?
- Sind es wirklich unsere stillsten Momente, wo Großartiges geschieht und nicht unsere lautesten?

Sich solche Fragen zu stellen, macht durchaus Sinn. Vor allem dann, wenn man sich mit gewissen Bewusstseinszuständen beschäftigt. Es ist nämlich in der Tat so, dass es ganz still in uns wird, sobald wir vereinigt mit der Essenz, dem Ursprung allen Seins, in göttlicher Einheit verweilen. Jenseits der Zeit, jenseits der Illusion, jenseits des Verstandes, jenseits aller Emotionen begegnen wir ganz automatisch der ewigen Stille des Seins.

So, wie Weiß entsteht, wenn wir alle Grundfarben miteinander vermischen, entsteht Stille in der Verschmelzung aller Geräusche, in der Verschmelzung aller Bilder, in der Verschmelzung aller Realitäten und Wahrheiten, in der Verschmelzung aller Gedanken, Gefühle und Handlungen. Es geschieht eine mystische Vereinigung, die einzig wahre und erstrebenswerte Hochzeit. Sie vereinigt nicht bloß zwei Menschen, sondern alle Gegensätzlichkeiten. Es ist die Einheit Gottes, in der wir uns dann befinden, die ewige und untrennbare Stille des Seins. In diesen Zustand eingetaucht, lassen sich die Worte erfahren und verstehen: „Was Gott zusammengefügt hat, soll der Mensch nicht trennen..."

Jenseits der Stille befindet sich das Chaos

Den folgenden Text zu lesen ist einfach. Zumindest solange, wie sich immer wieder Stille dazwischen befindet. Es ist die Stille, die alles vereinfacht, der Raum, der dadurch entsteht, macht alles leicht verständlich. Entfernt man den ‚Raum der Stille' zwischen den Wörtern und Buchstaben, so verschwindet auch deren Aussage mehr und mehr. Zuerst würde es so aussehen:

AlleszneinanderGeschriebeneistschwerzuentziffern.Ma
nkanndannschonfrohsein,wennsicheinigeSatzzeichen,
welcheeinenscheinbarenRaumkreierenundeiningeGroß
buchstabendieAnfangundEndesymbolisieren,dasind.

Entfernen wir nun auch noch den ‚Raum der Stille' zwischen den Buchstaben und der Umgebung, so würde das oben gerade noch mühsam Entzifferbare etwa so aussehen:

Ja, da wird verständlich, weshalb die meisten Menschen das Leben als kompliziertes Mysterium erfahren. Sie haben keine Stille mehr in sich und den Zugang dazu haben sie sich durch wissenschaftliches oder allzu materielles Denken verbaut.

Dabei ist es so einfach! Einmal in dieser stillen Präsenz angekommen, sind nämlich nicht nur gleich alle Fragen, die man sich stellen könnte, beantwortet, sondern es löst sich noch viel einfacher: Alle Fragen sind mit einem Schlag verschwunden.

Dies scheint den meisten Menschen auf den ersten Blick zwar nicht erstrebenswert, wer diesen Zustand aber kennt, der weiß um seine absolute Glückseligkeit. Alles ist, was es ist, jenseits aller Ideen, Vorstellungen und Wahrnehmung dessen, was sein könnte.

Jede Symphonie wäre nur Lärm, ohne die Stille dazwischen.

Schweigen ist nicht gleich Schweigen

Ich unterscheide himmlisches und irdisches Schweigen. Man kann sich in Schweigen hüllen um sich abzugrenzen oder/und Geheimnisse zu wahren, oder auch um in Stille und Wertschätzung zu Sein, ohne sich von anderen zu trennen und ohne etwas zu verheimlichen. Ersteres fühlt sich künstlich an, Zweiteres repräsentiert eine wunderbare stille Gegenwärtigkeit jenseits des Verstandes. Es ist Stille in uns, bis tief in unser Herz hinein. Keine Gedanken, keine Emotionen, keine Unruhe, keine Zweifel, keine Unsicherheiten, keine Scham, keine Urteile, keine Trennung. Es ist ein Zustand vollkommener Klarheit. Beides könnte auf den ersten Blick gleich erscheinen und vermag zu beeindrucken. Aber echte Stille, echtes Schweigen macht sich in einem wundervoll sanften, wie auch gleichermaßen starken Energiefluss deutlich. Erst ein Mensch, der sich in Gott, in dieser Stille befindet, ruht in sich selbst.

Liebe und Frieden sind Raum und Stille

In dieser Stille, in diesem Raum der Andacht sind Liebe und Frieden beheimatet. Wer wahre Liebe erstrebt, der kann diese in der Stille seines eigenen Innern finden. Nicht umsonst können Liebende stundenlang schweigend nebeneinander sitzen oder hergehen und so glücklich Sein. Dies sollte man jedoch nicht mit dem abgelöschten Schweigen zweier Menschen, welche sich nichts mehr zu sagen haben, verwechseln. Sie sind tot, ihre Liebe ist erkaltet. Warum?

Weil sie die Liebe im anderen gesucht haben, anstatt in sich selbst. Genauso verhält es sich mit dem wahren Frieden. Er ist nicht im Außen, in politischen Verhandlungen oder in Entwicklungshilfe zu finden. Er kommt nicht von außen, sondern ebenfalls von innen. Aus der Tiefe des Herzens, welches voll von dieser göttlichen Stille, diesem himmlischen Schweigen ist.

Der Himmel hängt voller Geigen

So drückten es zumindest einige erfahrene Menschen aus. Doch auch hier gilt: Es gibt irdische und himmlische Geigen, irdische und himmlische Musik. Ich meine jetzt jedoch mit irdischer Musik nicht jene, die wir im Radio hören können, sondern jene, welche sich der Mensch selbst ‚vorspielt', dann, wenn er verliebt ist. Die himmlische Musik ertönt schweigend. Sie ist Teil dieser ewigen Stille.

Die viel gewünschte, ewige Ruhe findet sich nicht im Tod, sondern durchaus schon zu Lebzeiten, in der Stille des Herzens. Dahin wollen wir die Menschen begleiten, denn es ist ihre wahre Heimat. Ja, auch der Mensch ist aus dieser Stille hervorgegangen und dorthin darf er zurückkehren. Jeder, der diesen Bewusstseinszustand erlebt hat, spricht von dieser Musik. Sie ist sozusagen der Klang der Stille, die reine Musik des Seins: Unhörbar und doch nicht unexistent. Genau so, wie Gott selbst unsichtbar, aber dennoch stets gegenwärtig ist.

Im Schweigen schalten sich die Gehirne auf Gleichklang, auf Gleichschwingung

Sobald zwischen zwei Menschen Disharmonie herrscht, schwingen ihre Gehirne in unterschiedlichen Frequenzen. Sie schwingen quasi aneinander vorbei, wodurch ein Konsens nie wirklich zustandekommen kann. Meist versucht man diesen Konsens mit Worten herzustellen. Einigung wird jedoch nur scheinbar erreicht und es bleibt beiden nichts anderes übrig, als die Unterschiedlichkeit der Standpunkte für sich selbst zu integrieren. Gelingt dies dem Einzelnen nicht, ist im besten Falle eine Scheinharmonie möglich. Diese jedoch zerbricht bei der nächstmöglichen Gelegenheit. Inneres Ruhig-Sein, liebevolles und nicht-urteilendes Schweigen kann in solchen Momenten die Gleichschwingung der Gehirne wieder herbeiführen. Dies wurde auch wissenschaftlich hinlänglich untersucht und bewiesen. Ein harmonisches Miteinander-Gefühl basiert also nicht auf Sympathie oder Liebe, sondern auf Gleichschwingung. Dieses ‚Auf-gleicher-Ebene-Schwingen' hat also mehr damit zu tun, ob wir dieselben Standpunkte einnehmen, als damit, ob uns der andere äußerlich gefällt. Gleiche Interessen verbinden, gleiche Ideen und Ansichten vereinen uns. Darüber können auch die schönsten Äußerlichkeiten nicht hinwegtäuschen.

Jeder kennt das. Das ist es, was wir allgemein als innere Verbundenheit bezeichnen. Jemandes Meinung, Standpunkte oder Ansichten zu verändern ist wohl ein schwieriges Unterfangen, wenn es frei-willig geschehen soll. Es gibt jedoch ein probates Mittel: Jeder möge seine eigenen Erfahrungen machen! Und sollte er aus seinen Erfahrungen gelernt haben - so wie auch wir selbst - dann werden wir uns eines schönen Tages alle auf derselben Ebene befinden. Dann wird Friede sein, dann kehrt die Stille, nach der wir uns so lange Zeit gesehnt haben, wieder zurück und alles wird - so wie es Ist - gut sein.

Dann wird eine universelle Sprache, die ‚Sprache-aller-Sprachen', wieder Einzug halten...:

Das Schweigen der Seele, die stillen Worte des Ursprungs allen Seins, Wertschätzung, Liebe und ein höchstes Maß an gegenseitigem Mitgefühl. Jetzt gibt es nichts mehr zu sagen, willkommen im Paradies! Jetzt gibt es nichts mehr zu sagen, willkommen im Paradies!

WISSEN ODER WEISHEIT?

Immer noch gibt es Menschen, welche Wissen mit Weisheit gleichstellen. Dies ist jedoch ein fataler Irrtum. Es ist mit ein Grund dafür, dass Wissende anstelle von Weisen, die Geschicke unserer Welt bestimmen. Aufgrund dieser Verwechslung werden wesentliche, weltweit wichtige Entscheidungen leider meist vom Intellekt, vom Verstand anstatt vom Herzen gefällt.

Wissen ist stets angelernt, wohingegen Weisheit ohne jegliches Zutun aus dem Innersten des Herzens, der Seele, emporsteigt. Insofern wäre es angebracht, dass die Menschen sich in den Schulen und Ausbildungen nicht bloß Wissen aneignen, sondern auch eine gewisse Seelenschulung oder eine Art Herzensbildung erfahren dürfen.

Überhaupt, was ist denn eigentlich Wissen? Was Du glaubst zu wissen ist im Grunde genommen bloß eine angenommene oder indoktrinierte Überzeugung, welche Du als wahr akzeptiert hast. In Wirklichkeit gibt es kein Wissen im gebräuchlichen Sinne, sondern bloß Annahmen. Das, was Du fühlst, kommt dem tatsächlichen ‚Wissen' schon wesentlich näher. Weisheit jedoch findest Du jenseits von beidem. Es entsteht aus der *Verbindung* zwischen Verstand und Liebe. Dadurch entsteht eine alchemistische Verschmelzung, welche als Essenz wiederum eine weitere Dimension, ein erweitertes Bewusstsein, entstehen lässt. Aus dieser neuen Perspektive erwachte einstmals die Erkenntnis: ‚...dass je mehr ich weiß, desto mehr weiß ich, dass ich nichts weiß'.

Dies wiederum darf nicht als ein Wissen im herkömmlichen Sinne verstanden werden, sondern es verdeutlicht eine gewisse Geisteshaltung. Sie besagt, dass die Weisheit des Wissens die Erkenntnis darüber ist, dass es kein Wissen gibt – außer jenem, dass dieses Universum eine Schöpfung der unendlichen Möglichkeiten darstellt. Vom Wissenschaftlichen betrachtet, kommt die Quantenphysik dieser Erkenntnis heute am nächsten. Bevor also die Menschen keinen Einblick in jene Weisheit bekommen haben, befindet sich wahres Wissen noch in weiter Ferne.

Dinge, Objekte und alles das andere, welches wir als Materie definieren, lassen sich anhand materialistisch geprägter Wissenschaft untersuchen und bis zu einem gewissen Punkt auch erklären. Darüber hinaus jedoch, dort, wo die ultimative Erkenntnis der Relativität allen Wissens auftaucht, wird allen früheren Erkenntnissen – und auch sämtlichen physikalischen Gesetzen – jegliche Grundlage entzogen. Dass gewisse Wissenschaftler – auch Physiker – mit diesem Umstand ‚gewisse Probleme' haben, ist mir daher mehr als nur (selbst)verständlich.

Eigentlich sprechen wir immer nur von *Möglichkeiten*, nicht von *Wahrheit*. Möglichkeiten, deren gibt es unzählige. Konkrete Wahrheit entsteht jedoch immer bloß (D)eine. Übertragen auf eine Schulung würde dies jedoch bedeuten, dass ein neues Schulfach eingeführt werden müsste, nämlich: Die ‚Kunst des Ehrlich-Seins' in einer Welt der Lüge.

Forscher, welche der Wahrheit auf die Spur kommen möchten, müssen sich davor bewahren, eine Erkenntnis als definitiv oder gar ‚absolut wahr' zu betrachten. Denn im selben Augenblick hört er auch schon auf zu forschen. Zu glauben etwas sei ‚wahr' lässt den ursprünglichen Weisheitsforscher auf seinem Weg zum Ziel, zu einem Wissensaufbewahrer – einem Schriftgelehrten – mutieren, welcher infolge dazu übergeht, dieses bald schon alten und bisweilen auch bereits längst überholten Erkenntnisse, welche nun den Status der Absolutheit erreicht haben, zu konservieren, zu verteidigen. Sie beginnen damit Diplome zu verteilen und nehmen fortan nur noch alle jene für voll, welche dasselbe indoktrinierte Wissen mit ihnen teilen. Damit verschwindet jedoch auch dieses wunderbare Gefühl des Forschens. Jenes Gefühl, das Antrieb war, ist und sein wird, dass den Menschen immer wieder ´mal wirklich hilfreiche Erkenntnisse und Erfindungen beschert hat. Sie sind nicht – wie irrtümlich angenommen – die Folge von Wissen, sondern von Intuition. 'Gut' wurden jene Forscher jedoch selten dafür behandelt und bezahlt meist schon gar nicht. Im Gegenteil! Stets waren sie zu Begin belächelt worden oder wurden für verrückt erklärt. Einige von ihnen sind am Kreuz, auf dem Scheiterhaufen oder sonst wie zum Schweigen gebracht worden. Heutzutage reicht es meist, wenn man sie diffamiert, beziehungsweise dem Spott der ‚Gelehrsamkeit' preisgibt. Dann – erst einmal in ihrem Ruf und ihren Finanzen ruiniert – stellen sie meist keine wirkliche Gefahr für derartige Verfechter aufgedeckter Irrtümer mehr dar. Die Resultate einer solch´ ignoranten Vorgehensweise der Menschheit sind daher eben so unerfreulich: Umweltbelastung, Innenwelt-Verschmutzung, Profitgier, Betrug. Vergiftung von Mensch, Tier und Natur bleiben nicht bloß bestehen, sondern nehmen kontinuierlich weiter zu. Um zu sehen, wohin (uns) so ein Verhalten treibt, dazu bedarf es wahrhaftig keines besonderen Weitblicks und auch keiner besonderen Weisheit. Wissen ohne Herzensverbindung macht Menschen brutal, Wissen ohne Vernunft macht Menschen blind, Wissen ohne (eine solche Art von) Intelligenz macht Menschen gefährlich und Wissen ohne Weisheit löscht die Menschheit aus. Weise Menschen streben primär weder nach Macht, noch nach Profit. Sie stellen sich stets in den Dienst der Menschheit und dienen dem Großen Ganzen. Eine solche Entscheidung vermag kein Wissender, sondern ausschließlich der Weise zu treffen.

DIE VORTEILE DES UNGLÜCKLICHSEINS

Frage ich jemanden der unglücklich ist, warum er denn unglücklich sein wolle? – dann werde ich völlig verständnislos angeschaut... ‚Was?! Ich will doch gar nicht unglücklich sein, was redest Du denn da für einen Sch.....?!' Sorry, ich zitiere ja bloß. Nein wirklich, so entgeistert schauen sie mich dann an, als ob ich verrückt wäre, so etwas überhaupt in Betracht zu ziehen. Aber sie merken dabei nicht, dass sie die ‚Verrückten' sind, die ‚Gelackmeierten' ihrer eigenen Lebenshaltung – ihrer versteckten ‚Identitäten' und Muster. Ja, sie sind schon so weit von sich selbst abgerückt, daß sie nicht mehr erkennen, was sie sich da selbst erschaffen haben. Sie haben es ins Unbewusste verdrängt und finden jetzt nur noch schwer den Zugang dazu (Das kommt übrigens in den besten Familien vor...). Wenn Du das von Dir selbst auch kennst, dann ist es hilfreich, sich die versteckten Vorteile der Situation ´mal ganz konkret vor Augen zu halten. Natürlich, das ist nicht gerade leicht, wenn man mittendrin steckt, aber es geht! Ansonsten gibt´s ja auch noch Freunde, die einem dabei helfen können.

Nun also zu den 'Vorteilen':

- Wenn man unglücklich ist, dann fühlt man sich immer irgendwie als Opfer.
- Wenn man Opfer ist, verleugnet man meistens die Eigenverantwortung.
- Wenn man die Eigenverantwortung leugnet, ist man meist unschuldig.
- Wenn man sich unschuldig fühlt, dann muss man nichts ändern an sich.
- Und wenn das so ist, dann ist man nicht mehr *Ursprung*, nicht mehr Herr der Lage.
- Und wenn man nicht mehr Herr der Lage ist, sucht man meistens einen Schuldigen.
- Man beginnt also, die Dinge in die Welt hinauszuprojizieren.
- ‚Dort draußen' werden dann auch viele Gründe für das eigene Leid gefunden – oder auch erfunden.
- Und jetzt sucht man Hilfe auch in der Welt draußen!
- Und dort sucht man so lange, bis man letztendlich vielleicht dann doch bemerkt, dass alles in einem selbst ist.

So, nun lasst mich ein paar Beispiele für die obigen Punkte geben. Sie sind auf *jedes* Problem übertragbar und liefern in leicht abgewandelter Form alle Antworten, die man braucht, um aus solchen Situationen wieder hinaus- oder zurückzufinden; zurück dorthin, wo alles angefangen hat: in Dir.

Also, was gibt es denn 'eigentlich' für Gründe, nicht glücklich zu sein? Arbeitslosigkeit... Armut... Krankheit... Einsamkeit... Liebeskummer... Stress... Meinungsverschiedenheiten... Die eigenen Wünsche erfüllen sich nicht... Verlust eines geliebten Menschen... Das eigene Aussehen... Was noch? Tja, so viele gibt es ja gar nicht, gell? Und was sind denn die Ursachen dafür? Die gegenwärtige Wirtschaftslage... Ungerechtigkeit... Keiner da, der mich liebt... Verlassen-worden-sein... Zu viel Arbeit für zu wenig Geld... Der andere Mensch hat eine andere Meinung... Das Schicksal... Der unweigerliche Tod... Pech.

Nun, trotz Arbeitslosigkeit gibt es Menschen, die immer einen Job finden... Trotz Armut schaffen es viele aus dem 'Ghetto' in die 'Upperclass'... Trotz Krankheit und Behinderungen schlimmsten Ausmaßes, sind viele Menschen glücklich... Auch gibt es Menschen, welche das Alleinsein genießen... Es gibt sogar Menschen, die trotz Liebeskummer den anderen weiterlieben und ihn dennoch freigeben und loslassen...

Es gibt auch Menschen die jeden Stress in ‚Eustress' – in positiven Stress – umwandeln, welcher ihnen als Antrieb dient, ihre Träume zu verwirklichen... Oh, und es gibt sogar Menschen, welche die Meinung anderer einfach so stehenlassen oder sogar ihre eigene verändern können... Dann gibt es auch Menschen, welche ihr Glück im ‚Gehen-des-Weges' erfahren, schon lange bevor sie ihre Ziele alle erreicht haben... Natürlich gibt es auch Menschen, für die der Tod kein dramatisches Ereignis darstellt und die sich mitfreuen können an der 'Weiterreise' des geliebten

Menschen... Und – wenn auch ganz selten – gibt es Menschen, die sich selbst schön finden egal, wie sie aussehen...

Tja, der / die eine sieht in seiner / ihrer Situation eben eine Chance, der andere fällt ins Opferbewusstsein. Sobald Du eine Situation als Chance sehen kannst, brauchst Du nur aufzustehen und weiterzugehen um Deine Ziele zu erreichen! Etwas als Chance zu erkennen bedeutet auch, sich selbst als Ursprung dessen zu sehen, was ist.

Ja, und wenn wir davon ausgehen, dass jeder, der glücklich und erfolgreich ist, sich das auch selbst verdient hat, dann müssen wir auch davon ausgehen, dass jeder der unglücklich und erfolglos ist, sich das ebenfalls 'verdient' hat. Das sind jene, welche ‚erfolgreich-durch-Versagen' sind. Sie tun zwar so, als ob sie traurig und unzufrieden wären, aber im tiefsten und verborgensten Innern sind sie glücklich. Ja, Unglücklichsein erfordert genauso viel an Schöpferkraft und Aufwand, wie Glücklichsein! Wüssten die Menschen doch bloß, wie sie sich die Dinge erschaffen...

Nun aber zurück zu den Beispielen. Jegliche Ähnlichkeiten mit lebenden Personen in Deinem Umfeld oder mit Dir selbst sind gewollt und absichtlich... ☺

Also, nehmen wir einmal an, dass es da jemanden gibt, der unglücklich ist, weil er nicht erreicht, was er sich wünscht. Nach ein paar erfolglosen Versuchen wird er aufgeben und sich irgendwelche Ausreden zurechtlegen wie: ‚Es hat nicht sollen sein...', ‚die Wirtschaftslage...', ‚die anderen...', ‚mein Karma...',

‚mein Schicksal...', ‚meine Herkunft...', ‚meine Fähigkeiten' - oder so was ähnliches. Dieser Mensch fühlt sich also bereits als Opfer und seine Suche nach Begründungen zeigt, dass die Eigenverantwortung abgelehnt wird. Damit beraubt dieser Mensch sich völlig seiner kreativen, schöpferischen Macht und dadurch - nicht weil die Welt schlecht ist oder sein Karma - sondern dadurch, wird er unfähig, der Situation mächtig zu werden. Er hat nun Macht und Einflussmöglichkeiten diesbezüglich verloren respektive aufgegeben. Solche Menschen geben logischerweise gerne auf. Die meisten machen sich jetzt daran, die Welt oder die anderen zu verändern. Sie setzen - spätestens jetzt, beziehungsweise weiiterhin - auf´s falsche Pferd und anstatt sich selbst erfolgreich zu verändern, werden sie erleben, dass man weder die Welt, noch die anderen verändern kann: Und schon ist der nächste Frust geboren. Danach fühlen sie sich unverstanden, ungerecht behandelt oder einfach besser als die anderen, ‚zu-gut- für-diese-Welt' oder sie behaupten, dass sie einfach zu ‚lieb und gutherzig' für diese harte Welt seien. Mit anderen Worten, sie sind nun nicht mehr Herr der Lage, fühlen sich von den Ereignissen überwältigt und verlieren sich mehr und mehr im Strudel des Alltags.

Es sind jene Menschen, die andere stets aufs Schärfste kritisieren und verurteilen, die ihren Lebenssinn im Tratschen und im Verbreiten von Gerüchten sehen. Es sind jene, die in ihren Artikeln stets die anderen angreifen und jede(n), der / die anders denkt als sie selbst, zu ihrem Feind / Feindin machen. Es kann gut sein, dass solche erfolglose Menschen beginnen gegen Sekten, andere Religionen, andere Parteien oder andere Gruppierungen zu kämpfen. Sie brauchen nun einfach jemandem, dem gegenüber sie sich besser, gescheiter, gerechter etc. fühlen können. Und wenn sie in der Welt draußen keine geeigneten 'Sünder' finden, dann erschaffen sie sich selbst welche, bekämpfen imaginäre Feinde aus dem Weltall oder aus geistigen Reichen. Jetzt befinden sie sich im Kampf mit der Welt, sie sind in völligem Widerstand mit dem Leben. Am Ende werden sie noch krank um noch mehr Beweise vorlegen und sammeln zu können, dass die Welt wirklich ‚schlecht' oder zumindest ‚hart und schwer' ist. Immer mehr geht schief und sie haben längst in einer Welt zu leben begonnen, in der sie sich an Dingen festhalten, die weder das sind, was sie wirklich wollen, noch das, was sie nicht wollen. Sie klammern sich an Beziehungen, die längst nicht mehr stimmig sind, an Arbeitsplätze, die sie nicht wirklich gerne und freudig belegen und treffen sich mit Freunden, die sie gar nicht wirklich mögen und jene zwischenmenschlichen Beziehungen die sie noch so einigermaßen pflegen sind bloß jene, von denen sie sich geschäftlich oder in irgend einer anderen Weise, ‚Profitables' erhoffen. Sie leben nur noch im Dienst an sich selbst und bemerken nicht, wie sie damit sukzessive auf dem Weg der Selbstzerstörung wandeln. Das kann so wohl kaum ein gutes Ende nehmen...

Die Lösung

Je früher man zu erkennen beginnt, dass man Schöpfer der eigenen Realität ist, desto früher hat man auch die Chance, die eigenen Kreationsmuster zu erkennen. Würde man diese – gleich zu Beginn einer aufkommenden, unerwünschten Kreation verändern – könnte man sich und anderen so manches Leid ersparen. Na ja, und wenn Du Dich jetzt fragst, wie dass denn zu machen sei, dann solltest Du Dich schleunigst aufmachen eine Ausbildung zu finden, welche Dir die Werkzeuge dafür liefern kann. Natürlich ist das meist mit einem finanziellen und zeitlichen Aufwand verbunden, doch es wäre eine sinnvolle Investition in Dich, Dein Glück und Dein Leben insgesamt. Oder Du wendest folgendes Verfahren an: Fühle alle Deine Ängste, gehe mitten durch sie hindurch, erlaube Dir alle Gefühle ohne jegliche Widerstände voll und ganz zu erleben und warte, bis sie sich von alleine auflösen. Aber bedenke: Nur vom ‚Durchlesen', wie es gehen *könnte*, sind die Dinge noch nicht aufgelöst.

Na ja, und vielleicht reicht Dir ja die Lektüre der Theorie, dann lies einfach weiter und sammle Deine Lektionen im richtigen Leben. Dies ist der ‚harte Weg für harte Burschen'. Bei liebevolleren, weil weniger dramatischen (Er)Lösungen, begleitet Dich das Free Spirit-Trainerteam gerne auf ihren Kursen! Umdenken erfordert in jedem Fall: Mut. Mein Kompliment, wenn Du wagst es anzugehen. Erster Schritt des Umdenkens ist: Erkenne und anerkenne Dich als Schöpfer oder Schöpferin von allem, was Du in Deinem Leben erlebst – ohne Ausnahme. Dann, als Erstes, freue Dich darüber so gut Du kannst; mit der Zeit wirst Du dann sowieso erkennen, dass es keine erfreulichere Nachricht im Leben gibt als diese! Ja, Freude ist ganz wichtig! Freude zeigt, dass man die Verantwortung für sein Leben übernimmt! Freude gibt Dir auch die Kraft Unerfreuliches zu verwandeln! Freude in Dir ja, das ist es! Sie strömt aus Dir, wie das Leben aus dem Herzen Gottes und: sie wird alle um Dich herum berühren, so wie Gott uns alle berührt. Sie wird die Welt ein gutes Stück erfreulicher machen für alle, so wie Gott uns alle im Stillen erfreut und lebendig hält. Und Gott ist es auch, der uns alle mit Kraft unterstützt, schöpferisch und machtvoll zu sein. Er war es, der gesagt hat: „Dein Wille geschehe!" Der Wille war ‚bei Gott'; und dieser Wille kam ‚als Licht' zu uns in die Welt (‚Ich Bin – das Licht der Welt.') Und so ist es (heute) auch. Er geschieht, ob Du willst oder nicht. Alles ist Dein Wille! Und jetzt? Ja, jetzt mach mit dieser Information, was immer Du willst. Und sollte ´mal etwas vermeintlich anders laufen, als Du es 'wolltest', dann denke wieder daran. Sage bitte nicht, Du hättest es nicht gewusst...

GRUNDLOS GLÜCKLICH-SEIN

Also, wenn ich dies oder jenes besitze, dann werde ich glücklich sein! So jedenfalls scheint es in den Köpfen der meisten Menschen herumzuspuken. Sie ‚können nicht' glücklich Sein, wenn sie nicht gesund sind, wenn sie arm oder arbeitslos sind, wenn sie nichts zu essen haben oder wenn sie einsam sind. Soweit scheint dies ja noch logisch zu sein; aber halt! Ich bin noch nicht fertig. Wenn ich die Menschen genauer betrachte, dann frage ich mich: Warum schaffen sie es ebenfalls nicht glücklich zu Sein, wenn sie gesund, reich, arbeitstätig sind und sich in Gesellschaft befinden?

An meiner Schreibweise von ‚glücklich-Sein' kannst Du erkennen, woran es möglicherweise liegen könnte. Die Menschen verbinden Glück wohl immer mit Äußerlichkeiten, mit den Gegebenheiten ihrer Lebensbedingungen. Glück ist jedoch ein Bewusst-Seins-Zustand jenseits von ‚Haben'. Es geht um reines Sein. Trägst Du Glück in Deinem Bewusstsein, dann ist Glückl-ich-Sein oder Glück-Lich(t)-Sein in jeder Lebenslage möglich. Wie das geht, ist ganz einfach: Erfülle einfach die Bedürfnisse Deines Herzens! Das Herz möchte immer helfen, nützlich sein, sich verschenken und dem Nächsten dienen. Tue es und Du wirst sehen, wie schnell Du glücklich sein wirst! Nun, lass es unser Geheimnis sein, dass wohl alle Menschen, die nicht glücklich sind, dem Nächsten nicht wirklich dienen. Sie dienen vielleicht scheinbar, aber in Wirklichkeit ist es vermutlich doch eher ein Dienst an sich selbst (man möchte vielleicht einfach ein 'guter Mensch sein' oder ähnliches) und nicht ein bedingungsloses Herschenken seiner tiefsten Liebe zum Wohle des anderen. Wir sind da natürlich selbstverständlich die Ausnahme. Vielleicht aber machen wir uns auch bloß vor glücklich zu Sein, damit wir nichts an uns verändern müssen...?!

Dankbarkeit ist Teil vom Glücklich-Sein – nicht aber dessen Folge. Jeglicher Erfolg, echter Erfolg, ist die natürliche Folge von Glücklich-Sein. Wo Du nicht an Dank denkst, wo Du nichts erwartest und wo Du nichts verlangst, wirst Du alles bekommen. Anders jedoch wirst Du so leicht nichts bekommen, sondern Dir alles erkämpfen müssen. Die meisten laufen dem Glück hinterher. Sie haben es noch nicht verstanden; nur wenige warten mit offenen Armen das Glück zu empfangen und die wenigsten laufen ihm entgegen...

Nicht Unglücklichsein führt zu Undankbarkeit, sondern ganz im Gegenteil führt Undankbarkeit zum Unglücklichsein. Und somit führt auch Glücklich-Sein nicht zu Dankbarkeit, sondern auch da läuft es andersrum.

Undankbar ist alles, wofür man Dank erwartet!

Erkauftes Glück, mit welchen Mitteln auch immer, ist kein wahres Glück. Kalkuliertes Glück, mit welcher Formel auch immer, ist kein wahres Glück. Erwartetes Glück, aus welchen Gründen auch immer, ist kein wahres Glück. Wahres Glück entspricht dem ‚sich-Freuen' darüber, dass man überhaupt existiert, dass man etwas für andere tun kann. Es wird nicht aus diesem Grunde gefühlt oder getan, aber es ist die Folge dessen, dass Du glücklich bist Du-selbst-zu-sein. Entweder Du Bist es – jetzt – oder Du wirst es nie sein. Bist Du es noch nicht, so bedeutet dies, dass Du auf etwas wartest. Mein lieber Freund, das funktioniert so nicht. Da kannst Du ewig warten (...)

Glück ist entweder jetzt oder nie. Das Glück von jetzt lässt sich nun ´mal nicht morgen erleben und das Glück von morgen, das kommt... morgen... morgen... morgen.

Der erste Schritt

- Der erste Schritt zum Glücklich-Sein ist es, zu erkennen, dass Du eigentlich unglücklich bist.

Der zweite Schritt

- Der zweite Schritt zum Glücklich-Sein ist, Dein Unglücklich-Sein wertzuschätzen.

Der dritte Schritt

- Der dritte Schritt zum Glücklich-Sein ist es, Dir zu erlauben, das Unglücklich-Sein zu fühlen.

Der vierte Schritt

- Der vierte Schritt geschieht automatisch. Du wirst es wissen, wenn Du es erfahren hast.

Nun, eigentlich ist damit alles zum Thema gesagt. Die Essenz ist wohl klar und deutlich in meinen Worten enthalten. Solltest Du an ihnen zweifeln, dann stell Dir folgende Fragen:

- Was sind die Gründe dafür, dass ich nicht glücklich bin?

- Wen mache ich im Augenblick verantwortlich für meine Situation?
- Wer oder was bestimmt gerade, ob ich glücklich bin oder nicht?

Deine Antworten werden für sich sprechen, wenn Du ehrlich bist. Zum Schluss frage Dich:

- Bin es wirklich ganz alleine ich, der / die bestimmt, wie ich mich fühle?

Tief im Herzen wissen wir es doch alle. Wir alle kennen die göttliche Weisheit, welche im Zentrum unserer Liebe wohnt. Die Frage ist bloß: Lassen wir diese auch zu? Erlauben wir dieser Weisheit, das Ruder oder Steuer unseres Lebensschiffes zu übernehmen oder nicht? Wovor fürchten wir uns? Weshalb können wir die Kontrolle nicht einfach abgeben? Weshalb klammern wir uns so an diese scheinbare Macht, welche vorgibt, das Leben im Griff zu haben? Wie viel Sinn macht dies überhaupt, wenn wir am Ende sehen, dass doch alle mehr oder weniger in einer Art des Unglücklich-Seins enden?

Glück liegt jenseits des vom Verstand kontrollierbaren Bereiches! Jenseits der Machbarkeit eines Egos und weit, weit, weit jenseits aller äußeren Dinge!

Glück ist ja so leicht zu finden

Glück ist überall, wo Sein ist. Sein ist überall, wo Glück ist. Glück und Sein sind überall, wo Liebe ist. Liebe ist immer da, wo Du sie sehen willst! Glück kommt nicht und es geht nicht, es ist allgegenwärtig! Nimm es oder lass es sein, sei glücklich oder nicht. Genieße Dich oder genieße Dich nicht, aus welchen Gründen auch immer. Dein Verstand wird immer Gründe finden, um nicht glücklich Sein zu müssen. Warum? Weil ein solcher Seinszustand dem Ego sämtliche Macht entzieht. Glück ist vergleichbar mit Gott, Du kannst es nicht ergreifen, Du kannst es nicht steuern, Du kannst es nicht gewinnen und auch nicht verlieren, aber Du kannst Dich von ihm ergreifen lassen, Dich von ihm lenken lassen und durch es zum Gewinner werden. Du kannst nichts mit ihm tun, es kann jedoch alles mit Dir machen. Hast Du den Mut Dich ihm hinzugeben? Hast Du den Mut glücklich zu Sein? Nur feige, ängstliche Menschen sind unglücklich. Die mutigen waren immer glücklich, weil sie vertraut haben. Vertraust Du? Vertraust Du Gott? Vertraust Du der Liebe? Vertraust Du dem Sein?

Dies alles sind Fragen, welche in der einen und alles entscheidenden Frage liegen: Vertraust Du Dir selbst? Ja, denn nur, wer sich selbst vertraut, besitzt auch den Mut dem Leben zu vertrauen!

Also müsste die eigentliche Frage lauten: Weshalb vertraust Du Dir selbst nicht? Bestimmt gibt es viele Gründe dafür, Du selbst kennst Deine Schwächen ja am besten. Aber welchen Grund gäbe es, diese nicht zu ändern? Alle darauf folgenden Antworten weisen auf Ängste hin. Und es sind immer dieselben Ängste: Wovon soll ich leben? Verliere ich meine Freunde?

Werde ich dann vielleicht nicht mehr geliebt? Wird dadurch nicht alles viel schwieriger? Werde ich das überhaupt schaffen? Könnte ich nicht dies oder jenes dadurch verlieren? Ja, alles Verlustängste! Aber 'mal ehrlich, was hast Du schon zu verlieren? Nichts, wenn Du wüsstest, was Du dadurch alles gewinnen könntest! Nun, willst Du weiterhin auf der Seite der Verlierer stehen oder zu den Glücklichen gehören? Du willst den Mut aufbringen durch Deine Ängste hindurchzugehen und den Schritt trotzdem wagen?! Die Angst, mein Freund, gehört dazu. Mutig bist Du dann, wenn Du den Mut hast die Angst zu fühlen. Und nur so kannst Du das Glück erleben, wie es ist, wenn Angst sich einfach auflöst. Es ist wundervoll!

Angst zu haben – ist kein Problem, das Problem ist unsere Feigheit: Die Angst vor der Angst. Wenn Du also ´mal etwas echt Mutiges tun willst, nicht nur scheinbar Mutiges, dann gehe den nächsten Schritt voran! Schau nicht zurück, sonst bleibst Du zurück, überlege nicht, sonst wirst Du unterliegen, tue es einfach: Jetzt. Weißt Du, in meinen Augen gibt es keinen Grund, weshalb es nicht in Ordnung wäre, dass Du einfach authentisch Du selbst bist. Jetzt will ich Dir etwas verraten: Es gibt da eine Bruderschaft (da sind übrigens auch Frauen dabei), Du kennst sie vielleicht unter dem Namen: ‚Weiße Bruderschaft' oder ‚Universelle weiße Bruderschaft' oder ‚Eingeweihte'. Aber wer oder was sind denn das für Menschen, die Einlass in so eine Gemeinschaft erhalten? Es sind Menschen wie Du und ich. Sie haben sich lediglich dazu überwunden, sie selbst zu sein, nicht mehr und nicht weniger. Fühle Dich eingeladen, jederzeit. Die Tore sind weit geöffnet, tritt ein.

WAS IST WIRKLICHKEIT?

Lass uns diese Frage ´mal von einer anderen, etwas unüblicheren Sichtweise aus betrachten. Mal sehen, ob wir etwas Verwirrung schaffen können.

Wir haben bekanntlich für alles einen Namen. Und an all diese haben wir uns mittlerweile schon so gewöhnt, dass uns vermutlich gar nicht mehr bewusst ist, wie extrem einflussreich diese Bezeichnungen in Bezug auf unsere Erfahrungen geworden sind. Schon eine kleine Namensänderung kann bereits größte Probleme aufwerfen...

Würdest Du beispielsweise ‚Wasser' in ‚Schnee' umbenennen, was würdest Du mir sagen, wenn Du im Sinn hättest, ein Bad zu nehmen? Heißt denn die Badewanne nicht gerade deswegen so, weil sie mit Wasser angefüllt wird? Würden wir sie jetzt also „Schneewanne" nennen? Und würden jetzt noch dieselben angenehmen Gefühle entstehen wie früher, wenn Du sagst, dass Du ein Bad nehmen wirst? Oder ist Deine Wahrnehmung schon so mit Begrifflichkeiten verknüpft, dass Deine Gefühlswelt von ihnen bestimmt wird...? Natürlich, sie ist schon so verknüpft mit den entsprechenden Erfahrungen und Vorstellungen, dass fast jeder Mensch dasselbe fühlt, wenn er sagt er / sie wolle ein Bad nehmen. Du wirst jetzt denken, dass das doch normal ist und das ist es auch, aber dennoch gibt mir das zu denken...

Selbst wenn Du Dir damit aushelfen würdest zu sagen, dass Du ein Bad in ‚heißem Schnee' nehmen wirst, fühlt es sich an wie bisher? – oder lässt der

Begriff ‚heißer Schnee' nicht doch etwas Kaltes in Dir zurück? Würde man in der Folge zum Skilaufen ‚Schwimmen' sagen, an welche Kleidung würdest Du dann automatisch denken?

Wenn Du solche Gedanken konsequent weiterführen würdest, hättest Du vermutlich bald das Gefühl, dass alles was Du tust, Dir irgendwie gegen den Strich geht. Es würde sich anfühlen, als würdest Du stets irgendwie gegen Dich selbst handeln. Ja, Dein Leben würde plötzlich ein sehr hohes Maß an Aufmerksamkeit und Konzentration erfordern. Augenblicklich müsstest Du wieder sehr wach, sehr aufmerksam sein um nicht die Orientierung zu verlieren. Plötzlich müsstest Du alles wieder neu erforschen. Auf einmal müsste man sich in der Wüste nach einer ‚Schneeoase' sehnen. Würden die Menschen jedoch in der Wüste nach Schnee suchen um nicht zu verdursten, würden sie vermutlich noch in weit größerer Vielzahl sterben als bisher... Und was, wenn Dein Arzt oder Heilpraktiker Dir eröffnete, dass Du an ‚Schneemangel' leidest, fährst Du dann in die Berge anstatt Wasser zu trinken? Die Menschheit wäre wohl bald ausgestorben... und das bloß, weil wir ein einziges Wort vertauscht haben. Ist es nicht irgendwie beängstigend zu erkennen, dass eine menschheitlich übereinstimmende Begriffswelt genau so existenziell ist, wie essen und trinken? Wichtig ist grundsätzlich nicht, wie oder als was wir etwas bezeichnen, sondern dass wir uns alle auf dieselben Begriffe einigen. Wenn zwei Menschen zum Beispiel eine bestimmte Farbe als Rot, Blau oder Grün bezeichnen, wer weiß dann schon genau, wie der andere das *wirklich* wahrnimmt? Du kannst es nicht kontrollieren. Das Einzige, was Du mit Sicherheit ‚Rot' zu bezeichnen. Das ist wie gesagt jedoch keine Garantie dafür, dass ihr beide dasselbe wahrnehmt. Aber wir haben noch mehr gelernt, uns noch mehr indoktrinieren lassen, sodass wir bei sehr, sehr vielen Begriffen auch gleich fühlen! Du glaubst mir nicht?! O.k. wenn Du Recht hast und Du glaubst, dass Du eine Ausnahme bist, dann dürfte meine Prophezeiung nun also nicht auf Dich zutreffen, wenn ich behaupte, dass Du Dich nicht sehr wohl, zufrieden und glücklich fühlen wirst, wenn Du folgende Begriffe liest:

- Mord und Totschlag
- Vergewaltigung
- Kindesmissbrauch
- Folter
- Krebs
- AIDS
- Hungertod
- Satan

Und demnach würdest Du Dich auch nicht besser fühlen beim Lesen folgender Begriffe:

- Tiefroter Sonnenuntergang
- Frühlingserwachen
- Blühende Wiesen
- Millionengewinn
- Harmonie
- Verliebt sein
- Erleuchtung
- Gott

Was(?!), Du fühlst doch etwas Unbehagen bei der ersten Aufzählung und bei der zweiten fühlst Du Dich angenehmer?

Gut, das wird wohl bei den meisten so sein und das ist ein untrügliches Zeichen dafür, dass wir alle erfolgreich indoktriniert wurden. Dies ist auch der Grund, weshalb ich des Öfteren frage, ob Du verstehst, was ich meine. Denn um zu begreifen was und wie ich etwas meine, musst Du in meine Welt eintauchen, ansonsten sind Missverständnisse vorprogrammiert. Wir müssen untereinander also eine genaue Absprache dessen haben, was gewisse Worte und Begriffe bedeuten sollen. Dies führt jedoch dazu, dass wir, je gewohnter, enger und begrenzter Worte für uns werden, auch unsere Gefühlswelt darauf begrenzen. Doch selbst wenn sich die gesamte Menschheit auf dieselben Bedeutungen, Gefühle und Begrenzungen einigen würde, ließe sich daraus noch lange kein ‚Wahrheitsanspruch' ableiten. Was wir in Wirklichkeit erfahren oder als Wahrheit betrachten, ist demnach also bloß eine Frage unseres Standpunktes. Jenseits also von 'objektiv'. Deshalb macht es für die meisten Menschen im Allgemeinen mehr Sinn, einen ‚Schneemann' zu bauen, als einen ‚Wassermann'... Womit ich wieder auf unser Wortspiel zurückkomme.

Natürlich müsste man eine solche Betrachtungsebene weitaus tiefgehender erforschen um sich der gesamten Tragweite bewusst zu werden. Jeder Begriff ist ja noch mit vielen weiteren Begriffen und Bedeutungen sowie Assoziationen verknüpft... Schnee zum Beispiel mit Eis, Eis mit Kälte, Kälte mit frieren, frieren mit unangenehm, unangenehm mit

Schmerz, Schmerz mit Angst, Angst mit Tod etc. Solche Vernetzungen sind natürlich von Mensch zu Mensch verschieden und dies macht eine genaue, korrekte, treffende Kommunikation noch weit schwerer. So lange wir also nicht wissen, mit welchen Vernetzungen ein Mensch meine Worte interpretiert, bleiben Missverständnisse an der Tagesordnung. Die meisten Vereinbarungen unserer zwischenmenschlichen Beziehungen basieren demnach auf Missverständnissen! Diese treten nach längerem Zusammensein dann nach und nach zum Vorschein und wir müssen mühsam daran arbeiten eine neue gemeinsame Ausrichtung, neue persönliche Klarheit und ein umfassenderes Verständnis des Nächsten und auch unser selbst zu entwickeln. Und davon leben sehr viele Berufsgattungen, wie zum Beispiel Paartherapeuten, Ärzte, Psychologen, die Pharmaindustrie, Rechtsanwälte, Notare, Polizei, Militär, Lehrer, Heiler, Medien, Meister, die Filmindustrie etc. und alle setzen uns die Hoffnung auf ein Happyend in Aussicht. Ob es hilft, kannst Du selbst beurteilen.

Eine wirkliche Lösung wäre jedoch denkbar einfach: ‚Reden ist Silber...!' Die Kommunikation jenseits der Worte, von Herz zu Herz. Ein großer Vorteil, einer *wortlosen* Kommunikation nämlich ist, dass lügen unmöglich wird und Missverständnisse ausgeschlossen sind. Aber vielleicht ist ja auch gerade dies dafür verantwortlich, dass noch so viele Menschen eine solche Art der Kommunikation ablehnen oder vermeiden wollen. Dennoch, ich nenne die Kommunikation von Herz zu Herz: Kommunion!

Selbst wenn Du ganz gewöhnliche Dinge des Alltags in ihrer Ursprünglichkeit erfahren möchtest, wie zum

Beispiel ein Buch, einen Tisch, einen Baum oder einen Stein etc. solltest Du sie, ohne ihnen einen Namen zu geben, betrachten. Denn sobald Du sie mit einem Begriff belegst, schränkt sich Deine Wahrnehmung ein. Du weißt jetzt ja, dass die Bezeichnungen für Dinge, willkürlich gewählt wurden. Sie sagen nichts über das Ding im Besonderen aus, sondern dienen bloß der vermeintlichen Vereinfachung unserer kommunikativ-gemeinschaftlichen Verständigung. Um herauszufinden, was ein Stein in Wirklichkeit ist und wie er sich tatsächlich anfühlt, musst Du zuerst jegliche gewohnten Begrifflichkeiten und sämtliche, damit verbundenen Assoziationen, beiseite lassen können. Denn alles Vorgefasste schränkt Deine Wahrnehmungsfähigkeit ein. Deshalb erfährt und erkennt man nicht unbedingt jene Dinge oder Menschen am stimmigsten, welche man schon lange kennt, sondern die unbekannten! Ja, ein Mensch beispielsweise, den Du schon viele Jahre kennst, ist bereits mit so vielen Begriffen, Meinungen und Vorurteilen belegt, dass eine neutrale Wahrnehmung seiner / ihrer Person praktisch unmöglich geworden ist. Je weniger Du über jemanden weißt, desto größer ist die Chance, dass Du ihn möglichst umfassend und unbeschränkt wahrnehmen kannst. Sobald Du jemanden durch Gespräche kennenlernst, erfährst Du höchstens etwas über seine Identitäten, welche sich dieser Mensch zugelegt hat, um sein wahres Wesen zu verbergen. Lass Dich nicht täuschen, die meisten Menschen sind so gut im Verbergen ihres wahren Wesens, dass sie dies sogar selbst nicht mehr kennen. Ja, die meisten Menschen kennen sich selbst nicht mehr...! Und wenn solche Menschen Lügen über sich erzählen, dann sind diese oft nur sehr schwer zu erkennen, weil sie selbst daran glauben. Sie lügen also nicht im herkömmlichen Sinne, sondern erzählen von ihrer sich selbst vorgemachten Wahrheit. Bemühe Dich nicht, solchen Menschen etwas aufzeigen zu wollen, denn sie verfügen noch nicht über die Fähigkeit der Einsicht.

Ich hoffe, es ist mir gelungen, Dich zu motivieren über gewisse Dinge nachzudenken, nachzufühlen. (?)

Alle Geheimschriften oder Sprachen basieren auf der Erkenntnis, dass man einfach bestimmte Wörter, Buchstaben, Zahlen oder Begriffe austauschen muss und über gemachte Veränderungen dann nur ausgewählte Menschen in Kenntnis setzt. Schon verfügen sie über eine codierte Kommunikationsmöglichkeit deren Verständlichkeit nur jenen zugänglich ist, die über die jeweils verwendete Methode informiert sind. Die genialsten Methoden sind jene, deren Texte auch ganz normal gelesen oder deren Worte auch dem normalen Zuhörer verständlich sind und Sinn machen. Dies garantiert, dass keiner auf die Idee kommt auch nur zu vermuten, dass sich darin eine andere Botschaft verstecken könnte. Ja, der Trick dabei ist: Wenn der Mensch glaubt, etwas verstanden zu haben, dann gibt er sich zufrieden und hört auf weiterzuforschen. Das ist fast schon ‚Tiefenpsychologie'!

Deshalb ist das größte Hindernis in der Erforschung der Schöpfung, sie zu benennen oder zu glauben sie zu kennen. Sie wissenschaftlich akribisch zu unterteilen in große, kleine und kleinste Teile und sie dann mit möglichst lateinischen oder griechischen Bezeichnungen zu belegen, ist ein weiterer Umweg. Denn die Erkenntnis des großen Ganzen erfolgt auch dort erst an jenem Punkt, an dem alles wieder zusammenfließt. Weitaus schneller wird Dir der allumfassende Sinn oder Zusammenhang der Schöpfung klar, wenn Du - anstatt Dein Bewusstsein auf die unzähligen kleinen Teilaspekte zu richten und zu warten, bis es sich an ihnen so fixiert hat, dass es sich kaum mehr davon lösen lässt - Dein Bewusstsein ausdehnst und schon zu Beginn die Dinge mit einer möglichst umfassenden Wahrnehmung betrachtest. So wirst Du später zwar nicht mit detailliertem Fachwissen aufwarten können, aber es wird Dich dann wohl auch kaum stören, weil Du bis dahin so etwas wie Weisheit gewonnen haben wirst. Eine Weisheit die weiß, dass man nicht alles wissen muss um glücklich sein zu können. Eine Weisheit, welche das Einssein mit allem was ist, genießt. Genuss, auch in dieser Hinsicht, ist jenseits des Wissens, es ist die Erfahrung dessen, was ist.

BLICKE HINTER DEN SCHLEIER DER ILLUSION DEINES LEBENS

Es ist wichtig, dass Du erkennst, dass Dein Leben, Dein Denken und alles, was Du siehst und erlebst, reine Illusion ist. Dein Leben ist Illusion dessen, was Du gelernt hast, dessen, was Du glaubst, dessen, wovon Du überzeugt bist, Illusion all Deiner Vorstellungen vom Leben, von Dir und davon, was Du glaubst sein zu müssen, und davon, was Du glaubst, dass Du nicht bist und was das Leben, die Welt ist oder nicht ist. Ja selbst Deiner Gefühle kannst Du Dir nicht (noch nicht) sicher sein, denn fast immer sind sie bloße Reaktionen auf äußere Geschehnisse. Das heißt, Du fühlst Emotionen und interpretierst sie als Gefühle. Aber Emotionen und Gefühle sind zwei grundverschiedene Dinge, wie Du ja bereits erfahren hast: Von Gefühlen bist Du Ursprung, von Emotionen nicht.

Du hast äußerst selten wirklich frei entschieden, was Du glauben wolltest - und was nicht - von alledem was Dir die Erwachsenen, die Lehrer, die Priester, Deine Freunde oder die Gesellschaft, ihre politischen und wirtschaftlichen Führer sagten. Zumindest zu 99,999% nicht. Und dieses 0,001-ne % in Dir spreche ich nun an. Diesen verschwindend kleinen Teil in Dir, welcher noch wirklich Du selbst bist (kleine Provokation). Weshalb? Weil mich nur jener Teil in Dir verstehen kann. Nur dieser innerste Teil, der Kern Deines Wesens, kann erfassen, wovon ich spreche, dann wenn ich über ‚Illusion' rede. Damit es Dir leichter fällt, mich zu verstehen, betrachte das, was ich sage, als beträfe es jemand anderen, nicht Dich persönlich. Ich werde meine Worte nun deshalb auch in genereller Form halten und nicht in Du-, Dir- und Dich-Form sprechen.

Der unschuldige Mensch

Der unschuldige Mensch, das wahre Kind im Menschen, ist frei von jeglicher Schuld. Ja, das ist möglich, jedoch nicht dadurch, dass er keine Fehler gemacht hat, sondern dadurch, dass er (noch) kein Schuldbewusstsein entwickelt(e). Der wahre Mensch – wir sehen ihn hin und wieder in gewissen Kindern – hat noch nicht in den Apfel der Erkenntnis von Gut und Böse gebissen. Er weiß noch nicht, dass man Dinge richtig oder falsch, gut oder schlecht machen kann. Was er tut, ist: das Leben entdecken. Das Leben und sich selbst vollständig zu entdecken ist nur so lange möglich, als der Mensch noch kein trennendes Bewusstsein entwickelt hat; so lange er noch nicht unterscheidet zwischen ‚Ich' und ‚Nicht-Ich'. Für die meisten Menschen endet dieses Bewußtsein mit der Entwicklung der Sprache. Sobald ein Kind zu sprechen beginnt, lernt es als erstes Ich und Nicht-Ich zu definieren. In dem Moment, wo wir die Kinder dazu bringen, von sich selbst nicht mehr in der dritten Person zu sprechen und sie sich mit ´Ich´ identifizieren, ist es um sie geschehen. Hier beginnt langsam aber sicher die Wahrnehmung der Welt als ‚eins-mit-mir', zu verblassen. Hier verlassen die Menschen die Wirklichkeit und tauchen mehr und mehr ein in eine Realität, die zur perfekten Illusion heranwächst, so lange bis sie ihnen als 'wirklich' erscheint. Am Ende hat diese die Wirklichkeit so vollkommen ersetzt, dass selbst die klügsten Köpfe dieser Menschheit sie nicht mehr als solche erkennen können. Unschuldig sein heißt also: sich nicht als getrennt von einer äußeren Welt zu erfahren.

Der Mensch ersetzt Illusionen durch Illusionen

Der Mensch ersetzt Illusionen durch Illusionen und wähnt sich so von Illusion befreit. Wahrlich ein nettes Unterhaltungsmanöver. Alle Religionen wie auch esoterischen Weltbilder, aber auch andere, wissenschaftliche Weltanschauungen sind Illusionen innerhalb Illusionen. Kleine 'Seifenblasen' innerhalb etwas größerer 'Seifenblasen', welche wiederum in noch größeren enthalten sind – und auch noch kleinere Blasen in sich enthalten. Eines Tages zerplatzen sie alle. Und dieses Zerplatzen ist im Leben der Menschen immer mit Leid verbunden. Es schmerzt die Menschen immer zuerst, wenn eine Illusion zerbirst und meist bemerken sie die befreiende Wirkung solcher Ent-Täuschungen leider nicht und beginnen umgehend damit, sich wieder neue Illusionen aufzubauen.

Von klein auf wird den Menschen beigebracht, wie sie denken sollen und was sie zu tun und zu lassen haben, damit man sie akzeptiert und ihnen das Gefühl vermittelt wird, dass sie nur dann dazugehören. Ununterbrochen werden die Menschen nach althergebrachter Manier von ‚Zuckerbrot und Peitsche' indoktriniert und gefügig gemacht. Die wenigen, welche aus diesem Spiel aussteigen und glauben es geschafft zu haben, haben jedoch lediglich die Seiten gewechselt. Aus reinem Widerstand ins Gegenteil zu wechseln ist keine echte Veränderung, auch wenn es sich, das gebe ich zu, im ersten Moment viel besser und anders anfühlt als dort, wo man gerade herkam.

Doch bald wird auch vom neuen Standpunkt besehen deutlich, dass das Leben nicht entspannter, leichter, erfüllter und glücklicher vonstatten geht. Und schon geht die Reise weiter. Erst wenn alle 'Seifenblasen' geplatzt sind, findet echte Befreiung statt. Die Blase, aus der die Menschen jetzt langsam aussteigen sollten, ist jene, es anderen ‚recht-machen-zu-wollen' um von ihnen geliebt oder anerkannt zu werden und die damit verbundenen Vorteile haben zu wollen. Natürlich, sie haben gelernt, dass, sollten sie sich so verhalten, Bestrafung folgt und wenn anders, sie belohnt würden. Dieses Muster ist dermaßen tief eingeprägt, dass sich die Menschen bewusst oder unbewusst von diesem Muster steuern lassen. Auf der gegenüberliegenden Seite derselben Blase ist den Menschen wenigstens die Sympathie, die Aufmerksamkeit und die Liebe all jener gewiss, die ebenfalls dort hinüber gewechselt sind, im guten Glauben, dass sie jetzt ausgestiegen wären. Welch´ eine Illusion!

Sie denken vielleicht: Ich spiele nicht mehr mit, mit diesem ganzen Konsumverhalten und dieser Jagd nach dem Glück im Außen und beginnen ein bescheidenes, manchmal sogar asketisches Leben zu leben..., aber sie bemerken dabei nicht, dass sie nun bloß auf eine andere Art nach dem Glück jagen. Sie haben einfach die Illusion, man könnte durch Besitz und Reichtum und das Erfüllen aller Wünsche glücklich werden, gegen jene Illusion eingetauscht, dass sie es nun vielleicht durch Entsagung werden könnten. Das eigene Glück hängt jedoch niemals von irgendeinem Tun ab, es ist eine Frage des Seins.

Natürlich haben die Menschen gelernt oder besser gesagt indoktriniert bekommen, dass von nichts,

nichts kommt, also auch kein Glück. Glück, Liebe, Erleuchtung und die Wirklichkeit haben alle etwas gemeinsam, sie sind nirgends zu finden, sie lassen sich nicht erarbeiten, wir können nicht danach streben und niemals zu ihnen gelangen, weil sie stets gegenwärtig sind. Wir bräuchten nur einfach bedingungslos ‚JA' dazu zu sagen! Weshalb sind die Menschen zu einem solch einfachen Schritt nicht fähig? Weil sie nichts bejahen können, was gegen ihre Vorstellungen ist. Was nicht in ihre vorgestellte Welt passt, wird grundsätzlich abgelehnt. Dort liegt nämlich eine große Gefahr für sie, dort würden sie erkennen, dass sie ein oder mehrere Leben lang in purer, unhaltbarer Illusion gelebt haben.

Diese Erkenntnis ist schlimmer als der Tod, alles woran sie sich in ihren Leben jemals festhalten konnten, löst sich auf. Sie sind eine zeitlang vollkommen orientierungslos, haltlos und verloren. Bisweilen reagieren sie auch mit Verzweiflung, aber wenn sie sich gegen diese Zustände nicht wehren würden, würden sie sich sehr schnell in einer unendlich weiten Wirklichkeit wiederfinden und von sämtlichen Ängsten befreit sein. Aber da müssen alle, die die Freiheit von der Illusion suchen, alleine durch. Das ist der Moment, wo niemand da ist und uns Halt geben kann. Da sind alle ganz alleine, da versteht Dich niemand mehr und Du kannst Deine Wahrnehmung, Dein Bewusstsein mit niemandem, mit keinem anderen Bewusstsein mehr vergleichen. Hier geschieht die Metamorphose, hier verschmilzt alles mit Dir und Du mit allem. Sämtliche Trennungen, sämtliche Unterschiede, sämtliche Bewertungen, sämtliche Konzepte, sämtliche Vorstellungen verwandeln sich in nichts. Alles wird zu

Licht und Du erkennst, dass alles, was ist oder nicht ist, selbst Himmel und Hölle, bloß ein Lichtspiel im Kino des menschlichen Bewusstseins ist. Die Wirklichkeit liegt jenseits dieser 'Filmvorführung'. Jenseits davon wird Dir klar, dass alles Licht ist. Auch Du. Und da ist keine Trennung mehr zwischen Dir, dem Licht und dem Lichtspiel. Du bist alles und alles ist Du, es gibt Dich und es gibt Dich auch nicht; alles ist formlos, alles ist unmittelbar jetzt, hier und allgegenwärtig, alle Menschen, alle Zeitalter, alles was war oder sein wird, alles was ist – die Wirklichkeit. Die beste Beschreibung, die ich Dir geben kann, lautet: ‚Leben ist.'

Alles davor, so toll es auch klingen mag, sind Illusionen in Illusionen, Seifenblasen in Seifenblasen, Vorstellungen in Vorstellungen, über- oder untergeordnet, aber immer geordnet oder orientiert an anderen Vorstellungen. Und wenn Du jetzt versuchst, Dich nach meinen Ausführungen zu orientieren, dann baust Du ebenfalls wieder eine Illusion in der Illusion auf. Lass es bleiben, finde anstatt dessen Dein eigenes Gewahrsein, Deine eigene Essenz. Es liegt jenseits aller Worte und Erklärungen. Lass Dich lieber von Dir selbst überraschen als einer Idee zu folgen, von der Du nie mit Sicherheit wissen kannst, ob sie nicht auch bloß wieder eine Vorstellung in anderen Vorstellungen ist, selbst dann nicht, wenn sie von mir stammt. Hüte Dich davor, ‚Secondhand-Erfahrungen' zu machen, sie sind etwa so wertvoll wie die Fotokopie eines Rembrandt oder Picasso. Die einzig wirklich wertvollen Erfahrungen sind Deine eigenen. Sie sind Originale, unbezahlbar, unnachahmbar und unzerstörbar: auf ewig Teil von Dir.

Weshalb wir Menschen uns verstehen oder eben nicht verstehen

Der Grund, weshalb wir uns alle so einigermaßen verstehen, liegt in den unzähligen getroffenen Vereinbarungen. In erster Linie denen der Sprache und der Bezeichnung von Dingen, Gefühlen und Wertungen. Wir wissen eigentlich nicht wirklich, wovon die anderen reden, wenn sie uns zum Beispiel sagen, dass dieser oder jener Gegenstand rot ist. Dann wissen wir nicht, ob der andere Rot genau so wahrnimmt, wie wir. Wir haben uns irgendwann geeinigt, dass alles, was so aussieht, als Rot definiert wird – mehr nicht. Wir sagen zum Beispiel: „Oh, das schmeckt aber sauer!“, oder: „Mm... das schmeckt süß.“ Und wir scheinen uns zu verstehen, aber wie können wir sicher sein, dass wir diese Geschmäcker tatsächlich gleich wahrnehmen? Wir wissen es nicht wirklich.

Wir beschreiben stets die Dinge so, wie wir sie gelernt haben, gemäß unseren Vereinbarungen, wie etwas heißt etc. Aber Sicherheit darüber, dass andere wirklich wissen, was ich meine, liefert uns eine solche Art der Kommunikation kaum. Alles ist relativ, weil Wahrnehmung etwas sehr Individuelles ist. So lange jemand anderer nicht fähig ist, in meine Welt oder ich in seine bzw. ihre einzutauchen, können wir nicht davon ausgehen, dass wir uns wirklich verstehen, und dass wir wirklich genau wissen, wie der oder die andere das erlebt. Wir übersetzen es immer in unsere Art wahrzunehmen und daher entstehen so viele Missverständnisse. Wie weißt Du denn, wie sich jemand anderer fühlt, wenn er sagt, dass er wütend, traurig, verliebt oder glücklich ist? Du vergleichst es lediglich mit Gefühlen, die Du von Dir kennst und schlussfolgerst dann, dass er oder sie sich jetzt genau so fühlt, wie Du Dich fühlen würdest oder gefühlt hast, als Du wütend, traurig, verliebt oder glücklich warst. Und wenn wir unsere Meinung dazu sagen, dann gehen wir folglich von unseren eigenen Gefühlswahrnehmungen aus, nicht von jenen der anderen. Somit sind unsere Ratschläge zwar gut für uns, aber ob sie für die anderen ebenfalls brauchbar sind, steht damit immer noch in den Sternen. Und Du weißt ja, viele der Sterne, welche wir heute noch bewundern am Firmament, könnten schon längst erloschen sein und was wir sehen ist pure Vergangenheit, die Illusion dessen, was einmal war. Aber wie sieht die Wirklichkeit aus?

Die einzige Art der Kommunikation, welche unmissverständlich ist, ist das sich vollkommene Einfühlen in die Welt, in die Bewusstseinsstruktur und die Wahrnehmung von anderen. Und dies gelingt uns nur dann, wenn wir fähig und bereit sind, unsere eigene Welt zu verlassen, alles was wir wissen und erfahren haben und uns vorstellen; es hinter uns zu lassen und ganz zu dem werden können, was der oder die andere ist. Dies erfordert das komplette Lüften unserer eigenen Schleier der Illusionen, das Weglassen aller kommunikationsmäßigen Parameter, welche wir im Laufe unserer Leben angenommen haben. Um jemanden wirklich zu verstehen, musst Du in der Lage sein, alle Definitionen, welche Dich als das ausmachen, was Du zu sein glaubst, loszulassen. Je besser Dir das gelingt, desto eher kannst Du in die Welt der anderen eintauchen und umso besser kannst Du sie verstehen. Der Augenblick des Verstehens liegt jedoch jenseits aller Worte, Erklärungen oder Vergleiche. Jeder einzelne Mensch ist und lebt in einer unvergleichlichen Welt, in einer Dimension, welche man nicht erreicht, solange man noch 'man selbst' ist.

Ein erster Schritt in die Richtung andere wahrzunehmen könnte sein, dass Du Dich jedes Mal, wenn Dir jemand sagt, dass er sich so oder so fühlt, fragst: „Wie meint er oder sie das?" Wenn Du bei Dir beobachten kannst, dass Du sofort weißt, wie sich jemand fühlt, wenn er sagt: Ich fühle mich wütend oder traurig oder so, dann weißt Du im Grunde genommen bloß, welchen Zustand Du selbst, bei Dir, mit dieser Bezeichnung definiert hast. Ich nenne das ‚Indirekte Wahrnehmung'. Die weitaus treffendere Wahrnehmung ist jedoch stets die ‚Direkte Wahrnehmung'. Direkte Wahrnehmung geschieht und ist erst dann möglich, wenn da keine Trennungen mehr existieren zwischen Dir und Deinen Nächsten. Dann erst können wir von einer einheitlichen Wahrnehmung sprechen. Bis dahin beruht unser gegenseitiges Verständnis bloß auf den von uns gemeinsam angenommenen und akzeptierten sprachlichen Konventionen und Vereinbarungen. Du kannst ja ´mal darüber nachdenken, wenn es Dir Spaß macht. Auf jeden Fall wird sich Dir ein riesiges Forschungsfeld eröffnen, an dessen Ende Du Dir klar wirst, wie nichtssagend und relativ unsere Unterhaltungen eigentlich sind und wie groß die Illusion dessen war, zu wissen zu glauben, wie oder was andere genau erleben, wenn sie sich Dir mitteilen. Du kannst Dich also nicht wirklich auf das verlassen, was die Menschen Dir erzählen, nicht weil sie lügen würden, sondern weil Dein Bewusstsein noch so verschleiert ist, dass Du nicht verstehen kannst, was sie in Wirklichkeit meinen. Deshalb ist es unabdingbar, dass

Du zuerst Dich selbst verstehen lernst, denn erst dann kannst Du die anderen wahrhaftig verstehen und wahrhaftiges Mitgefühl entwickeln. Ein Mitgefühl, welches weit jenseits von Mitleid liegt. Jetzt erst kann sich wahres Verstehen einstellen. Auch Dein Selbstverständnis wird sich dramatisch verändern dabei und Du wirst eine nie gekannte, tiefe Liebe zu Dir selbst und zu Deinen Mitgeschöpfen erleben, auch zu den Tieren und Pflanzen ja, sogar zu Gegenständen und im Besonderen: Deinen Feinden gegenüber. Wahre Nächstenliebe entwickelt sich und tiefer Friede stellt sich in Dir und in der Folge dann auch in Deiner Umwelt und in deren weiterer Folge, auf unserem so wundervollen Planeten, ja im gesamten Universum ein. Das neue, das goldene Zeitalter hat seinen Anfang genommen. Und wo genau? In Dir, in Deinem Bewusstsein, in Deinem Geiste, in Deinem Herzen!

Was ist nun eigentlich nicht Illusion?

Ich weiß es nicht, sorry. Irgendwann bin ich an den Punkt gelangt, wo ich nicht mehr mit Sicherheit sagen kann: Das ist Illusion und das nicht. Immer wenn eine Blase zerplatzt, hat man das Gefühl: ´Das ist es!´ Doch noch immer habe ich früher oder später festgestellt, dass ich mich bereits in einer nächsten Blase befand. Selbst ich kann also nie sicher sein, so sicher es sich für mich auch darstellt, ob es nicht doch noch einen Schritt weiter geht. Ganz nach dem Motto: ‚Je mehr ich weiß, desto mehr weiß ich, dass ich nichts weiß.' Deshalb ist die Suche nach der 'einen absoluten Wahrheit' wirklich eine sehr delikate Angelegenheit. Doch eines bin ich mir gewiss: Wenn jemand behauptet, er hätte die absolute Wahrheit gefunden, dann befindet er sich in einer ziemlich kleinen Seifenblase, deren Zerplatzen großen Schmerz auslösen wird. Sei also nachsichtig mit Menschen, welche die absolute Wahrheit zu kennen glauben. Sie sind nämlich oft sehr brutal und rücksichtslos gegen andere im Verteidigen und im Aufdrängen ihrer vermeintlichen Wahrheit. Sie sind Missionare, Lehrer, Priester, Gelehrte, TV-Gebildete, Stammtischprediger oder andere Besserwisser. Bevor die Menschen nicht alles, was sie glauben oder zu 'wissen' glauben, in Frage stellen können, sind sie noch weit, weit weg davon, wovon ich hier spreche. Ich liebe zwar Illusionen, aber einige, welche sich die Menschen so machen, sind mir mittlerweile zu illusionär...

Und mit allem, was Du jetzt hier gelesen hast, ziehe Dich zurück und erforsche den aktuellen Stand Deiner Illusionen. Das würde sehr hilfreich für Dich sein... und hab viel Spaß dabei, lache, wenn eine Blase platzt...!

GOTT AUS ESOTERISCHER SICHT

Gott ist so 'groß', dass wenn wir Ihn in uns aufnehmen, es schon sein kann, dass wir Verdauungsbeschwerden bekommen.

Liebe Leser, liebe Leserin, Du kennst vielleicht schon den einen oder anderen Artikel von mir und weißt, dass die folgenden Zeilen nicht immer wie Butter runtergehen werden, sondern besonders dann, wenn im Gesagten eine Wahrheit enthalten ist, die größer ist als ‚gängige Kost', es auch etwas zu beißen geben wird. Nicht dass ich mit meinen Artikeln besser wäre als andere Autoren oder erleuchtetere Ansichten besäße als der Rest der Welt. Oh nein, ganz im Gegenteil. Mir ist bewusst, dass jeder mindestens genau so recht hat, wie ich. Denn das letzte Wort spricht der Selbe, welcher auch das erste gesprochen hat: Gott.

Deshalb verzeiht, wenn die geistige Welt durch mich – so manches Mal – mit etwas spitzer Feder zu euch spricht. Denn: Ich möchte die Art und Weise meiner geistigen Mentoren zu mir zu sprechen nicht unseren Ideen anpassen. Damit hat jeder die Gelegenheit, so authentisch wie möglich die Schwingung meiner geistigen Begleiter mitzuerleben. Lies deshalb mit wachem Geist und offenem Herzen, was Dir – Dir ganz persönlich – dieser Text, vielleicht sogar hinter den Worten, vermitteln möchte und vergiss bitte nicht, dass das Leben voller Wunder, voller Freude und Liebe ist für jene, die mit den wundervollen Augen der Freude und Liebe zu schauen gewohnt sind! 'Gott' ist das wohl am meisten missverstandene Wort das es gibt. Jeder, aber auch jeder, benutzt 'Gott' verbunden mit seinen eigenen Vorstellungen. Eine Vorstellung erzeugt ein Bild. War da nicht jener Jesus, an den zu glauben Ihr vorgebt, der zu den Menschen - zu euch - sagte: „Macht euch kein Bildnis von Gott"? Weshalb hat er (euch) diesen Rat wohl gegeben? Weil er wusste, dass sich der Mensch nichts Vollkommenes vorstellen kann; weil er wusste, dass die Menschen noch nicht fähig sind, mit dem Herzen zu denken und weil er wusste, dass die Menschen sich Gott wie einen Menschen, nur etwas größer, nur etwas gescheiter, nur etwas mächtiger, nur etwas bewusster, nur etwas liebevoller, nur etwas demütiger, aber immer noch wie einen Menschen - sozusagen ‚Übermenschen' - vorstellen. Ihr Menschen lebt und denkt in eine polarer Weise. Das jedoch, was Ihr als 'Gott' bezeichnet - unser Schöpfer - verkörpert die Einheit. Das sind zwei verschiedene Welten. Euer Gott ist klein, begrenzt und: glauben tut Ihr auch nicht an ihn, höchstens zweifeln...

Gut, gut, schon kommen die ersten Emotionen der Leserschaft: So etwas kann doch der nicht behaupten. Wer ist denn das, der so etwas schreibt?! Ein Besessener?! Oh ja: Ich bin ein Besessener! Ich bin besessen von der Gewissheit, dass, wenn die Menschen nicht an Gott zweifeln würden, ihr Leben ganz anders aussähe. Wenn sie Gott lieben würden, sie wahrlich keinem Lebewesen bewussten Schaden, Schmerz und Leid zufügen könnten. Ich bin wahrhaftig durchdrungen von dem Wissen, dass, wenn die Menschen die Wahrheit leben würden, sie sich selbst niemals so fremd geworden wären –

untereinander und auch mit sich selbst – wir alle eine Familie sein könnten. Nicht nur auf Erden, nicht nur in diesem Sonnensystem, nicht nur in diesem Universum, nicht nur in dieser Galaxie, sondern überall. Ja, selbst über das All hinaus besteht eine Familie, sie nennt sich die ‚Gottesfamilie' und besteht aus Menschen verschiedenster Entwicklungsstufen, aus inkarnierten, wie aus nicht-mehr-inkarnierten-, sowie aus noch-nie-im-Fleische-inkarniert-gewesenen Geschöpfen. Eines aber haben sie alle gemeinsam: Sie krallen sich nicht an den Gott ihrer Konfession, sie klammern sich nicht mehr an die Götter verschiedener Kulturen und Vordenker, Weise und Propheten. Sie alle haben auf der Suche nach ‚ihrem' Gott, den Gott des anderen gefunden. Und dann, erst dann, wenn die Menschen fähig sind, den Gott der anderen zu lieben, Gott in jedem Menschen, jedem Tier und in jeder Pflanze zu lieben und zu ehren, dann erst werden sie – werdet ihr – feststellen, dass alle Götter zusammen erst den ‚wahren Gott' ergeben! Nicht, indem ihr ununterbrochen nach den Unterschieden zwischen euch und anderen Teilen der Schöpfung Ausschau haltet, sondern indem Ihr überall das Verbindende, das Einende sucht, findet Ihr den Verbindenden, den Einenden: Gott.

Was ist Gott für Dich? Du wirst vielleicht etwas sagen wie: Liebe, Licht, Quelle, Leben, Vergebung, Demut, Weisheit, Energie, Schöpfung usw., immer nur das von Dir persönlich als 'gut' wahrgenommene, nur das Schöne, Zarte, Liebevolle und Sanfte... Dann stell´ Dir doch ´mal vor, wie es wäre, wenn nur 'schönes' Wetter wäre..., wenn kein Blitz und Donner den Regen bringen würde um den Durst der Natur zu stillen. Stell´ Dir vor, es wäre immer Tag und es gäbe keine Nacht zur Erholung..., für was wären 'gute Geister' nötig, wenn es keine 'bösen' geben würde, was tut der Heiler ohne Patienten, der Missionar ohne 'Ungläubige', der Polizist ohne Verbrecher, der Täter ohne das Opfer? Wie könnte sich jeder in seiner Rolle entfalten und sich seiner Taten bewusst werden, wenn es ihm von Gott verboten würde? Ist es nicht gerade die Auszeichnung der unbegreiflichen, grenzenlosen Liebe Gottes, dass Er so etwas zulässt? Du sagst: ‚Nein'!? Dann kennst Du Gott noch nicht. Denn es würde bedeuten, dass Gott nicht Herr über seine Schöpfung wäre, sie Ihm sozusagen über den Kopf gewachsen ist. Siehst Du, Du sagst Du glaubst an Gott, aber Du glaubst nur solange an Ihn, bis es Nacht wird; dann, mit dem Schwinden der Sonne verlässt Dich Dein Glaube und in dem Moment, wo Du Dir bewusst wirst, dass Du nicht mehr glauben kannst, beginnst Du zu zürnen, zuerst über die Finsternis, den Regen, die Nacht, dann über dies und jenes und zum Schluss dann sogar über Gott. Doch was hat er genau getan um Deinen Zorn zu entfachen? Er gab dem Krieger etwas zu kämpfen, dem Kranken einen Arzt, der Nacht den Mond und die Sterne, den dürstenden Pflanzen den Regen...

Was antwortest Du jetzt auf meine Frage:
‚Was ist Gott?'

Gott ist so groß, dass wir Ihn gar nicht verstehen können, aber wir können Ihn lieben, wir können Seine Größe nicht erfassen, aber uns von Ihm umarmen lassen und wenn Du weiterhin glaubst anstatt zweifelst, dann wird das ‚Gute' siegen!

KANN DER MENSCH SCHÖPFER SEIN?
Leben oder Überleben(?), das ist hier die Frage.

Wir lernen, wie man Häuser baut, Straßen und Brücken. Aber keiner lehrt uns, wie wir unser Leben kreieren können. Überhaupt: Schon die Idee, dass man sein eigenes Leben ‚erbauen' kann oder könne, ist für viele Zeitgenossen offenbar bereits ein Affront. Wie sonst soll man erklären können, dass es Menschen gibt, die so sehr daran interessiert sind zu behaupten, dass der Mensch unfrei und begrenzt, vom Karma gebeutelt und von spirituell höheren Wesen abhängig ist. Was sich diese Menschen doch alles einfallen lassen um sich und anderen das Gefühl von Glücklich-Sein zu geben...?! Viele Vertreter der Schulwissenschaften, wie auch etliche Verfechter geistes- und naturwissenschaftlicher Sichtweisen, bringen Gefühle wie ‚Glück', ‚Erfolg', ‚Zufriedenheit', ‚Freiheit' und ‚Reichtum' mit Äußerlichkeiten in Verbindung.

Welch' irrige Ansichten doch in dieser Welt kursieren...?! Geld will der eine, ein Haus oder Auto der andere. Einer will mächtig sein und wieder ein anderer berühmt. Gesund müsse man sein um sich glücklich zu fühlen, das glauben die meisten. Ja, das ist wirklich wahr. Oder?! Nur, was oft in Vergessenheit gerät, ist: Glück ist ein Gefühl und Gefühle sind unabhängig. Gefühle *sind* einfach, Gefühle kommen nicht und gehen nicht, sie *sind*. Du kannst Deinen Fokus darauf ausrichten und sie erleben – oder nicht. Die Antwort darauf, ob ein Mensch Schöpfer sein kann, lautet: ‚Der Mensch ist Schöpfer!' Der Mensch wurde von Gott, dem größten aller Schöpfer erschaffen und dies – wie wir ja wissen – als Sein

Ebenbild. Und, wer aus dem Schöpfer entstanden ist, ist schöpferisch, wer aus Gott entstanden ist, ist göttlich... und was von Menschen erschaffen ist, ist menschlich. So gibt es einerseits also die göttliche Schöpfung – ich nenne sie ´mal ‚das Gewahrsein' – und menschliche Schöpfungen: Ich nenne sie die Schöpfung der Dinge, der Welten und Universen oder ‚das Bewusstsein' mit allem, was darin enthalten ist. Und da die ‚Göttliche Energie' ja alles durchdringt und belebt, sind letztendlich auch alle von Menschen erschaffenen Dinge und Welten: göttlich.

Wenn Menschen sich selbst als Schöpfer erkennen, dann sind sie nicht mehr so leicht manipulierbar, werden daher weniger konsumorientiert leben und von den Machthabern dieser Welt, beziehungsweise von deren oft haarsträubenden 'Wahrheiten' nicht mehr so einfach zu überzeugen sein. Eigenständige und selbstbewusste Menschen sind nur noch schwer fremd zu steuern und daher auch nicht leicht kontrollierbar... also: eine echte Gefahr für diejenigen, welche uns Menschen in den ‚Tiefschlaf' von Konsum, Arbeit, Not und Leid setzen und festhalten wollen. Sie möchten auf keinen Fall, dass die Masse der Menschen (sie selbst wissen es ja...) erfährt, dass ein jeder stets seine / ihre eigene Realität erschafft – und auch verändern kann. Da will keiner, dass die Menschen erfahren, dass es 'schlicht und ergreifend' möglich ist, befreit, ohne Zwänge, mit Leichtigkeit und Freude zu leben. Glückliche Menschen sind auf natürliche Art mit Gott verbunden und fühlen sich grundsätzlich in der Lage ihr eigenes glückliches Leben zu erschaffen. Ziel jener machtbesessenen Zeitgenossen jedoch, welche versuchen die Welt zu beherrschen – anstatt sich selbst – ist, dass jeder

Mensch im Gefühl leben möge ein 'Opfer' zu sein. Denn das ist die Grundlage, welche im Menschen die Bereitschaft herstellt, die Verantwortung für das eigene Leben liebend gerne abzugeben; und zwar gerade an diejenigen, welche Interesse haben, das ganze Spiel ‚am Leben' zu halten und es auch inszeniert haben: Kirchen, Staat oder andere - auch geistige - Führerpersönlichkeiten. Der größte Trick jedoch gelang ihnen mit den Esoterikern und Spiritualisten. Es ist ihnen gelungen, vielen Menschen weißzumachen, dass 'Gott' alles regle; dass man sich in sein Karma ergeben möge beziehungsweise es durch Leid abzuarbeiten habe und es besser wäre, sich nicht gegen Gott aufzulehnen und das Leben, als ‚vom Schicksal vorprogrammiert', hinzunehmen. ‚Eigenständigkeit' wird hier nach wie vor einfach mit ‚Gotteslästerung' gleichgesetzt. Weshalb jedoch die Freiwilligkeit, der ‚Freie Wille' - eines der schönsten Geschenke, die uns von Gott gegeben sind - als Gefahr für die geistige Weiterentwicklung gesehen werden will, ist mir ein Rätsel. Ist doch gerade der Wille jene entscheidende Kraft, welche uns ermöglicht, unsere Ideen und Inspirationen, zu denen wir erwachen, in dieser Welt zu manifestieren. Der Unterschied zwischen erfolgreichen und nicht erfolgreichen Menschen liegt nämlich nicht in der Edelhaftigkeit der Ideen oder der Reinheit des Herzens oder der Gesinnung, sondern darin dass die einen den eigenständigen Willen aufbringen, das, was sie tun möchten, auch *wirklich* zu tun. Und - logischerweise - wollen wir nicht alle dasselbe erreichen. Das wäre ja auch recht langweilig! Doch eines haben wir bei der Realisierung unserer Ziele gemeinsam: Wir glauben alle immer daran, dass unser Ziel 'gut' sei. Und so stellt sich dann tatsächlich die Frage, weshalb jene, die weniger hehre Ziele und Ideen verfolgen, oft viel erfolgreicher sind als wir, die wir alle ‚edle Absichten' und ‚höhere Ziele' hegen. Die Antwort ist einfach: Weil sie nicht so träge sind, ihre Vorstellungen umzusetzen. Ja, sie scheuen keinen Aufwand und opfern ihr ganzes Leben ihrer 'Vision'. Und was tun die meisten von ‚uns'?! Faul und träge schwelgen unsere Egos in diesen Phantasien und träumen davon wie es wäre wenn... Und so bringen wir oft einfach nicht Willen und Opferbereitschaft auf uns unseren Zielen *wirklich* hinzugeben. So werden unsere Visionen zu ‚Träumen' und unsere Ideen bleiben Ideen. Meditationen verkommen zu ‚netten Phantasiereisen' und alles was übrig bleibt, sind bloß Vorstellungen von einer besseren Welt in der natürlich alles anders wäre, wenn...(?!)

Und so träumen viele Menschen von einem besseren Leben und träumen und träumen... Und das Ganze nennen sie dann: ‚Esoterik' oder ‚Spiritualität'. Einige wenige jedoch sind bereits aufgewacht und leben ihre Träume. Der einzig reale Unterschied ist: der Wille. Im Willen liegt die Kraft, in der Liebe die Motivation und im Tun der Segen für eine bessere Welt. Und nebst dem Wissen, welches nötig ist um sein eigenes Leben schöpferisch zu gestalten, braucht es vor allem Deine Eigenwilligkeit. Jawohl, hier ist sie erwünscht. Und: eine große Portion Mut. Aber alles, was sich dadurch in Deinem Leben ereignen und verändern wird, ist nichts im Gegensatz dazu, in einer täglichen Unzufriedenheit leben zu müssen oder besser gesagt: zu überleben! Alles ist besser als so zu leben, dass man am Ende seiner Zeit sagen wird müssen: Hätte ich doch damals bloß... Und: Das alles nur, weil wir Angst haben zu versagen; weil wir Angst haben, nicht mehr geliebt zu werden und weil wir uns insgeheim davor fürchten, so richtig erfolgreich und damit auch voll verant-wortlich für unser Leben zu sein. Aber wir sollten nicht vergessen, dass wir sowieso und immer verantwortlich sind für alles, was wir tun oder auch nicht-tun und deshalb macht das auch gar keinen Unterschied. Ja, es macht gar keinen Sinn die Verantwortung, jeder / jede sowieso hat, abzulehnen; mit der Folge, dass ich mich dann nicht mehr traue und es mir nicht mehr erlaube mein eigenes Leben zu ändern, zu verwandeln, neu zu erschaffen.

Also, der Mensch ist Schöpfer, ob er es möchte oder nicht. Der einzige Unterschied liegt in der Freiwilligkeit oder Unfreiwilligkeit, mit der er sein Leben gestaltet. Ich brauche wohl nicht zu erklären, dass ein unfreiwillig kreiertes Leben viel ungeliebt Unangenehmes und Schmerzhaftes beinhaltet. Und daran kannst Du ermessen, auf welcher Seite Du stehst, auf der frei-willigen oder der unfrei-willigen. Auf der Seite derjenigen Menschen, welche agieren oder auf der Seite jener, die reagieren. Bist Du Aktionär oder Reaktionär oder wie möchtest Du sein, jetzt wo Du weißt, dass der Reagierende unfrei und mehr oder weniger das Opfer der Umstände zu sein scheint – wenn auch der (unbewusst) eigenen Umstände(!) – während der Aktive sich als Schöpfer, als schöpferisches Wesen anerkennt? Wie möchtest Du sein? Das ist die grundlegendste Frage, der Du Dich, früher oder später, wirst stellen müssen. Frage also besser nicht: ‚Wer bin ich?', bevor Du Dich nicht gefragt hast: ‚Wer will ich sein?'. Denn: Du bist, wer Du entscheidest zu sein. So einfach ist das. Es ist genau wie mit dem Sinn des Lebens: Frage nicht nach dem Sinn des Lebens, denn es kommt nicht daher mit einem vorgefassten Sinn. Gib Du dem Deinen Leben Deinen Sinn und Du kannst die restliche Zeit Deines Lebens, anstatt mit Suchen, mit Finden verbringen. Das ist es, was uns Jesus mit den Worten: ‚Ich Bin (ist) der Weg, die Wahrheit und das Leben!' mitteilen wollte. Und in diesem Sinne ist jeder sein eigener Weg, seine eigene Wahrheit, sein eigenes Leben. Der Sinn eines Gefühls zum Beispiel ist ebenfalls nicht herauszufinden, wohin es Dich führt, sondern: Es zu fühlen. Genauso muss auch Dein Leben nirgendwohin führen, wenn Du es so lebst, wie es gerade ist. Wenn Du es so fühlst, wie es gerade ist. Wenn Du ganz im Hier und Jetzt lebst, dann gibt es keine Fragen mehr und dann braucht es auch keine Antworten mehr, dann Ist es einfach so, wie es ist. Du verlierst auf diese Weise dann nicht Dein Fühlen. Doch sobald Du beginnst zu fragen und zu fragen, beginnst Du immer mehr und ständig zu denken. Und das Denken verdrängt das ursprüngliche Fühlen – es wird durch Denken ersetzt.

Wenn Du Dich damit einverstanden erklären kannst, dass Du es eventuell selbst bist, der Dein Leben gestaltet – ja sogar erschaffst – dann... stellen sich fortan ganz andere Fragen als: ‚Warum!?–...', ‚weshalb!?–...', ‚wieso!?` – ist dies oder jenes so oder so?'. Dann stellt sich nur noch die Frage: ‚Wie???' Und dies ist das Geheimnis der spirituellen Bewusstseinsschulung FREE SPIRIT. Denn es gibt ganz bestimmte Gesetzmäßigkeiten, nach denen sich die Erschaffung der Realität ausrichtet. Unser Bewusstsein funktioniert nach bestimmten Regeln und wer diese Vorgänge kennt, der wird vollkommen frei sein in der Erschaffung seines Lebens und in der Verwirklichung seiner Träume. Und wo Dir sonst immer geraten wird ‚loszulassen', ohne daß Dir jemand sagen kann, wie man loslässt, ist dies im Grunde genommen eine Technik oder ein Verfahren, welches von jedem Menschen mit Leichtigkeit erlernt und angewendet werden kann. So ganz ohne Arbeit geht es jedoch auch hier nicht ab. Im Gegenteil! Die Lösung, der Zugang zu jener Ebene, in der Du wirklich tiefgreifenden Einfluss auf Deine Existenz nehmen kannst, liegt so tief in Dir verborgen, dass wir nicht darum herumkommen durch all den 'Mist' zu gehen, den wir uns – mehr oder weniger unbewusst – im Lauf der Jahre oder gar Leben angesammelt haben. Du musst bereit sein, noch einmal durch einige der intensivsten Erfahrungen, die Du gemacht hast, hindurch zu gehen. Schmerzen, welche Du bereits bei ihrer Entstehung an ihrer Entfaltung gehindert hast, indem Du sie einfach weghaben wolltest, müssen ‚erlöst' werden. Und da alle Dinge nur geschehen, weil sie von Dir gefühlt werden wollen, geschieht die Erlösung durch Fühlen. Wenn ein Schmerz, egal ob körperlicher-, seelischer- oder geistiger Art wirklich und ohne Widerstand, mit großer bedingungsloser Liebe gefühlt wird, integriert er sich und verschwindet. Und sollte er nicht verschwinden, so wirst Du ihn als etwas Hilfreiches erleben und dadurch wirst Du infolge auch viel weniger leiden. *Grundsätzlich* aber gibt es keine Grenzen außer denjenigen, die Du in Deinem Bewusstsein aufrechterhältst. *Grundsätzlich* bist Du ein freies, unbegrenztes Wesen, dem alle Möglichkeiten des Lebens offenstehen. Du bist wunderbar und grenzenlos von Gott erschaffen worden, grenzenlos in Deiner Liebe, grenzenlos in Deiner Wahrnehmung, grenzenlos in Deinem Vertrauen und grenzenlos in Deiner Fähigkeit zu erschaffen und zu zerstören. Vielleicht gibt es da eine natürliche Grenze, ich nenne sie die göttlichen Gesetze, gegen die wir nicht verstoßen wollen und die wir auch niemals übertreten können. Denn die Grenzen, die Gott für uns geschaffen hat, sind kein Gefängnis und engen uns nicht ein, sondern sie beschützen uns davor, Fehler zu machen, die wir nicht wieder gutmachen könnten. Aber darüber hinaus sind uns keine weiteren Grenzen gesetzt - außer unsere eigenen. Wir sind nicht Opfer, sondern Schöpfer, Kinder des Lichtes, frei und lebendig und autorisiert, alles erleben zu können, was wir wollen. Es würde mich sehr freuen, Dich ein Stück weit auf Deinem Weg dahin zu begleiten, Dich erleben zu lassen, dass hinter meinen Worten hier nicht bloß eine schöne Theorie, sondern tiefe Erfahrung, ja - Erleben und Lebensfreude steckt, die ich gerne mit Dir teilen möchte. Danke.

DIE STIMME DEINES HERZENS

Die Stimme des Herzens ist gar nicht so leise, wie alle glauben

Es stimmt nicht, dass die Stimme des Herzens leise wäre und es stimmt auch nicht, dass es Jahre dauern würde, bis man in der Lage wäre, sie wieder vernehmen zu können. Das alles ist eine Lüge. Du kannst diese ‚Wahrheit' für Dich individuell so wählen – wenn Du es willst; sie aber als ‚absolute Wahrheit' zu setzen – ist eine Lüge. Das dient nur dazu, Dich davon abzuhalten, ins wahre Sein einzutauchen. Es könnte dadurch der Gesellschaft ja ein weiterer Sklave abhanden kommen (...)

Schau, angenommen Du befändest Dich in einem ruhigen Zimmer, irgendwo auf dem Land: Keine Nachbarn in unmittelbarer Nähe, keine Straßenbahn, kein Flughafen, kein Radio oder Fernseher, nichts; keine Lärmquelle weit und breit. Nur ein altes Grammophon, auf dem eine leise kleine Nachtmusik spielt. Du lauschst, genießt und ja, es ist Dir ein echter Hörgenuss, niemand stört Dich, Du bist absolut glücklich. Und nun: Röhrend fährt ein Motorrad herbei, bremst mit quietschenden Reifen vor Deiner Türe. Ein Typ steigt ab, kramt seinen Ghettoblaster (lautstarkes tragbares Musikabspielgerät) hervor und dreht volle Kanne Hardrock auf. Nun ist alles dahin. Und plötzlich hörst Du nicht mehr die schöne, zarte kleine Nachtmusik, welche Du vorher noch einwandfrei hören konntest und die Dir überhaupt nicht zu leise schien. Wo ist sie bloß hin? Einfach weg. Unhörbar geworden. Erloschen.

Nun, wenn man glaubt, dass man jetzt in der Lage sein müsste, die kleine Nachtmusik zu hören, dann bedarf es sicherlich lange Jahre der Schulung, bis Dir das gelingen würde. Aber wer wird denn so dumm sein? Viel einfacher wäre es, den Lärm abzuschalten und den Rocker Deines Landes zu verweisen. Nun, der 'Rocker' in Dir heißt: ‚Verstand'. Dieser produziert diesen Lärm, welcher Dir verunmöglicht, die Musik Deines Herzens, welche laut genug ist, zu vernehmen. Die Herzensstimme lauter zu drehen, das geht nicht. Deine inneren Ohren zu sensibilisieren, das dauert lange Zeit. Aber den Verstand zu beruhigen, das kann sehr schnell vonstatten gehen. Vor allem dann, wenn Du in der Mitte bist. In der Mitte beginnt die Meditation und von dort kannst Du das Zentrum der Mitte erreichen, welches im selben Moment verschwindet, wo Du es erreicht hast. Von dort tauchst Du dann direkt aus Deiner Herzensmitte hinaus in das Zentrum des Universums und von dort aus hörst Du die kosmische Musik, welche zuvor sogar noch von der Musik Deines Herzens übertönt wurde. Jetzt spielt die Schöpfung selbst für Dich! Ja, Du tauchst in ein universelles Herz ein, aus dem Du niemals mehr entfliehen kannst und es auch nicht willst.

Du kannst die Stimme Deines Herzens mit Leichtigkeit hören

Es nicht schwer die Stimme Deines Herzens zu vernehmen, Du musst bloß den Lärm Deines Verstandes des Landes - Deines Bewusstseins - verweisen. Wenn Du ins Herz gelangen willst, musst Du zuvor den Verstand kennenlernen, den Rocker. Dann musst Du mit ihm Freundschaft schließen, denn als Feind wäre er zu stark. Aber als Freund wird er Deiner Bitte, Deine Ruhe nicht zu stören, gerne Folge leisten. Wie Du siehst, setze ich an einem anderen Punkt an als die meisten. Aber was bitte spricht dagegen, etwas auszuprobieren, was möglicherweise sogar funktionieren könnte? Gut, es haben das bisher nur sehr wenige versucht, diese aber dafür mit Erfolg. Wohingegen schon Tausende den 'alten' Weg – erfolglos allerdings – beschritten haben. Also noch einmal: Was spricht dagegen ´mal einen anderen Weg zu beschreiten? Hey, ich bin's, Bruno! Mein Name steht für Revolution, für Innovation und für Kreativität. Ich kann Dir nichts versprechen, außer..., dass es (Dir) nicht schaden kann, ´mal etwas Neues auszuprobieren um Dir selbst ein Bild davon zu machen. Ich kann mir das übrigens bloß deswegen erlauben, weil ich Dir vertraue. Ja, ich halte sehr große Stücke auf Dich! Ja, ich gehe das Risiko des Kritisiert-werdens gerne ein, denn ich tue es schließlich für Dich und nicht für mich, damit ich einen guten Ruf ‚in der Szene' oder gar ‚beim lieben Gott' dafür bekomme. Mir geht es um Dich. Was mit mir geschieht, ob man mich lobt oder tadelt, das ist mir einerlei. Wisse einfach, Du befindest Dich immer auf dem richtigen Weg, solange Du eigene Erfahrungen sammelst und Deine eigenen Forschungen anstellst. Folge einfach niemals blind irgendwelchen Anweisungen, wenn Du nicht genau fühlst oder weißt, woher und von wem diese kommen. Ich sage Dir also: Du kannst mit Sicherheit die Stimme Deines Herzens hören; (ich) glaube an Dich!

Nun: Entspanne Dich, denn ich werde Dir jetzt unverblümt sagen, weshalb Du die Stimme Deines Herzens nicht hören kannst:

Weil Du es nicht willst!!!

Tja, das ist leider die unangenehme Antwort. Es gibt keinen anderen Grund. Es sind weder Deine Sünden noch Dein Karma noch irgendein Schicksal, welche Dich zum 'Gehörlosen' verdammt haben. Offenbar fürchtest Du das, was Dir Dein Herz sagen will. Aber was würde es Dir wohl sagen? Tja, einerseits würde es Dir wohl sagen, dass Du nach Deinem Herzen handeln mögest, dass Du nicht mehr die peinlichen Ausreden Deines Verstandes gebrauchen sollest um bloß nicht so zu erscheinen, wie Du in Wirklichkeit bist – damit alle die anderen ein ‚ansprechendes', entsprechendes Bild von Dir haben und dergleichen mehr. Schau, was der Verstand den anderen und auch Dir weißmachen will, basiert auf der Annahme dessen, was er vorgibt zu wissen, nämlich: was 'richtig' und was 'falsch', was 'wünschenswert' und was 'nicht-wünschenswert' sei. Ständig redet er Dir lauthals drein. Immer sagt er Dir, wie er die Dinge interpretiere, wie das Leben wäre oder wie es sein solle. Dabei weiß er doch gar nichts darüber! Der Verstand ist nicht bloß blind und taub, sondern er ist zudem noch vollkommen illusionär. Er lebt in einer sich selbst vorgemachten Welt, welche jeglicher Vernunft entbehren muss. Und Du vertraust ihm! Ja ich weiß, bisweilen verfügt der Verstand über recht stichhaltige Argumente..., aber langfristig vermögen sie doch nie zu bestehen. Wie ich schon sagte: Kein Wunder, will keiner auf die Stimme seines Herzens hören. Denn das Herz berechnet nicht.

Ab und an lässt es Dich gar naiv aussehen. Manchmal stellt es Dich bloß und dann verliert man sein Gesicht. Zumindest: jene Maske, welche der Verstand in Jahren, oft Jahrzehnten oder gar Jahrhunden mühseliger Kleinarbeit, aufgebaut hat. Das ist natürlich frustrierend und – es macht Angst. Das verstehe ich. Aber nichtsdestotrotz behaupte ich – wenn Du ganz ehrlich bist –, dass Du die ganze Zeit über, dennoch die Stimme Deines Herzens hören konntest. Du hast sie bewusst ignoriert, hast sie übergangen, um vermeintlich den Weg des geringsten Widerstandes beschreiten zu können. Welch ein Trugschluss, nicht wahr?!...

Wenn Du nun aber schon ´mal soweit gekommen bist, dies zu durchschauen, dann ist eine ganz einfache Lösung in unmittelbarer Aussicht: Entscheide Dich einfach dazu, ab sofort, Deine innere Stimme nicht mehr zu ignorieren. Denn wer ignoriert wird früher oder später zum Ignoranten. Es ist doch wunderbar, Du brauchst also eigentlich gar nichts zu tun. Ganz im Gegenteil! Tue einfach fortab ‚etwas' weniger, nämlich: dieses bewusste ‚Über-Dich-selbst-hinweg-Gehen'! Wohin wohl will Deine Aufmerksamkeit denn schon gehen, wenn nicht zum Herzen, dann wenn Du sie nicht mehr so sehr auf Deinen Verstand richtest? Dann geschieht alles wie von alleine, Du wirst schon sehen... Am einfachsten gelingt Dir das, indem Du Dich bewusst zum Beobachter Deines Verstandes, Deiner Gedanken und Deiner Emotionen machst. Das ist echte Meditation. Das ist ein Meditationsweg, welcher mit Sicherheit von Erfolg gekrönt sein wird. Dann wirst Du wieder zu dem, was Dir von Anfang an beschieden war: zur Krone der Schöpfung und somit wieder zum König, zur Königin Deines Reiches. Dann wird Dein Herz regieren und Dein Verstand dem Herzen wieder dienen, so wie es von Anbeginn gedacht war. Freu´ Dich auf diesen Moment, denn er wird Dein wahrer Geburtstag sein! Wie ein Kind wird Dich die Schöpfung in ihren Armen geborgen halten, Dich unterstützen und nähren, wo immer es ihr möglich ist. Das Universum ist Deine wahre Mutter, das Sein Dein wahrer Vater und alle Geschöpfe Deine Geschwister. Das ist die Welt, in der ich lebe und nur in diese Welt kann ich Dich auch begleiten. Gehen musst Du diesen Weg jedoch selbst! Aber wenn Du Dich erst einmal dazu entschließen kannst ihn zu gehen, diesen Weg, dann werde ich nicht von Deiner Seite weichen...

EINE KRITISCHE BETRACHTUNG DER PSYCHOLOGIE

Psychologie hat nicht so sehr mit denken zu tun als mit dem seelischen Verhalten des Menschen.

Psychologie kann niemals vollständig beziehungsweise wahrhaft erfolgreich sein, solange die Seele, Reinkarnation und andere ganzheitliche Aspekte außer Acht gelassen werden. Denn dort, wo die Psychologen jene Dinge, die sie nicht verstehen, ausklammern, öffnet sich das große Feld der Pseudo-Psychologie, die vom Verstandesdenken beherrscht wird. Wenn alle Probleme mit gängigen Theorien begründet werden und selbst da noch ‚Erklärungen' gesucht werden, wo menschliche Logik versagt, wenn also jemand etwas zu erklären versucht, was er im Grunde genommen gar nicht versteht – dann kommt es mir so vor, als ginge es vielen Psychologen im Wesentlichen vornehmlich darum, die Dinge ‚zu erklären' und nicht darum, die Probleme der Menschen zu lösen. Noch selten wurden jene Psychologen zitiert, die bei Ihren Patienten schlicht und einfach erfolgreich sind, umso mehr aber jene, die primär ein interessantes Gedankenkonstrukt präsentieren konnten. Ob dies im konkreten Fall – in der Praxis – auch wirklich griff, scheint jedoch weit weniger zu interessieren. Und ich wage es auch zu bezweifeln, dass jene alles verkomplizierenden Theorien, den Kern der Sache treffen. Selbstverständlich sind die Forschungen jener Psychologen, die nicht an Vor- oder Nachleben glauben, durch Geburt und Tod begrenzt. Ihre Begründung – ein

Leben nach dem Tod sei unwahrscheinlich – widerspricht jedoch nicht nur einem vernunftgemäßen Denken, sondern explizit den Gesetzen der Natur. In der Natur geht nichts verloren, nichts ist einfach weg, das können moderne Wissenschaftler die sich beispielsweise mit Quantenphysik beschäftigen, längstens nachweisen. Alles bleibt bestehen, das Einzige was sich ändert ist die Erscheinungsform. Was tatsächlich stattfindet ist nicht ‚Tod', sondern ‚Transformation'. Und zu behaupten, dass hier nun ausgerechnet ‚der Mensch' als einziger Bestandteil der Natur eine Ausnahme bilde, das ist doch 'eher unwahrscheinlich'... Wie oft habe ich schon erlebt, dass die unerklärlichen Ängste der Menschen, auf Erfahrungen in anderen Leben zurückzuführen waren. Gewisse Zweifel sind da bestimmt erlaubt und auch verständlich, doch wenn man die Resultate betrachtet und vergleicht, sollte man auch als alteingesesse(r) Psychologin oder Psychologe, die Offenheit besitzen, dazuzulernen. Genau diese Bereitschaft wird doch auch von Patienten erwartet. Und warum sollten gerade wir ‚Meister unseres Faches' sie nicht auch haben? Ich frage mich immer wieder auch, weshalb zum Beispiel eine Psychotherapie sich oft über mehrere Jahre erstreckt. Geht es hier vielleicht um die Einkünfte des Therapeuten? Oder werden die Patienten in einer Abhängigkeit gehalten? Oder gibt es im psychologischen System einfach keine wirksamen Werkzeuge, welche den Menschen mitgegeben werden können, damit sie selbständig mit ihren Themen umgehen können?

Oder gibt man sich halt damit zufrieden, den Patienten zu betreuen, ihm Verständnis und Mitgefühl zu zollen und hofft, dass dies zur Besserung führt?

Natürlich können auch nicht-ganzheitliche Praktiker Erfolge verzeichnen, aber die Zahl der Geheilten ist verschwindend klein. Mich würde eine solch´ niedrige Erfolgsquote nicht befriedigen. Was ich sehe ist, dass viel zu viel Aufmerksamkeit auf die Probleme gelenkt wird; viel zu vieles wird auf Vater und Mutter abgewälzt. Und oft gänzlich vergessen wird die Frage, wer sich denn die entsprechenden Umstände geschaffen hat. Solange wir noch der Meinung sind, dass *andere Menschen* oder *bestimmte Umstände*, welche mir nur *zufälligerweise* begegnet sind, für unsere Probleme verantwortlich sind, sind wir Opfer und unsere Probleme damit schier unlösbar. Die Macht über unser Leben obliegt dann nämlich nicht mehr uns, sondern den jeweils gegenwärtigen oder vergangenen Umständen. Auf dieser Basis müssten wir dann die gesamte Welt verändern, damit es uns besser (er)gehe, oder zumindest lernen, uns mit allem so zu arrangieren, um einigermaßen überleben zu können. Die Lebensqualität könnte sich vielleicht somit - kurzfristig - verbessern. Aber ein Genuss wird unser Leben dadurch noch lange nicht. Irgendwann landet man dann doch bei der 'Einsicht' - sprich: Ansicht - dass das Leben eben nicht so leicht und spielerisch sei wie wir noch als Kinder glaubten, sondern eben leider brutal und schwierig. Eine wenig erstrebenswerte 'Aufgabe', die es da zu 'bewältigen' gilt. Und: Ein Leben, das aus 'Bewältigung' besteht, ist stets ein Kampf...

Es ist deshalb maßgeblich und meinem Erachten nach unumgänglich, diesen sogenannten 'Lebenskampf' aufzugeben. Denn: Wer aufhört zu kämpfen hat die Möglichkeit sich jenen Ängsten zu stellen, welchen er oft schon seit Jahren zu widerstehen versucht.

Allerdings: ohne sie zu bekämpfen, sondern sich mit ihnen ‚anzufreunden'! Dann erst ist Integration möglich. Dies nicht etwa dasselbe, wie: zu 'resignieren'. Aufgeben in diesem Sinne bedeutet, zu glauben, ich hätte keine Kontrolle über mein Leben. Gebe ich mich aus Resignation dem Leben hin und beende so meinen Kampf – wird es mich überrollen. Sicherlich ist auch dies eine, wenn auch unangenehme, Möglichkeit zu gesunden – sofern sie überlebt wird.

Wir sollten unseren Psychiatern, Psychologen und Ärzten nicht die Frage stellen: ‚Wo haben Sie promoviert und wie lange praktizieren Sie schon?' – Sondern: ‚Wie viele Patienten haben Sie schon geheilt?'. Dies würde ein völlig anderes Licht auf die sogenannte ‚psychologische Wissenschaftlichkeit' im Bereich des Gesundheitswesens werfen. Es mag hier so aussehen, als hätte ich persönlich etwas gegen den Durchschnittstherapeuten. Aber dieser Anschein trügt. Ich finde es ganz sinnvoll, dass es viele Menschen gibt, die den Wunsch haben, anderen zu helfen. Ich bemängle bloß den Umstand, dass viele ihr Glaubenssystem bereits so abgeschottet haben, dass keine neuen Ideen mehr durchdringen können: weder von innen noch von außen. Und so gibt es sehr wenige, die sich mit etwas Neuem zu konfrontieren bereit sind, mit etwas, was die eigene Theorie in Frage stellen könnte. Aber warum nicht!? Ist nicht gerade das eine unglaubliche Chance das eigene Bewusstsein und den eigenen Erfolg zu erweitern?! Wieso ist gerade bei Ärzten und Psychiatern die Zahl der Drogen-, Medikamente- und Alkoholabhängigen so überdurchschnittlich hoch? Hier besteht doch offenbar wichtiger Handlungsbedarf.

Wie könnte Psychotherapie wirksam gemacht werden?

Eine Psychotherapie könnte weitaus wirksamer sein, wüsste man um die geistigen Zusammenhänge.

Würden Psychologen die Werkzeuge kennen, mit denen sich bestehende Traumata auflösen und gewünschte Realitäten erschaffen lassen, dann könnte wirkliche Veränderung geschehen und Heilung wäre möglich. Ja, nicht nur Heilung würde eintreten, sondern es würden auch neue Perspektiven auftauchen. Man müsste den Menschen beibringen, wie sie jene Dinge, welche sie weiterhin nicht mehr erleben wollen, integrieren können und ebenso, wie sie sich ein Leben nach ihren Wünschen erschaffen können. Möglich ist es allemal, wie die Praxis des FREE SPIRIT-Bewusstseinstrainings beweist.

Da sich alles Sichtbare wie auch Feinstoffliche nach einer geistigen Vorlage reproduziert, kann wirksame Hilfe meist auch nur durch die Auflösung der unsichtbaren Matrize, welche kontinuierlich die jeweilige Erfahrung wiedererschafft - die man aber vermeiden will - erreicht werden.

Es ist auch wichtig zu wissen, dass es unsere Gedanken und Gefühle sind, die psychische Probleme erschaffen. So ist das 'eigentliche Problem' nicht die Situation selbst, sondern es sind stets die dahinter stehenden Gefühle von ‚Wunsch' beziehungsweise ‚Widerstand'.

Alle Menschen, welche ich kenne, tragen bewusst oder unbewusst, ein oder mehrere der folgenden Gefühle und / oder Überzeugungen in sich:

- Ich bin nicht gut genug.
- Ich bin nicht gut, so wie ich bin.
- Ich bin es nicht wert, geliebt zu werden.
- Ich werde nicht geliebt.
- Ich bin nicht schön genug.
- Ich schaffe es nicht.
- Ich bin unvollkommen.
- Es gibt einfach Dinge im Leben, die man nicht ändern kann.
- Dies (...) ist gut und jenes (...) ist schlecht.
- Ich muss immer alles selber machen. usw.

Und solange dieses oder ähnliches im Menschen fortbesteht, wird es sich auch auswirken. Wenn Du herausfinden möchtest, lieber Leser, ob das eine oder andere auf Dich zutrifft, kannst Du einfach Dein Leben betrachten und Dich fragen, welche der oben genannten Aussagen könnte zu jener Erfahrung, die Du erlebst oder erlebt hast, dazupassen? Und da auch Gefühle und Gedanken eine ätherische Form haben, gilt es diese – zunächst feinstoffliche Kreation – aufzulösen beziehungsweise zu integrieren. Somit werden sie sich auch nicht mehr selbständig als Realitäten wiedererschaffen und Du hast Raum um neue Realitäten zu verankern. Erfahrungen bleiben im Leben so lange weiter erhalten, beziehungsweise erschaffen sich weiterhin, bis sie ohne jeglichen Widerstand erfahren und gefühlt werden. Um das Selbe danach wieder erleben zu können, muss es dann erst wieder neu erschaffen werden – solltest Du es irgendwann nochmals erleben wollen... Du besitzt wieder die Vollmacht über Dein Leben und kannst mehr und mehr bewusst entscheiden, was Du fühlen und erleben möchtest.

Außer Deinen eigenen selbstbegrenzenden Ideen sind Dir keine Grenzen gesetzt. Du bestimmst.

Voraussetzung für das Gelingen einer solchen Arbeit, die nun mehr tiefenpsychologisch als psychologisch ist, ist die Schulung der Aufmerksamkeit, des Willens und des ‚nicht-reaktiven-Fühlens' sowie das Erlernen eines Zustandes des ‚Nicht-Reagierens'. Denn jegliches ‚nicht-gut-Fühlen' resultiert aus Bewertungen und Reaktionen auf bestimmte Erlebnisse. Gefühle werden dann nicht bewusst, sondern unbewusst durch äußere Begebenheiten, erzeugt. Die Menschen fühlen dann ihre Vorstellungen und Widerstände und nicht das, was wirklich da ist. Für sie ist es fast unmöglich dem depressiven Kreislauf zu entfliehen, weil es ihnen scheint, dass alles von irgendetwas Äußerem abhängt und sie sich dadurch genau davon auch abhängig machen. So erleben sie es, so scheint es ihnen. Überall werden 'Schuldige' gesucht und, wenn keiner gefunden wird, beschuldigen sie sich selber.

Sie leben fortwährend unter Druck und Anspannung. Und wenn diese nicht nachlassen, dann endet es darin, dass diese Menschen ihre Verantwortung und Macht abgeben – vornehmlich an Ärzte, Psychologen, Psychiater, Heiler, Medien und Therapeuten. Womit natürlich das Geschäft zu blühen beginnt. Die

Verantwortung, jene Menschen wieder zu einem selbst bestimmten, freien, unabhängigen Leben zu führen – zu befähigen – liegt somit klar bei dieser Berufsgruppe – bei uns. Wir sollten die Fachleute sein, welche mit solchen Situationen umzugehen wissen. Voraussetzung dafür ist wieder einmal mehr, dass wir alle – egal welche Titel wir auch immer in Anspruch nehmen – bei uns selbst beginnen. Denn jeder kann die anderen nur soweit in die Freiheit führen als er sie auch selbst erworben hat, sie selbst besitzt. Deshalb gilt mein Aufruf nicht vornehmlich den ‚Problemen', sondern den ‚Lösungen' und nicht nur den Hilfesuchenden, sondern – und vor allem – den Helfern.

WIE EIN PHÖNIX AUS DER ASCHE

Die Bewusstseins-Matrix

Wie ein Phönix aus der Asche sollst Du in Deiner Herrlichkeit als ein geistiges Wesen, auf dieser Welt im Lichte des einen Lebensquells wieder auferstehen und Deine Flügel ausbreiten. Mögest Du die Bitternis eines erdgebundenen Lebens hinter Dir lassen und in ein neues Bewusstsein eingehen, welches weit jenseits dessen liegt, was Du bis jetzt kennst. Erstehe als der, der Du Bist, jenseits jeglicher Vorstellung von Dir selbst, von der Welt und von dem, wie Du oder die Welt sein sollten. Meine Sicht der Dinge kann Dir dabei behilflich sein. Ein neues Bewusstsein erwacht, ein neuer Mensch will aus Dir geboren werden, so wie aus mir ein neuer Mensch geboren ist. Erlebe die Freiheit, die Unbegrenztheit und die Bedingungslosigkeit des Lebens. Erwache erneut zu dem spirituellen Wesen, welches Du in Wahrheit Bist: kreativ, schöpferisch und ein Inbegriff göttlicher Liebe, wie immer Du sie auch nennen magst.

Die meisten Menschen leben in Abhängigkeit. Sei es in Bezug auf Arbeit, Geld, eigene Wünsche oder auch ‚Liebe'. Dadurch sind sie in ihren Möglichkeiten begrenzt, ihre eigene Realität zu gestalten. Sie ordnen sich dadurch Gesetzen unter, die eigentlich gar nicht existieren. Sie leben in einer Welt, welche ihnen offenbar keine Wahl lässt. Sie sind Opfer. Ihr Leben besteht aus lauter Überlebensmaßnahmen, um alles das zu erfüllen, was von ihnen verlangt und erwartet wird. Ihr Dasein ist ein beständiger Lebenskampf, ein Kampf gegen Armut, Einsamkeit und Krankheit. Sie leben, um zu existieren.

Wir können jedoch auch existieren, um zu leben, um das Leben zu genießen, um Glück und Erleuchtung zu erfahren. Es ist nicht so, dass dies nur wenigen vergönnt wäre. Es ist eher so, dass die meisten Menschen nicht mehr wissen, wie das geht. Alles Leben, jede Realität, ist die Folge von materialisierten Vorstellungen. Wie kann ich aber ganz gezielt eine Realität nach den eigenen Wünschen erschaffen? Wie kläre ich meine ‚Bewusstseins-Matrix', beziehungsweise wie verankere ich eine erneuerte Matrix in meinem Bewusstsein? Dies sind die Fragen, denen jene nachgehen, in welchen der unstillbare Ruf nach Freiheit wieder erwacht ist.

In Deiner ganz persönlichen Bewusstseins-Matrix hat sich alles verankert, was Du jemals geglaubt hast. Ja, die Matrix ist ein kompliziertes, netzartiges Gebilde aus unzähligen Verknüpfungen verschiedenster Glaubensmuster, Überzeugungen, Vorstellungen und Konzepte.

Deine Realität, Dein gegenwärtiges Leben, ist die sicht- und erfahrbare Manifestation dessen, was Du glaubst. Und: je zweifelsfreier Du von dem, was Du glaubst, überzeugt bist, desto direkter setzt sich dies auch um. Anhand Deines Lebens kannst Du feststellen, welcher Beschaffenheit Deine Matrix ist. Die einzige Schwierigkeit, welcher Du begegnen wirst, ist die, dass Du beim Untersuchen Deiner Glaubensmuster oft an Überzeugungen und Vorstellungen gerätst, von welchen Du 'überzeugt' sein wirst, dass sie nicht die Deinigen sind. Du kannst jedoch davon ausgehen, dass jedwede Überzeugung, die Dir in den Sinn kommt, mit Dir zu tun hat, beziehungsweise Deine eigene ist. Immer, wenn Du verstehen willst, wie und mit welcher Matrix Du eine bestimmte Erfahrung erschaffen hast, frage Dich: ‚Welche Überzeugung müsste Deiner Meinung nach jemand haben, damit er solches erlebt?!'

‚Positiv denken' hilft hier nicht. Natürlich lassen sich sogenannte 'positive Gedanken' über jene Gedanken 'darüberstülpen', welche Du immerzu neu kreierst, um etwas Bestimmtes zu erleben. Aber diese sind nicht stark genug, um Deine Matrix wirklichkeitsgemäß, beziehungsweise dauerhaft zu verändern. ‚Dir geschieht immer nach Deinem Glauben und nicht nach dem, was Du Dir selbst zu glauben vorgibst. Natürlich biete ich auch mehrtägige Kurse an, in denen man solche Dinge korrekt erlernen kann. Trotzdem aber möchte ich hier auf das Wesentlichste eingehen. Was also solltest Du wissen? Hier meine zwölf Grunderkenntnisse zur Funktionsweise der Bewusstseins-Matrix:

1. Jede ungewünschte Erfahrung entspricht einem oder mehreren abgewehrten Gefühlen. Jede gewünschte Erfahrung entspricht einem oder mehreren gewünschten Gefühlen.

2. Realität wird durch Wunsch oder Widerstand erzeugt.

3. Bewusstsein ist Gefühl, nicht Verstand.

4. Das Leben will (bloß) gefühlt werden. Alles ist Gefühl.

5. Schicksal, Karma und Zufälle sind die Manifestationen unbewusster Matrixanteile.

6. Jede Bewusstseinsstruktur ist veränderlich und lässt sich somit auch verändern.

7. Jede Erfahrung lässt sich vor, während oder nach ihrer Manifestation auflösen.

8. Es gibt weder eine 'Objektivität', noch eine 'absolute Wahrheit'.

9. Alles was existiert, wird in einem ständigen Prozess – in jedem Augenblick – von Dir (bewusst oder unbewusst) neu erschaffen.

10. Du bist immer das, womit Du Dich gerade identifizierst.

11. Jedes Gefühl, jede Kreation, alles ist in Ordnung.

12. Zeit und Raum existieren nicht, es ist immer Jetzt.

Diese Liste ist natürlich sehr vereinfacht in ihrer Darstellung. Sie beinhaltet jedoch alles Wesentliche. Hast Du diese Grundsätze einmal angenommen, öffnet sich Dir eine neue Welt, ein neues Leben, eine neue Freiheit des Seins, welche es Dir ermöglicht, selbst Deine kühnsten Träume zu realisieren.

Wie ein Phönix aus der Asche wirst Du Dich fühlen, dann wenn Du die Möglichkeiten entdeckst, welche auf Dich warten. Doch da gibt es noch ein kleines Problem... Um die bestehende Matrix zu ändern, musst Du in der Lage sein, jedes erdenkliche Gefühl, ohne jeglichen Widerstand, fühlen zu können. Denn alles, was restlos gefühlt – sozusagen ‚aufgefühlt' ist – und dessen ursprünglicher Zweck somit erfüllt wurde, löst sich ganz von selbst auf. Nur wenn es nicht gänzlich erfühlt wurde oder wenn es neu kreiert wird, kann es sich wiederholen. Solltest Du also gegen irgendein Gefühl noch Widerstand in Dir spüren, so wird es immer wieder von Dir abgewehrt werden und ist somit gezwungen, sich immer wieder erneut zu manifestieren.

Jede Überzeugung, jede Vorstellung, jede Idee und jedes Konzept über Dich, Dein Leben, Deinen Nächsten sowie dem gesamte Universum, Gott und der Welt gegenüber, werden von Dir mit kreativer Energie versorgt, aufgebaut und am Leben erhalten. Selbst globale, wirtschaftliche oder überpersönliche Realitäten, werden durch Deine Matrix- und Energieanteile, welche zusätzlich ja auch im Massenbewusstsein, der Menschheits-Matrix, vorhanden sind, miterschaffen. Du hast sowohl die Geschichte mitgeschrieben, wie auch Deine persönliche Realität. Du bist mit all dem verbunden und verwoben, solange bis Du Deine Anteile daraus gelöst hast. Mit etwas verbunden sein bedingt auch, dass Du die volle Mitverantwortung trägst mit allem, was Dir persönlich, Deinem Nächsten, dieser Menschheit, diesem Planeten, ja dem gesamten Universum, der gesamten Schöpfung widerfährt, widerfahren ist oder noch widerfahren wird.

Nun kannst Du vielleicht auch ermessen, weshalb so viele Menschen ein mühevolles Durchs-Leben-Vegetieren einem freien und bewussten Leben vorziehen. Ja, sie bevorzugen es zu leiden, um bloß nicht verantwortlich sein zu müssen. Sie glauben, sie könnten sich so der Verantwortung entziehen, indem sie sagen: ‚Das hat nichts mit mir zu tun.'

Diese ‚Vogel-Strauss-Taktik' funktioniert jedoch nicht. Genauso wenig, wie die Welt verschwunden ist, wenn Du die Augen schließt. Solche Menschen haben (noch) keine Wahl. Sie werden eines Tages dennoch mit all dem konfrontiert werden, dann jedoch als Opfer und nicht als Schöpfer. Dementsprechend intensiver wird auch ihr Leid ausfallen. Widerstandsloses Leiden, so wie es Jesus, Gandhi und viele andere auf sich genommen haben, wirkt dagegen wie Balsam im Herzen derer, welche sich selbst bereits dafür entschieden haben, die volle Verantwortung für ihre Kreationen zu übernehmen.

Schon als Kind stellte ich fest, dass eine Tasche, so ich sie tragen musste, unvergleichlich schwerer war als dann, wenn ich sie aus Liebe und Dienst am Nächsten aus freien Stücken tragen wollte. Du kennst das bestimmt. Es macht Dich selbst stärker und zufriedener. Das andere macht Dich schwach und träge, es knechtet Dich so lange, bis Du daran zerbrichst und Du Dich neu orientierst. Als Phönix, welcher der Asche eines unbewussten Daseins entstiegen ist, findest Du Dich in einer komplett neuen Welt wieder: Nichts ist mehr so, wie es war. Alles ist neu. Alles wird als Illusion erkannt und verliert für uns somit den Reiz dagegen anzukämpfen. Du fließt wieder mit dem Leben, Du bekämpfst es nicht mehr. Nichts ist mehr wirklich ernst oder speziell wichtig, alles vereint sich im Gleichklang einer allumfassenden Gleichwertigkeit. Alles ist wertvoll, jedes Gefühl, jeder Mensch, jede Situation, jede Vorstellung, jedes Konzept, jede Idee und jede Matrix. Ja, wenn der Phönix in Dir – der Free Spirit – seine Flügel ausbreitet, dann wird aus Deinem mehr oder weniger trübseligen Gang durchs

Leben ein Freudentanz. Frei wie ein Vogel fliegst Du dann von einer Erfahrung zur nächsten, bewegst Dich mit einer Selbstverständlichkeit durch verschiedenste Ebenen des Bewusstseins, welche zuvor unerreichbar schienen. Weder Schlaf noch Traum, weder Tod noch Raum und Zeit werden Dich aufhalten können. Der Flug des Phönix endet niemals, denn es sind die Schwingen Deines Geistes, welche Dich von einem Ende zum anderen und darüber hinaus, tragen werden.

Überall in der Welt erwacht nun das neue Bewußtsein. Du kannst teilhaben oder auch nicht, ganz wie Du möchtest. Alles wird offenbar, die Geheimnisse des Lebens öffnen sich... nicht etwa durch die Erforschung der menschlichen Gene, sondern durch die Veränderung des Bewusstseins vieler Menschen. Für Dich ganz persönlich ist es jetzt an der Zeit, Dich zu entscheiden, wohin Du gehörst. Ja, es ist die Entscheidung, welche Deine, meine und die Zukunft der Welt bedeutet. Es könnte sein, dass Dich diese Entscheidung alle Freunde, Deinen Job und sogar Deine Familie kostet, aber das, was Du dabei gewinnen kannst, ist ungleich viel mehr als alles, was Du jemals verlieren könntest! Nun, welche Entscheidung ist es denn, die einen solchen Einfluss auf das Ganze hat? Es ist die Entscheidung für ein Leben in vollkommener Wahrheit. Keine Lügen mehr, auch keine Notlügen; nichts anderes mehr sein wollen, als Du selbst.

Keine Spiele mehr, keine Vortäuschungen, kein ‚Ja' und kein ‚Nein', wenn es nicht angebracht ist, absolute Authentizität. Absolute Selbstverwirklichung. (Verwirklichung dessen, was Dich ausmacht).

Dies mag im Moment etwas egoistisch für Dich klingen, aber das ist es keineswegs. Es hilft allen um Dich herum, ebenso ihr eigenes Leben, ihre eigene Wahrheit, Ihr eigenes Sein zu verwirklichen. Es wird alle glücklich machen, nicht bloß wenige, so wie unsere bisherige Lebensweise. Du arbeitest damit am Glück und Wohlergehen aller Wesen, erlaubst ihnen, sich auszubreiten und ebenfalls das zu sein und zu verwirklichen, was sie in Wahrheit sind: Free Spirits, welche der Asche und Finsternis der Unbewusstheit ihres bisherigen Opferdaseins entfliehen und ebenfalls mit den weit geöffneten Flügeln ihres Herzens die Schönheit dieser Welt erfahren. Du wirst den Menschen Mut machen, sie inspirieren und ihnen mit Deiner Art zu leben den Weg bereiten. Welch´ größeren Dienst an der Menschheit könntest Du wohl vollbringen? Nichts ist mit dem vergleichbar. Nichts dient der Welt mehr als Dein eigenes Glücklichsein und nichts wird Dich selbst glücklicher machen als Deine persönliche Freiheit - welche in der Folge die Freiheit der anderen beinhalten wird.

Keine Arbeit könnte für mich jedenfalls erfüllender sein, als den Menschen beim Erwachen zu helfen. Das Leuchten in ihren Augen zu sehen, dann wenn sie wieder beginnen, ihre Schwingen auszubreiten und sie wieder ein selbst bestimmtes Leben zu leben und zu genießen beginnen. Ihre Freude ist meine Freude, ihre Freiheit ist meine Freiheit, ihr Friede ist mein Friede, ihr Sein ist mein Sein. Wenn ich mich also als Teil eines großen Ganzen betrachte, so gibt es für mich keine andere Wahl als am Glück meines Nächsten mitzuwirken. Dies ist meine freiwillig gewählte ‚Unfreiheit', welche ich mit Leichtigkeit und Freude gerne auf mich nehme. Bist auch Du bereit?

FREUNDSCHAFT

Ich wurde gebeten, auch etwas zum Thema ‚Freundschaft' zu sagen. Das ist in der Tat, eine wichtige Angelegenheit. Freundschaft gibt es nicht nur unter ‚Freunden'. Sie kann sich auch unter einander fremden Menschen einstellen. Ja sogar zwischen Menschen, die einander noch nie gesehen haben. Freundschaft ist wie Liebe, jedoch ohne sexuell gelebte Körperlichkeit. Deswegen beinhaltet sie allerdings nicht weniger Leidenschaft, Anziehung oder Erotik. Klar, Männer in Männerfreundschaften würden so etwas wohl kaum zugeben, geschweige denn zeigen. Zwischen heterosexuell veranlagten Männern, drückt sich dies eher in einer Art Kumpelhaftigkeit aus, mit kräftigem Händeschütteln oder Schulter-Klopfen. Zwischen Frauen – auch heterosexuellen – ist es jedoch ganz normal ‚Händchen-zu-halten' oder einander Komplimente zu machen. Frauen machen einander Komplimente darüber, wie schön sie seien; Männer darüber, wie gut oder toll der andere dies oder jenes gemacht habe. Doch im Prinzip ist es dasselbe. Jeder möchte eben auch gerne hören, wie gut, wie schön, oder wie stark er oder sie sei. Es geht um das Erhalten von Aufmerksamkeit, Anerkennung und Selbstbestätigung.

Wahre Freundschaft erkennt man jedoch nicht daran, wie häufig diese Bestätigungen kommen, sondern daran, dass ebenso gewisse klare gegenseitige Hinweise – konstruktive Kritik – geübt wird. Wahre Freunde oder Freundinnen, helfen sich gegenseitig weiter, sie unterstützen einander darin, auch die eigenen ‚Schatten-Seiten' zu erkennen. Ich wundere mich immer wieder, wie sogenannte Freundschaften, nach vielen Jahren ihres Bestehens, bei offen geäußerter Kritik, in die Brüche gehen. Das waren keine echten Freundschaften, sondern Interessegemeinschaften, in denen es wohl primär darum ging, einander gegenseitig das (mangelnde) Selbstbewusstsein aufzuwerten. Eine Freundschaft, zwischen wem auch immer, knistert. Speziell in Freundschaften zwischen einem Mann und einer Frau, ist ein gewisses Knistern, eine gewisse erotische Spannung, immer vorhanden. Ist diese nicht vorhanden, so entwickeln sie sich meist ganz anders, distanzierter, kühler, gefühlsärmer. Dennoch sind es gerade jene, die, wenn sie eingegangen werden, von längerer Dauer sind, als die anderen. Weshalb? Weil diese Spannung früher oder später nachlässt und sich dann erst zeigt, was darunter liegt. Viele Freundschaften basieren darauf, dass die sich begegnenden Seelen einander schon seit langen Zeiten kennen. Andere wiederum beruhen mehr auf einer sexuellen Anziehung. Männer unterhalten sich öfter, länger und liebevoller mit Frauen die ihnen attraktiv erscheinen. Umgekehrt genauso. Und da ist nichts Schlechtes daran, das ist ganz normal. Aber es ist nicht alles!

Eine Freundschaft, auch zwischen Ehepartner, entsteht erst nach einer gewissen Zeit, oft sogar erst nach erfolgter Trennung. Dann, wenn man den Schock unverblümter Ehrlichkeit überwunden hat. Auch in anderen Freundschaften: Nach dem ersten großen Streit erkennt man, wie viel Substanz eine Beziehung wirklich hat. Das heißt nun jedoch nicht, dass es immer so sein muss, natürlich gibt es auch Freundschaften, welche von Anbeginn an 'optimal' sind. Jedoch sind das die Ausnahmen. Eine Freundschaft bedeutet mehr, als sich einfach zu mögen oder einander gerne zu haben. Freundschaft bedeutet, dass man das Wesen des anderen mehr liebt als seine eigenen Vorteile. Ja, es bedeutet, dass man bereit ist, seine Eigenvorteile abzugeben, wenn es dem anderen dient. Deshalb spreche ich selten von Freundschaft. Die meisten Beziehungen, die ich kenne, sind eher ‚gute Bekanntschaften' als das, was ich mit Freundschaft bezeichnen würde.

Meine geistigen Freunde, deren Kanal ich einige Jahre lang sein durfte, damals als ich noch in Halbtrance gechannelt habe, nannten sich: ‚Die Freunde des Lichts' - wie mein gleichnamiges Buch. Mein erstes übrigens, welches viel über meine eigene Biographie enthält und viele meiner Erlebnisse mit Licht und anderen Wesen beschreibt. Damals war ich zwar verglichen mit heute noch ziemlich unbewusst, aber in 10 Jahren werde ich das vermutlich, bezogen auf heute, wiederum sagen. Die Freunde des Lichts gingen in ihrer Freundschaft zu mir und all den vielen Zuhörern der Botschaften sogar soweit, dass sie gewisse Dinge empfahlen, die ich oft selbst nicht beherrschte und zuerst selbst noch lernen musste. Ich war also weit jenseits eines ‚über-alles-erhabenen' Meisters und dennoch haben sie mit mir als Kanal gearbeitet. Oft genug hat mich das durchaus auch in persönliche Konflikte gebracht, gerade auch in Freundschaften. In der damaligen Zeit lernte ich sehr viele Menschen, sehr persönlich kennen und schätzen, aber ich durfte ihnen nicht einfach Kumpel sein, sondern Freund. Das bedeutete aber, dass ich sie auch auf Dinge hinweisen musste, die gar nicht 'einfach' für sie waren. So viele

Menschen ich kennen lernte, so viele verließen mich wieder, weil sie dachten, dass ich sie nicht verstünde oder Ihre Weisheit die meinige bei weitem übersteige. (Was bisweilen wohl auch zutraf). Und manchmal wies mich die geistige Welt an, gewisse Dinge zu sagen oder zu verschweigen, mit denen ich mir viele Freundschaften hätte erhalten oder auch gewinnen können. Damals habe ich die Tragweite dessen nicht erfasst. Heute weiß ich, wie wesentlich es immer und immer wieder ist, das, was man liebt, loszulassen. Und bisweilen sind die besten Freundschaften auch die besten 'Lernhilfen', um sich selbst, in seiner Fähigkeit loslassen zu können, zu testen oder zu trainieren. Man sollte möglichst an nichts gebunden sein. Verbunden sein sollte man mit allem, was ist, aber nicht gebunden. Jede Gebundenheit bewirkt, dass man früher oder später, unehrlich wird. Nicht, weil man ein 'schlechter Mensch' wäre, sondern weil man seine Eigenvorteile nicht verlieren möchte. Wenn Du also einen Menschen 'verlierst', dann verlierst Du in Wirklichkeit nichts, außer Deine eigenen Vorteile. Ja, auch wenn er stirbt, trauerst Du nicht um ihn, sondern um Deinen Verlust, was immer das für Dich bedeuten mag. Die gesamte Trauer, beim Verlust eines Menschen, beinhaltet mindestens 90% Selbstmitleid. Würden wir dies begreifen - die Leidenszeiten wären viel kürzer, und ehrlicher...

Als ich damals aufgehört habe zu channeln, dachten sich wohl viele: ‚Jetzt erzählt er uns immer einfach irgendetwas, etwas nicht so Bedeutungsvolles, wie wenn es aus unsichtbaren Gefilden zu uns dringen würde.' Weit gefehlt! Auch ein Medium absolviert seine Ausbildung und geht eines Tages weiter - sofern er / sie nicht am Gewohnten festhält. Dem

‚sicheren Einkommen' etwa oder den vielen daraus entstehenden Bekanntschaften... welche in meinem Fall Freundschaften waren – und es noch sind. Aber eben nicht so, dass der eine bevorzugt wird und der andere 'höher-gestellt' oder so ähnlich. Nein, die Freunde des Lichts haben mich nicht in Stich gelassen, sondern mich so weit geschult, dass ich heute auf eigenen Füßen stehen kann. Dies ist für Menschen, welche insgeheim nichts lieber ‚möchten', als selbst Kontakt zu geistigen Wesenheiten zu haben, natürlich ein offensichtlicher Rückschritt. Ja, es war eine schwere Zeit der Ernüchterung für mich, aber ich habe daraus gelernt, dass es nicht dasselbe ist, ob man ‚um-seiner-selbst-willen' geliebt wird, oder bloß deswegen, weil man besondere Fähigkeiten besitzt. Mir wurde bewusst, dass viele Menschen für echte Freundschaften noch nicht gereift sind und – es hat mir auch vieles über mich aufgezeigt. Ich kann jederzeit mit den ‚Freunden des Lichts' und vielen anderen Wesenheiten kommunizieren. Doch ist es mittlerweile nicht mehr meine Aufgabe, spezielle Fähigkeiten in den Vordergrund zu stellen, sondern die Sichtweise der Menschen zu erweitern. Mediale Kunststücke vorzuführen, beinhaltet stets das Risiko, dass es Menschen dazu verleitet, Dich ‚anzubeten'. Dass sie zu glauben beginnen, Du wärest 'besser' sie und sie sich beginnen noch kleiner zu machen, als sie sich eh schon fühlen. Den Menschen Freund zu sein bedeutet jedoch, sie zu stärken, ihnen ihre Größe bewusst zu machen und sie in ihre machtvolle Präsenz zu führen. Und genau das hat die Geistige Welt mit mir gemacht. Damit Neues Platz hat, musste Altes transformiert, losgelassen werden. Sowohl im Kopf wie auch im Herzen. Echte Freundschaften können Dich also auch an Deine Grenzen bringen.

Einfach davonzulaufen, zu kritisieren oder zu rechtfertigen, stellt keine Lösung dar und auch keine Weiterentwicklung, kein ‚Größer-werden', sondern: Flucht; eine Flucht vor der Wahrheit.

Und, Freundschaft bedeutet: Wahrheit. Und je besser Du mit ihr umgehen kannst, desto mehr Freunde wirst Du haben. Wenn Du keine Freunde hast, dann ist es höchste Zeit, dass Du ´mal über das ‚Warum?' nachdenkst. Wenn Du viele Freunde hast, dann ist es unter Umständen auch wesentlich Dir zu überlegen, ob beziehungsweise inwiefern es möglicherweise doch eher ‚gute Bekanntschaften' sind. Nicht dass diese weniger wertvoll wären. Es geht ausschließlich darum, dass Du nicht in einer Illusion lebst und die Wahrheit Dich unverhofft eines späteren Tages erschüttern wird. Denn aus Bekanntschaften lassen sich Freundschaften schmieden! Aber nur, wenn man sie als solche erkennen kann und daran arbeitet. Ich habe ´mal ein sehr schönes Zitat über Freundschaft gelesen, es lautete:

‚Ein Freund ist ein Mensch, der alles über Dich weiß, und Dich trotzdem liebt.'

Freundschaft be-gründet immer auch ‚Seelenverwandtschaft'. Eine Seele liebt die andere. Körper können hässlich sein, Menschen können Fehler machen, aber Seelen können Seelen erkennen und vermögen Gott, in allem, was ist, zu sehen. Wenn dies geschieht, dann ist echte Freundschaft am Wirken. Wenn Du in einem anderen Menschen das Göttliche sehen kannst, dann wirst Du ihn lieben können, so wie er ist. Das ist Freundschaft.

DAS EGO

Das Ego hat drei Gesichter: ein bewusstes, ein unbewusstes und ein schlafendes.

Das von allen Seiten so gefürchtete oder gelobte Ego ist das Einzige, was Dich von Deiner Verwirklichung abhält. Das bewusste Ich, ich nenne es Ego, wird mit jedem irdischen Erfolg genährt und in seiner Existenz bestärkt. Das unbewusste Ich – oder eben Ego – wird durch jeden spirituellen Erfolg mächtiger. Beide sind relativ leicht zu beobachten und gut durchschaubar. Doch es gibt noch ein schlafendes Ich. Es ist jenes Ich, das Du im Traum als ‚Dich-selbst' erlebst. Jenes, das alles erlebt, was Du verdrängst oder aus irgendeinem Grunde verbannt hast. Meist wurden die Menschen so indoktriniert, von Religion, Gesellschaft, Kultur und Familie, dass gewisse Dinge gänzlich nach innen verdrängt wurden. Du hast dann ein Traum-Ich erschaffen, das alles das, was Du nicht sein durftest, zu leben begann. Je weniger Du Dein Innerstes im Alltag auszudrücken vermagst, desto intensiver wurde Dein Traumleben. Dass die Menschen heute so viel Schlaf benötigen, zeigt, wie wenig sie ‚sich-selbst' leben in ihrem Alltag. Wenn Du erwacht bist und ganz Du selbst, dann brauchst Du nicht mehr zu schlafen. Zumindest nicht mehr als 2-3 Stunden. Das genügt vollends, um den Körper zu regenerieren. Alles geht leicht und spielerisch. Denn erholen tust Du Dich im Tiefschlaf. Im Tiefschlaf sind alle Deine Egos vergessen. Dort sind weder Träume noch Gedanken, dort Bist Du reine Essenz des Geistes, Eins mit dem Göttlichen. Alle drei Egos sind Ausdruck von Wunsch und Widerstand. Das Ego, egal welches, ist immer im

Kampf mit der Welt, dem Geist oder Dir selbst. Es lebt im Schweiße des Angesichts. Solange Du irgendetwas ablehnst oder nach irgendetwas 'dürstest' – außer dem Leben selbst – hast Du keine Chance Deine eigene volle Transzendenz zu erfahren. Solange Deine Ego-Ichs leben, lebst Du nicht. Wenn sie jedoch verschwinden, kommt Dein ‚Wahres Selbst' zum Vorschein. Das Selbst ist das, was Du wirklich Bist. Deshalb spreche ich von Selbstentfaltung, nicht von Ich-Entfaltung. In dem Moment, wo Du alles vergessen kannst, was Du bist, warst oder sein könntest, sind alle Deine Egos verschwunden. Und da Deine Ichs durch Dich aufrechterhalten werden müssen damit sie leben können, benötigst Du einen gewissen Kraftaufwand um sie stets wieder zu beleben. Lass es sein. Um Dich von ihnen zu lösen, könntest Du damit beginnen, sie einfach nicht mehr mit Energie zu versorgen, indem Du Frieden schließt mit Deinem Selbst. Nimm Dich in jeder Facette so an, wie Du bist, auch mit Deinen Egos und sie werden verschwinden. Betrug ist nicht möglich, vorspielen kannst Du Egolosigkeit nicht, jeder würde es bemerken. Nur was echt ist, zählt. Nur das Echte in Dir wird überleben, alles andere wird alt, krank und stirbt. Also: kein Ego keine Krankheiten, kein Tod. Nur das Ich stirbt, Dein Selbst kennt keinen Tod, es ist Gottes Ebenbild und somit ewig. Wenn Du also an den Tod glaubst, glaubst Du an das Ego und bleibst ein sterbliches Wesen. Wenn Du aufhörst Dich damit zu identifizieren, kehrst Du zu jenem unsterblichen Wesen zurück, das Du in Wirklichkeit bist. Den ersten Schritt in diese Richtung kannst Du tun, indem Du zu allen Deinen Bedürfnissen stehst. Diese nicht mehr unterdrückst, nur weil Du von irgendwo Bewertungen übernommen hast, deren Sinnhaftigkeit Du niemals überprüft hast. Trau´ Dich selbständig zu denken und finde Deine ursprüngliche Moral wieder, die Moral des Selbst und Du wirst einem Gott begegnen der für alles Verständnis hat und Dich vollkommen liebt, so wie Du bist. Du wurdest ja von Gott erschaffen. Gott erschuf jedoch Dein Selbst, Deine Egos hast Du Dir selbst gebaut. Der Wunsch sich spirituell weiterentwickeln zu wollen, entspringt ebenfalls Deinem Ego. Nicht nur die Lust auf Macht, Ruhm, Geld und Erfolg entspringt ihm, sondern auch alle anderen Wünsche. Aber, indem Du ihm Widerstand leistest, wird es nur stärker. Liebe es, verstehe es und nimm es in Dein Selbst hinein und es löst sich auf. Fürchte nicht, dass Du Dich auflösen könntest, denn wie gesagt: Nur Ichs sterben, nicht Du. Du kannst nicht sterben, Du kannst höchstens endlich zu leben beginnen. Wage es!

BLASPHEMIE

Die wirkliche Gotteslästerung ist nicht der Glaube, dass Du Gott Bist, sondern der, dass Du glaubst, es nicht zu Sein.

Blasphemisch ist allein Dein Glaube, Du seiest unvollkommen. Zu glauben, dass Gott die Kontrolle über diese Welt verloren hätte, ist Gotteslästerung, zu glauben, dass nicht jeder Mensch die gleichen Möglichkeiten hätte, ist blasphemisch. Es dient der Ehre Gottes zu glauben, dass alles gut ist, so wie es ist. Du kannst das vielleicht nicht verstehen, aber was verstehst Du denn schon wirklich? Verstehst Du, dass Kriege notwendig sind um die Menschen zu einem höheren Bewusstsein zu führen? Verstehst Du, dass es notwendig ist krank zu sein und zu leiden um die eigene Entwicklung voranzutreiben? Verstehst Du, dass es hilfreich für Dich sein kann, zu versagen, Liebeskummer zu haben und Mangel zu erleben? Verstehst Du das? Du kannst aber bestimmt verstehen, dass es nötig ist, dass es hin und wieder regnet, dass die Zerstörung einer Frucht, damit sie Dich nähren kann, sinnvoll ist, oder? Ich heiße das aber nicht gut bei Tieren, denn Tiere gehören einer anderen Entwicklungsstufe an und sind weder zum Verzehr gedacht, noch dazu geeignet.

Du stellst Dich nicht über Gott, wenn Du Dich Ihm gleichstellst. Und, steht nicht geschrieben, dass Du nach dem Ebenbilde Gottes geschaffen wurdest? Na also, wo ist denn die Gotteslästerung? Es ist eine Lästerung, den Menschen glauben zu machen, dass sie unzulänglich sind, dass sie Gott nicht genügen, dass sie Abtrünnige, Verstoßene aus dem Himmelreich Gottes sind. Du bist nicht verstoßen worden, Gott würde so etwas niemals tun, Du bist ein Reisender. Und Du reist in Wirklichkeit nicht durch eine Welt, sondern durch Dein Bewusstsein. Alles andere als Dein Bewusstsein, ist Dir nicht zugänglich, es sei denn, Du findest zurück in Dein Gewahrsein. Gewahrsein ist jener form- und namenslose Bereich, jener Zustand, in dem Du verweiltest als Du noch unschuldig warst. Unschuldig warst und bist Du in jenen Augenblicken, in denen Du frei bist von jeglicher Vorstellung. In denen Du nichts weiter bist, als das, was Du Bist. Du fühlst Dich dann wie ein Regentropfen, der ins Meer fällt. Was ist er dann? Noch ein Tropfen oder das Meer? Und was denkst Du, was Du sein wirst und warst, und eigentlich immer bist, wenn Du, Dein Ich und Deine Egos in Gott eintauchen? - Gott!

Und so ist das keine Gotteslästerung, sondern einfach eine logische Schlussfolgerung, eine Tatsache. Man kann mich nun deswegen angreifen, beschimpfen und verachten, dennoch bleibt es meine unumstößliche Wahrheit.

Diese Dinge zu sagen, wird in einer Welt voller Unfreiheit und Gottesfurcht nicht gerade mit Jubel entgegengenommen. Doch stört das den Frieden des ‚Freien Geistes' in keiner Art und Weise. Gottesfurcht erreicht niemals den Gottesfreudigen, Angst erreicht nicht den Furchtlosen und Zweifel nicht den Überzeugten. *Diese* Welt kann mich nicht erreichen, denn ich bin nicht *von dieser* Welt. Ich kann mich in sie hinein begeben, sie jedoch nicht zu mir ‚aufschwingen'. Ich tauche in sie hinein und wieder aus ihr heraus so, wie ich es will, denn ich bin frei. Die Welt kann mich nicht 'ertränken' mit ihrer Finsternis, weil ich das Licht Gottes Bin. Und das was ich Bin, Bist auch Du. Deshalb tust Du gut daran, Dich nicht wie ein Adler im Hühnerstall aufzuführen. Flieg! Erhebe Dich in die Lüfte, breite Deine weiten, mächtigen Schwingen aus und gleite, wenn Du möchtest, in Deiner ganzen Pracht, majestätisch durch die Lüfte. Wenn Du es jedoch bevorzugst, weiterhin wie die Hühner im Hof herumzuscharren, dann tu es, aber höre auf, Dich darüber zu beklagen. Das Leben ist nicht gezwungenermaßen schmerzhaft, anstrengend und mühselig, es ist nicht unspirituell und es verlangt keine Entsagung im landläufigen Sinne, es ist Genuss. Das Leben ist wahre Freude für jene, welche sich über die Mühsal, über den 'Hühnerhof' hinaus in die Weite des Seins aufschwingen. – Das Leben ist Freude!

Du fragst, wie es denn mit all den Hungernden und Dürstenden, den Kranken und Behinderten sei? Ist es nicht so, dass gerade jene oft mehr Natürlichkeit an den Tag legen als jene, denen nichts fehlt? Hast Du schon einmal das unbekümmerte Lachen eines Geisteskranken gesehen? War es nicht wunderbar? Hast Du Dir insgeheim nicht auch schon gewünscht, die Freiheiten und die Spontaneität eines Behinderten zu leben? Ja, sie sind viel authentischer als 'normale' Menschen. Selbst in ihrer Wut sind sie echter als andere in ihrer Freundlichkeit. Es ist also daher fraglich und nicht so ohne weiteres zu beantworten, wer nun wirklich glücklicher ist, jene oder Du. Du kannst es nur erahnen, aber Du weißt es nicht. Du kannst es nicht wissen, weil Du voller Bewertungen und Vorstellungen bist. Aber, es geht auch nicht darum, dass Du Dir nun überlegst, ‚was-wäre-wenn...', sondern darum, dass Du endlich damit beginnst, Dein eigenes Leben zu leben. Wer keine Freude am Leben hat, *wird gelebt*, wird solange gemolken, bis er oder sie nichts mehr hergibt. Dann landen sie im Schlachthaus und – aus ist es mit ihnen. Das war's dann. Ende, aus.

Das ist Gotteslästerung: Als Adler geboren sein, wie ein Huhn zu leben und wie eine Kuh zu sterben! Das hätten selbst die Tiere nicht verdient aber die Unfähigkeit das eigene Leid anzunehmen und sich aufzuschwingen, führt dazu, dass die Menschen den anderen Mitgeschöpfen ebenfalls Leid zufügen, bewusst oder unbewusst. Und am Ende sagen sie immer: ‚Ich habe es doch nur gut gemeint..., das wollte ich nicht!'

DER TOD DES HEILIGEN UND DES SÜNDERS

Sobald Du das Leben so erlebst, wie es wirklich ist, musst Du Dich sowohl vom ‚Heiligen' wie auch vom ‚Sünder' in Dir verabschieden. Sie existieren nicht mehr. Beide müssen dem Leben weichen, wenn Du in es eintauchst. Das wahre Leben befindet sich, wie ich immer wieder betone, jenseits des Verstandes. Es ist immer bloß der Verstand, welcher Unterschiede zu machen pflegt. Jenseits des Verstandes verschwinden alle Unterschiede, alle Bewertungen und Urteile.

Plötzlich steht die Schönheit eines blühenden Kirschbaumes nicht mehr über der Schönheit eines Müllhaufens. Der Gute nicht mehr über dem Bösen. Die Menschen bekämpfen das Böse deshalb so erfolglos, weil sie intuitiv wissen, dass, sobald dieses verschwindet, auch das Gute dahin wäre. Ja, solange es das Eine gibt, besteht auch dessen Gegenpol. Verschwindet das eine, so löst sich auch das andere auf. Immer verschwindet entweder beides oder keines. Darum fürchten sich die Menschen vor dem ‚wahren Leben'. Da gibt´s keine Gegensätze mehr, an denen man sich orientieren oder gar festhalten könnte. Das macht Angst.

Diese allgegenwärtigen ‚Unterschiede' stellt unser Verstand anhand von Bewertungen und Vergleichen her. In dem Moment, wo Du dies unterlässt, taucht vor Dir das Leben auf, so wie es wirklich ist. Alles gleich und doch unterschiedlicher als je zuvor. Nicht mehr unterschiedlich in den Bewertungen – da sind alle Dinge gleich - aber doch anders in Hinsicht auf die ganz persönliche Einzigartigkeit eines jeden Menschen.

Folgt man diesen Gedanken bis zum konsequenten Schluss, dann taucht jedoch noch eine weit größere 'Gefahr' auf: So wie der 'Teufel' darin sein Ende findet, wird es auch 'Gott' finden. Beides entsprang den Vorstellungen des Verstandes mit all seinen unzähligen Ängsten. Der Begriff Gott wurde ursprünglich mangels besserer Worte für all das verwendet, was dem Menschen schön und unerklärlich war. Der Teufel war zuständig für all das andere, das Unschöne, welches meist ebenfalls unerklärlich war. Heute jedoch, in einer Zeit also, wo vieles ‚erklärbarer' wurde, wird es, sowohl für 'Gott' als auch für seinen Gegenpart, wesentlich schwieriger, zu bestehen. Zumindest in der Version, welche sich bisher in uns festgesetzt hat. Wie oder wer, will nun aber mit Sicherheit festlegen können, was 'göttlich' und was 'teuflisch', was 'himmlisch' und was 'höllisch', was 'schön' und was 'hässlich' ist? Gut, solange wir bloß die widersprüchlichsten Gegensätze für einen Vergleich heranziehen, scheint es zu funktionieren. Wenn wir, für dieselbe Betrachtungsweise jedoch nur geringe Gegensätzlichkeiten wählen, so wird die Sache bereits wesentlich auffassbarer. Wir können zum Beispiel eine wunderschöne, duftende Orchidee mit einem grauen Feldmäuschen vergleichen und schon wird es begreifbarer - klar - dass beide mit Leichtigkeit in die Kategorie ‚schön' oder ‚göttlich' hineinpassen könnten.

Die Annahme liegt jedoch nahe, dass einer der da Angst vor Mäusen hat, schnell zu einem anderen

Schluss kommen könnte, oder? Tja, und unter all jenen, welche dieselbe Angst teilen, teilen sich die Menschen natürlich auch denselben 'Gott' – dieselbe Gottes-Vorstellung. Somit ist eine Religion / Konfession nichts weiter, als ein Verbund geteilter menschlicher Ängste!

Gott bedeutet ursprünglich ‚Leben'. Und wenn man sich vor *einem Teil des Lebens* fürchtet, wohin soll man *den* dann platzieren? Genau: in die Hölle oder zumindest: – in eine *andere* Religion. Da sich die Menschen mit ihren Religionen nicht alle Ängste gleichermaßen teilen, befinden sich klarerweise immer die anderen, die andere Religion, die Andersgläubigen auf dem falschen Weg...

In dem Maße, wie sie ihre Heiligen hochhalten, halten sie auch deren Gegenpol aufrecht. Tja, scheint echt ein endloses Spiel zu sein... Und das alles bloß deshalb, weil sie zu feige sind, sich ihren Ängsten wirklich zu stellen. Hast Du schon mal Berichte über Erfahrungen aus der Hölle studiert? Von Menschen die in bestimmten Situationen Einblick erhalten haben? Ist Dir nicht aufgefallen, dass diese immer aus dem christlichen Bereich des Glaubens stammen? Tja, ist es nicht komisch, dass jemand, der noch nie etwas von der Hölle gehört hat, sie auch noch nie erlebt hat? Was will uns das denn wohl sagen? Tja, gewisse Dinge nicht zu wissen, kann offenbar genau so segensvoll sein, wie das ‚Wissen' um bestimmte Dinge. Somit kann man also auch nicht mehr behaupten, dass Wissen gut und Unwissen schlecht ist. Im Gegenteil, manchmal kann ‚Unwissenheit' ein ganz schöner Segen sein. Vorausgesetzt man weiß, *was* man nicht wissen sollte.

Suchst und liebst Du Gott wahrhaftig, so verleiht Dir dies auch den Mut, über diese Grenze von Gut und Böse hinauszugehen und dem, was Gott wirklich ist, zu begegnen. Nur wer alles riskiert, kann alles gewinnen. ‚Gottesfurcht' hat noch keinen weiter gebracht – als bis vor die Tore der Hölle... Du kannst sie hinter Dir lassen, über sie hinauswachsen und ins Leben eintauchen, wie es wirklich ist. In die Welt und das Leben jenseits des Verstandes. In die Wirklichkeit eben...

Danach wirst Du alles Vorangegangene als Projektion Deines Verstandes erkennen und es wird Dir klar, wie absurd Deine Art zu leben zuvor gewesen ist. Du lebtest inmitten einer Projektion, immer einen Schleier von Tausenden Filtern vor Augen, welche Dir die klare Sicht auf die Wirklichkeit verunmöglicht haben. Du erwachst in eine Welt, welche vollkommen anders ist. Sie ist dermaßen vollkommen, dass es Dir nicht mehr gelingen wird, wirkliche Urteile und Bewertungen zu fällen. Du bist befreit in einer Welt, die freier nicht sein könnte. Der große Schock vielleicht ist der, dass Du auch erkennst, dass sie *schon immer da gewesen ist*. Es ist wahrlich ein Wunder, wie die Menschen in einer solch vollkommenen Welt leben können, ohne sie auch wahrzunehmen. Das Einzige, was sie sehen ist: eine verstandesmäßig angepasste und verzerrte Karikatur einer Welt, wie sie ‚schräger' nicht sein könnte. Und: Sie alle gehen konsequent an der Essenz vorbei. Dies erwirkt den Anschein, dass sie keinen Einfluss auf das Leben haben. Sie fühlen sich hilf- und machtlos den Gezeiten des Lebens anheim gestellt oder gar ausgeliefert. Dann erfinden sie Ideen wie: Schicksal, Karma und Zufall oder die göttliche Vorsehung oder eben so wirre Vorstellungen wie Himmel und Hölle. Das Ganze besitzt jedoch lediglich einen einzigen 'Vorteil': Der Verstand ist glücklich damit. Dass dabei die Herzen zugrunde gehen, ist diesem völlig egal. Hauptsache er lebt und Hauptsache er hat das Gefühl, in einer sicheren Welt zu sein. Denn jenseits seiner eigenen Welt, wäre er verloren; *das* wäre die Hölle für ihn! ‚Frei-zu-Sein' wäre eine unermessliche Qual für den Verstand. Denn: Er kennt sich zwar ‚im Gefängnis' sehr gut aus, in einem grenzenlosen Universum jedoch, kann er sich nicht zurechtfinden. Da weiß er nicht, woran er sich festhalten kann... das aber muss er. Er muss sich festhalten... er kann ja nur das: festhalten... das Leben aber ist ein Fluss, der nicht zu bremsen ist. Entweder Du findest den Halt im Fließen oder - Du gehst unter! Jeder unglückliche Mensch ist bereits untergegangen.

Ich bin daher ein Taucher. Ich tauche jedoch nicht mehr nach ‚Wahrheiten'. Ich tauche nach den *wahren Schätzen*, welche meinem Herzen so viel bedeuten: nach all jenen ‚im-Verstande-ertrunkenen' Brüdern und Schwestern. Als ich jedoch die ersten Male getaucht bin, erschrak ich dermaßen ob der Millionen von Menschen, welche sich am Grunde des Stausees ihres Verstandes festklammern, dass mir rasch klar wurde, dass ich dies alleine nicht schaffen kann. Deshalb begann ich, eine Truppe ‚spiritueller Tiefseetaucher' auszubilden und sie zu bitten, mir zu helfen. Ja, es musste eine unerschrockene Truppe sein, welche sich nicht davor fürchtet, dass sich scheinbar Todgeweihte oft mit Händen und Füßen wehren, wenn man ihnen mit einer hilfreichen Alternative nahekommt. Sie benötigen hierfür einen langen Atem. Sie müssen ausdauernd sein, sie dürfen sich nicht von der Dunkelheit in der Tiefe schrecken und vor allem müssen sie die Bereitschaft aufweisen, für den Nächsten - wenn schon nicht zu ertrinken so doch - jede Menge ‚Wasser zu schlucken'. Und eine solche Bereitschaft erfordert die größtmögliche Liebe zu allen! Deshalb macht es Sinn, die bedingungslose Liebe zu erfahren, ansonsten fehlt die Motivation sich solchen Strapazen auszusetzen. Ich schätze meine Gefährten deshalb weitaus mehr, als sie selbst es sich wohl vorstellen können. Denn ich kann sehen, welchen Dienst sie zu leisten im Begriffe sind. Nur ein echter Freigeist kann sich dermaßen in den Dienst des Nächsten stellen! Ein Free Spirit, welcher erkannt hat, dass er alles besitzt, dessen er bedarf und seine eigenen Bedürfnisse solchermaßen gestillt hat, sodass seine gesamte Aufmerksamkeit für die anderen frei geworden ist. Alles ist dem ‚Jetzt' gewichen. Was er zuvor gewesen ist und auch, was er werden wollte: Alles ist ‚weg'. Der alte Mensch ist gestorben, keine Heiligen, keine Teufel, keine Gott, keine Hölle, nur noch das reine Sein im Zentrum der Mitte, jenseits aller Fragen und aller Antworten. Wie ein Schmetterling eben, der nicht mehr weiß, dass er einst eine Raupe gewesen ist. Er hat jedoch nicht vergessen, woher er kommt und wohin er geht. Und im Innersten seines Wesens ist er dort auch schon angekommen. Was soviel heißt wie: Er konnte erkennen, dass er diesen Ort niemals wirklich verlassen hatte - außer in seiner Vorstellung. Die Illusion ist zu Ende. Er ist erwacht. Und wer erwacht ist, der hat keine Alternative. Er hat keine Wahl. Er will immer für die anderen da sein und dem großen Ganzen dienen. Die kleinen 'Mensch-ärgere-Dich-nicht-Spiele' üben keinerlei Reiz mehr auf ihn aus. Das Einzige, was einen echten Free Spirit reizt, ist seine Essenz mit Dir zu teilen. Und in dieser Essenz wirst Du mehr von Gott finden als Du es Dir jemals vorzustellen wagtest - und es auch niemals vermutet hättest!

Wenn Du ‚Gott-in-Person' suchst, dann wirst Du mit ziemlicher Sicherheit vergebens suchen. Doch wenn es auch keinen Gott in personifizierter Form gibt, so heißt dies nicht, dass keine Göttlichkeit existiert. So gesehen glaube ich nicht mehr an einen persönlichen, menschlichen Gott, der niemals mehr als eine menschliche Projektion sein kann und dennoch bin ich nicht gottlos. Gott ist einfach gewachsen und zum Göttlichen in allem geworden.

Letztlich geht es also nicht mehr um die Frage: Gott - ‚ja' oder ‚nein', sondern, die Göttlichkeit in allem zu erkennen. Der 'Gott' der Menschen, Religionen und Konfessionen überall auf der Welt - dieser 'Gott' - ist nicht existent. Er ist eine Erfindung, welche einzig und allein der Unterdrückung der Menschheit diente. Aber ich glaube, dass seine Zeit bald abgelaufen ist. Ja, dieser 'Gott' liegt im Sterben - aber die ‚Göttlichkeit' erwacht. Damit stelle ich mich nicht gegen ‚Gott', sondern stehe für Ihn. Wichtig aber ist, dass wir aufhören Ihn dermaßen zu begrenzen und aus Ihm nichts weiter als einen ‚Über-Menschen' machen.

Gott reicht weit über das menschliche Vorstellungsvermögen hinaus. Irgendwann wurde für den kleinen Bruno die Ameise und die Mücke, gleichwertig einem Menschen, der Kieselstein gleichwertig dem Diamanten und jedes Blatt an den Bäumen im Park gleichermaßen wesentlich mit dem wundervoll funkelnden Sternenhimmel. Alle Unterschiede verschwanden in der einen Göttlichkeit. Das Paradies verschmolz mit dem Diesseits und das Eins-Sein aller Dinge begann in meinem Bewusstsein zu erwachen. Klein-Bruno ist erwachsen geworden und tauschte seine kindliche Vorstellung von Gott gegen eine viel größere ein. Heute ist er soweit – bin ich soweit – jede meiner Vorstellungen gegen eine größere einzutauschen. So lasse ich also immer wieder alle ‚Heiligen' sterben, sie sind ja eh schon längst alle tot, oder? Wenn ‚der Heilige' stirbt, kann ‚das Heilige' erwachen, wenn 'Gott' stirbt kann das Göttliche erblühen. Beides zusammen geht leider nicht. Man muss sich entscheiden, entweder einer oder alle. Ich bin für Alle. Dann kann das Heilige auch von mir und Dir Besitz ergreifen, aber wir müssen es zulassen. Zu allererst in unserer Vorstellung. Denn was sie nicht zulässt, das kann nicht erblühen.

DER PUPPENSPIELER

Gott, Freiheit und Verantwortung – ein Widerspruch sondergleichen

Sobald es einen Gott als Schöpfer gibt, stellt sich die Frage der Freiheit. Wie frei ist eine Marionette, welche an den Fäden ihres Erbauers hängt? Wer ist verantwortlich für das Tun einer Marionette? Wenn es da einen Gott im Sinne von einem Puppenspieler gäbe, dann stellt sich in der Tat die Frage, wie frei und verantwortlich eine Puppe sein kann. Wenn Du Dich als Mensch bloß als Geschöpf eines Gottes – dieses ‚alten Mannes mit dem wallenden weißen Haar und dem flauschigen Bart', siehst, so wie ihn viele der Religionen proklamieren, dann entmündigt Dich diese Vorstellung gänzlich und enthebt Dich Deiner eigenen Verantwortung. Sie existiert dann nur noch in *der* Hinsicht, dass Du es Deinem Gott recht machen willst um von ihm geliebt zu werden. Dies hat jedoch nicht wirklich etwas mit echter Verantwortlichkeit zu tun, da es nicht wirklich aus Dir selbst heraus geschieht, sondern immer im Hinblick auf eine bevorstehende Beurteilung der Instanz, welche Du ‚Gott' nennst.

Ich weiß, dass ich mich auf sehr dünnem Eis bewege mit meinen Aussagen. Es bedarf eines scharfen, klaren Verstandes und eines tiefen, meditativen Herzens um diese Bewusstseinshürde zu nehmen. Aber wenn Du Dich nach Freiheit sehnst, muss Dein alteingesessenes Gottesbild weichen und Du wirst Dich aller Indoktrinationen diesbezüglich entledigen. Das ist nicht leicht, sitzen sie doch recht tief in unserem Kopf, ebenso wie die Angst sich zu ‚versündigen', indem man sich von *diesem* 'Gott', der ja eigentlich nur ein Puppenspieler wäre, befreit. Es ist aber auch ein verflixtes Ding, dass man Gott erst findet, *nachdem* man sich von seinen Fäden freigemacht hat (...) Um zu den wahren Früchten zu gelangen, muss der Same gesprengt werden. Und dies geschieht bekanntlicherweise in der tiefen Dunkelheit der Erde, in der Stille Deines tiefsten Inneren. Der Samen bricht auf und keimt, durchdringt die Finsternis - die jedoch auch notwendig war - um in ihm die Sehnsucht nach dem Licht dermaßen zu steigern, dass die Kraft entwickelt werden konnte, die harte Schale des Kerns zu knacken. Hernach strebt dieser Keim unentwegt dem Lichte zu um eines Tages als süße Frucht die Welt zu beglücken und sich selbst als Nahrung zu verschenken. Vom ursprünglichen Kern, dem Samen, ist nun nichts mehr zu sehen. Er ist verschwunden, er hat sich vollkommen transformiert. Man kann nicht sagen, dass der Keim zu einer Blume und diese zu einer Blüte geworden ist, auch wenn es so erscheint. In Wahrheit wurde er zu einem Blühen. Die Quelle wird nicht zum Fluss, sondern zu einem immerwährenden Fließen. Und Gott wird nicht zu einem bloßen Puppenspieler, der die Fäden seiner Marionetten zieht, sondern zur Göttlichkeit, welche alles durchdringt, belebt und mit Seiner Essenz - dem Lebensfluss - durchwirkt. *Gott* ist *das Leben*. Und man kann eigentlich auch nicht sagen: das Leben, sondern: die *Lebendigkeit*. Das wäre meinem Erachten nach korrekt. Alles was existiert ist lebendig und somit von Gott respektive voller *Göttlichkeit.*

Frei-Sein bedeutet, dass man alle Entscheidungen treffen und alle Handlungen ausführen kann und darf, ohne irgendwelche Konsequenzen seitens eines

‚Puppenspielers' befürchten zu müssen. Dies bedeutet nicht Chaos. Im Gegenteil. Wer erst einmal so weit fortgeschritten ist und sich eine freie Lebensweise zutraut, hat längst auch die innere Instanz erfahren, welche es schlicht nicht mehr zulässt, ‚Unrechtes' zu tun. Es ist jene innere Instanz, welche in der Meditation oder im Laufe des eigenen Erblühens in uns erwacht und fortan als untrüglicher Gradmesser unserer persönlichen Integrität bestehen bleibt. Erst jetzt kann man von Verantwortung sprechen, denn da ist keiner außer einem selbst, welcher die eigenen Entscheidungen und Handlungen bestimmt. Auch keiner, der aus subtilem Hintergrund mitbestimmt. Gar niemand. Keiner. Erst jetzt bist Du wirklich frei. Kein Schöpfer, welchem Du Rechenschaft schuldig bist und keiner, der Dich ‚zur-Rechenschaft' zieht. Jetzt erst zeigt sich, wer Du wirklich bist.

Möglicherweise fürchten sich die meisten gerade davor, wer sie wirklich sind und um dies nie erfahren zu müssen, glauben sie an einen personifizierten Gott. Und genau diesen machen sie letztlich auch für alles verantwortlich. Plötzlich heißt es: ‚Wie kann *Gott* so etwas zulassen?!' Da wäre es bestimmt unbequemer, wenn man frei wäre und sich die Frage stellen müsste: ‚Wieso habe *ich* das zugelassen?!' Das wäre Selbstverantwortung. Sie ist nur dann in vollumfänglichem Maß möglich, wenn es keine Instanz über Dir gibt. Womit ich nun aber nicht dem Hochmut den Weg ebnen möchte, sondern der Demut. Denn auch Demut ist, wenn diese auch nur ganz knapp neben dem Hochmut beheimatet ist, nur dann möglich, wenn keinerlei Gefühl von ‚Rechenschafts-Bedürfnis' mehr vorhanden ist. Demütig zu sein im Hinblick auf einen oberinstanzlichen Puppenspieler, welcher die Fäden meines Lebens jederzeit und willkürlich fallen lassen könnte, ist keine Demut, sondern Angst. Genauso handelt es sich um Angst und nicht um Selbstverantwortlichkeit, wenn man einen 'Gott' über sich weiß, der über alles Buch führt, was man tut. Natürlich, kleine Kinder benötigen einen Erwachsenen, welcher im Hintergrund so manche Fäden führt, aber selbst diese werden mit 18 volljährig und die Eltern lassen die Fäden aus der Hand. Tun sie dies nicht, so wird sie der junge Erwachsene selbst kappen und die Verbindungen, sprich Fäden, an denen er bisher geführt wurde, kappen. Auch hier ist es oft ein schmerzlicher Prozess. Selbst Hunde sind intelligenter als die meisten Menschen und gehen nicht gerne an der Leine. Oft weigern sie sich bis ins hohe Alter, sich der Leine und dem Puppenspieler am anderen Ende der Leine, zu unterwerfen. Doch Menschen kann man, wie Hunde ebenfalls, dazu bringen, eines Tages ihren Freiheitsdrang aufzugeben, indem man sie züchtigt. Deshalb sind ja alle 'Gottes-Vertreter' so sehr darauf bedacht, dass die Menschen sich züchtigen müssen. Ansonsten verliert man die Macht über sie. 'Gott' wurde als pures Machtmittel im Bewusstsein des Menschen installiert. Die Göttlichkeit, das Leben selbst ließ sich dazu ja nicht missbrauchen. Also erschuf man einfach die Vorstellung von einem Gott. Dieser war in allen Religionen stets grausam (gedacht). In der Bibel verlangt er seine Blutopfer-Gaben und die Baghavat Ghita ist voll von Kriegen unter den verschiedenen Himmelsboten. Welch´ ein hirnverbrannter Wahnsinn! Da fürchtet sich ein eifersüchtiger 'Gott' davor, dass es ‚andere Götter neben ihm' geben könnte und ein Schöpfer bekämpft seine von ihm selbst erschaffenen Kreaturen. Ach ja, und:

die Welt ist eine Scheibe!!!(...) 'Gott' ist eine tolle Idee für Marionetten, aber nicht für selbstverantwortliche und freie Menschen. Und wie Du siehst hat es nichts mit Gottlosigkeit zu tun, wenn ich keinen ‚personifizierten Puppenspieler' als meinen Meister anerkenne, denn: Ich anerkenne sehr wohl eine Instanz, nämlich *das Leben selbst und die darin enthaltene Göttlichkeit*, welche niemals erschaffen wurde und auch niemals zu Ende gehen wird. Göttlichkeit war immer und wird immer sein. Sie wurde nie erschaffen, hat keinen Anfang und kein Ende. Sie wurde nie geboren und kann somit auch nicht sterben. Das ist die Unsterblichkeit Gottes. Das wahre Leben und die wahre Erfahrung dessen, was Du Bist, kann erst dann stattfinden, wenn es nichts mehr gibt außer dem Leben selbst. Dies ist der Moment, in dem Pinocchio, die Holzmarionette, zum Leben erwacht. Das ist Erleuchtung. Jetzt hast *Du* die Fäden in der Hand, aber... jetzt bist *Du* auch voll verantwortlich. Ab sofort wird Dich keiner mehr – außer Du selbst – zur Rechenschaft ziehen und da Du das weißt, wirst Du die Dinge ganz anders angehen als zuvor. Denn zuvor hattest Du ja die Möglichkeit zu beichten und dann wurde Dir vergeben. Solche 'praktischen Dinge gibt es jetzt natürlich nicht mehr. Was getan ist, ist getan. Ausflüchte sind nicht mehr möglich und die Qualen unmoralischer Handlungen Deinerseits werden um ein Vielfaches größer sein als je zuvor. Dessen allerdings solltest Du Dir bewusst sein, *bevor* Du Dich von den Fäden des übermächtigen Puppenspielers frei machst. Sei Dir bewusst: Von einem personifizierten Gott kannst Du niemals ‚ein Teil' sein. Du wirst immer bloß sein Hampelmann, seine Marionette sein können. Von der Göttlichkeit jedoch <u>Bist</u> Du ein Teil und ja, Du wirst sogar zur Göttlichkeit selbst werden können. Alle Hierarchien basieren auf 'Gott'. Auf solcherlei Statusvorteile wird man in Bezug auf die Göttlichkeit, verzichten müssen. Dort stehen alle vorne oder oben. Da gibt es weder eine Hierarchie noch sonst eine bewertungsmäßige Unterteilung der Geschöpfe und somit auch keinerlei Vorteile aufgrund irgendwelcher Heldentaten. Hierin findest Du die Bedeutung des: ‚Wie oben so unten...!' Alles ist eins. Wenn Dir das nicht gefällt, wenn Du dazu noch nicht bereit bist und noch meinst der oder die Beste sein zu müssen, dann – wünsche ich Dir eben weiterhin viel Vergnügen als Marionette. Doch überlege Dir, bevor Du mich verurteilst, bloß weil Du mich nicht verstehen magst, ob ein Leben als begrenzte Marionette wirklich lohnenswerter ist, als ein ewiges Leben in Freiheit?

Tja, ich wüsste noch Einiges zu berichten, aber... ich vermute, das würde im Moment zu viel für Euch werden. Ich bin dankbar und froh, wenn einige unter Euch die ‚Tragweite des Puppenspielers' verstehen – um Schritte zu setzen... Später werde ich dann irgendwann ´mal über die heftigeren Dinge reden. Ich ersuche bloß, dass Ihr mir dies nun nicht als Überheblichkeit anlastet. Wer aber mit dieser Andeutung schon zu tun hat, für den ist das, was ich sonst noch zu sagen hätte, wohl wirklich ‚zuviel des Guten'. Und den anderen, denen wird es nichts ausmachen und sie freuen sich einfach auf jenen Zeitpunkt, wo ich Weiteres mitteilen werde. Bleibt also am Ball und ‚verdaut' ´mal in Ruhe das hier Gesagte und – vielleicht am besten bevor ihr gleich das nächste Kapitel lest – so liebevoll wie möglich.

DAS OPIUM DES VOLKES

Wenn Du, wie ich es empfehle, den 'alten-Gott-der-Religionen' gegen die Göttlichkeit eintauschen möchtest, dann wirst Du sehr schnell bemerken, wie viele Ängste in Dir hochkommen werden. Ja, Du wirst vermutlich auch regelrecht in Panik versetzt nur schon bei dem Gedanken daran, es könnte möglicherweise keinen derartigen 'alten weißhaarigen Mann' im Himmel geben, welcher die Geschicke der Menschheit lenkt und Dich – im Notfall – vor Unheil beschützen möge. Die Vorstellung eines personifizierten Gottes hat die Urängste der Menschheit zugedeckt und sie in eine Wolke des Trostes eingehüllt. So sehr, dass sie den Zugang zu sich selbst immer mehr verloren haben. Heute leben die meisten Menschen in einem rauschähnlichen Zustand, in einem Wahn, in einer Wolke ‚spirituellen Opiums', welches die scharfen Ecken und Kanten des Lebens 'weich-zeichnet'. Immer wenn es den Menschen schlecht geht oder sie verzweifelt sind, klammern sie sich an die Vorstellung des ‚alles-heilenden' Vaters irgendwo im Himmel, damit *der* die Sache *für sie* wieder in Ordnung bringe.

Noch nie hat sich ein Mensch, dem es wirklich gut ging, an Gott gewandt. Noch nie hat ein Mensch, der keine Qual verspürte, sich auf die Suche nach 'Gott' gemacht. Kein Wunder also, dient so ein 'Gott' als Trostpflaster, als 'Opium' um die seelische Qual zu lindern. Wenn man die Religionen, die Bibel und sonstige heiligen Bücher studiert – ohne diesen ‚Rausch des Opiums' natürlich – dann erkennt man sehr leicht, dass gerade diese sich ununterbrochen gegen die Göttlichkeit und die darin enthaltene Vollkommenheit wenden. Das Zentrale beispielsweise der christlichen Religionen, ist die Vorstellung von Sünde, Himmel und Hölle. Natürlich wurde uns beigebracht diese Dinge nicht zu hinterfragen, sondern einfach blind zu ‚glauben'. Aber wenn Du es wagst, sie mit einem klaren Verstand zu durchleuchten, dann tauchen mehr Fragen auf als sie Antworten beinhalten. Oder hast Du Dich jemals gefragt, weshalb Gott die Grundsteine für so viele Dinge in uns gelegt hat nur um sie in der Folge zu verteufeln? Genussfähigkeit, Leidenschaft, Lust, Sexualität, Wut, Trauer etc. Einerseits heißt es, dass die Menschen einen freien Willen besäßen, als Geschenk von Gott, andererseits landest Du jedoch in der Hölle, wenn Du ihn nicht nach seinem Willen richtest. Was bitte schön hat das mit Freiheit zu tun? Einerseits sollen wir immer nur lieb sein und andererseits ist keine Geschichte mit mehr Gewalt und Verbrechen durchzogen als es die christliche ist? Auch in östlichen Religionen befiehlt Gott Ahimsa, die absolute Gewaltlosigkeit doch die Geschichte ihrer Himmelsboten und Gottessöhne ist voll von kriegerischen Gefechten um die Vorherrschaft im Universum (...) Halloooo!!!! Wie bitte soll eine solch´ widersprüchliche Geschichte von einem vernünftigen Menschen und einem gesunden Geist ernst genommen werden können? Da müssen wir das Opium doch wohl ein wenig höher dosieren und gleich implizieren dass, wer nicht einfach glaubt, alsbald in der Hölle schmoren wird. Auf jeden Fall, und das ist sicher, würden wir von der Liebe Gottes ausgeschlossen. So lange zumindest, bis wir uns wieder bekehrt haben. Toll. Was für eine Freiheit!?

Die Wortwurzel von ‚Sünde' ist ‚Absondern' und dies ist in der Tat die einzig mir bekannte Sünde: das sich von Gott beziehungsweise der Göttlichkeit Absondern. Und worauf beziehen sich alle Religionen und alle Glaubensvorstellungen? Wie ist es möglich, mit einem personifizierten Gott ins Zwiegespräch zu kommen, ja kommen zu müssen, wenn ich nicht zuvor eine Trennung herstelle? Aha. Das ist also die *wahre Grundlage* der Religionen: die ‚Ab-sonderung', die Sünde. Ups... das erschreckt nun aber, oder? Zuallererst musste die Sünde erfunden werden, denn ohne sie gäbe es keine Möglichkeit für die Existenz eines personifizierten Gottes. Bitte registriere, dass ich nicht gegen Gott bin. Im Gegenteil! Ich bin bloß dagegen, dass man die unendliche Göttlichkeit zu einer vermenschlichten Vorstellung eines so fassbar kleinen Gottes mit 'weißem Haar und flauschigem Bart auf Wolke 7' 'zusammenschrumpft'. Wie sollte auch ein 'alter Mann', ein 'Gott', welcher es nicht einmal ertragen kann, einen anderen Gott neben sich zu haben, die Geschicke eines Universums solchen Ausmaßes lenken können? Hm... da braucht es schon eine ziemliche Dosis Opium, um einer solchen Wahnvorstellung anheimzufallen. Wieso sollten wir uns die Erde untertan machen – anstatt sie zu lieben? Wieso sollten wir Tiere schlachten und sie auf einem Altar opfern oder gar deren Leichen essen – anstatt sie zu lieben? Wieso sollten wir die Geschenke eines allmächtigen Gottes, wie zum Beispiel den ‚Freien Willen', ablehnen und um den Seinen bitten, wenn dies doch schon Sein Wille gewesen ist? Warum soll nur der Sonntag heilig sein und warum sollte man an Weihnachten speziell lieb sein und warum soll ich an Ostern Lamm essen? Weshalb soll ich einen alten greisen Mann auf einem ‚Heiligen Stuhl' anhimmeln als Stellvertreter Gottes? Warum soll ich in die Kirche oder in einen Tempel gehen um mit meinem Schöpfer zu reden? Warum soll ich den Geburtstag eines sogenannten ‚Gottessohnes' anstatt mit einem Freudenfest mit einem andächtig-depressiven, von Völlerei geprägten Weihnachtsfest feiern anstatt mit einem Geburtstagsfest? Bin ich froh, ist mein Geburtstag ebenfalls am 24. Dezember, so kann ich mir legal erlauben diesen Tag wirklich zu feiern. Wieso sollte ich eigentlich das Vergeben üben? Da müsste ich zuvor ja erst jemandem etwas übel nehmen, oder sogar vielen vieles übel nehmen, damit ich viel Vergebung üben kann? Oder wie soll das sonst gemeint?! Wieso sollte ich nach Mekka, Lourdes oder Santiago de irgendwas pilgern, mich kasteien oder in meinen Gebeten Gott um irgendwas anbetteln, wenn er mir doch alles bereits zu Füßen gelegt hat? Muss ich wirklich zuerst ein Mangelbewusstsein entwickeln um Gottes Wünsche zu erfüllen? Wieso sollte ich irgendwo anders, als dort wo ich gerade bin, Gott besser finden können? Also irgendwie leuchtet mir das Ganze einfach nicht ein. Möglicherweise brauche ich ´mal wieder eine Portion Opium (...) Selbst die alten Naturreligionen waren schon suspekt. Wieso sollte sich zum Beispiel ein Vulkan beruhigen, wenn ich meinen Sohn oder meine Tochter in seinen Kraterschlund hinein werfe? Wieso sollte es reiche Ernte bringen, wenn ich eine Jungfrau auf einem Altar ermorde? Hallllooooooo!?!?!??? Und wieso sieht keiner, dass die modernen Religionen solchem Aberglauben ebenbürtig sind? Da ist keinerlei Unterschied zu erkennen, außer dass die Höhlen von damals in Kathedralen verwandelt wurden. Aber was darin abgeht, was zelebriert wird, ist dieselbe dunkle Angelegenheit, wie schon vor tausenden von Jahren. Doch, doch, da ist schon Magie, doch, doch... aber eine, welche schwärzer wohl nicht sein könnte. Na ja, das muss sie ja auch sein, dunkel, ganz dunkel, sonst ließe sich damit ja nicht eine ganze Menschheit umnachten (...)

Apropos Opium: Was geschieht zu Beginn, wenn man einem Süchtigen seine Droge entzieht? Genau: Angst. Ist es das, was sich bei Dir eventuell grade meldet, wenn Du Dich meinen Worten hingibst? Das weist jedoch nicht darauf hin, dass meine Worte falsch seien, sondern bloß, dass Du die ersten möglichen Entzugserscheinungen bemerkst; dass Du selbst auch so ein Süchtiger bist. Diese Entzugserscheinungen können in vielen Variationen auftreten, Angst ist eine davon, andere sind: Verurteilen, Sarkasmus, Überheblichkeit, Belächeln, Angreifen, Widerstand, Aggression etc.

So man bereit ist, sich auf solche entwöhnende Veränderungen einzulassen, dann ist es wohl dasselbe, wie bei jeder Droge - vor allem, wenn Abhängigkeiten bis ins soziale Gefüge damit einhergingen und Missbrauch damit getrieben wurde beziehungsweise getrieben wird: Ohne ihr erlebt das eigene Bewusstsein zunächst etwas wie einen ‚Abgrund'. Eine tiefe ‚Leere' bis hin zu körperlichen Symptomen, bekannt als ärztlich diagnostizierbare sogenannte ‚Entzugserscheinungen' und - Ängste. Drogen hatten ja in allen bekannten indigenen Kulturen ihre Heiligkeit, ihre heilende Wirkung. Da waren sie wohl entwicklungsgemäß noch an ihrem Platz. Überall dort aber, wo sie ihre entwicklungsimmanente Aufgabe nicht mehr erfüllten, wurden sie obsolet und in ihrer Verwendung dekadent. Und dies gilt wohl spätestens heute auch für die Droge ‚Gott' – oder, anders formuliert – für eine derart begrenzende ‚Gottes-Vorstellung', wie sie uns von den herrschenden Konfessionen, aber auch von den unbekümmert und dankbar damit (ko)operierenden ‚weltlichen' Institutionen als ‚pseudo-notwendige' strafgerichtliche Instanz nach wie vor gerne angeboten beziehungsweise vorgesetzt wird. ‚Was wird und will damit wohl zurückgehalten werden...?!' Sieht man vorbehaltlos, vorurteilslos darauf hin, ergibt sich die Antwort sehr einfach: der präsente, mündige, lebensmutige Mensch; denn dieser ist dergestalt nicht mehr kontrollierbar; der äußere Machtapparat hinfällig – auch wenn man weiß, dass damit wohl keineswegs jene befürchtete Anarchie ausbrechen würde, weil – kaum dass jene Außenabhängigkeit abgelegt und Entwöhnung stattgefunden hat – diese ‚eigenständige Instanz', wieder zu sich genommen, im Inneren fühlbar wird. Es ist dies genau jener ‚Entwöhnungs-Abgrund', der stets jene Schwelle darstellt, an der Menschen Angst entwickeln, wenn es für sie darum geht, neue Schritte in eine selbst verantwortliche ‚Drogenlosigkeit' zu wagen. Doch: Der Abgrund vergeht, betrachtet man ihn einfach als diejenige Herausforderung, welche jede Entzugs-Erfahrung bestimmt und an sich hat. Jenseits davon jedoch: der lebens-freudige, mutige, frei- und selbstbestimmte Mensch – in Verantwortung und Erschaffung seiner eigenen Lebensumstände. ‚Jeder Mensch ein Künstler' eben, wie dies bereits im 20. Jahrhundert. der Künstler Joseph Beuys so treffend zu formulieren wagte.

Es ist in der Tat auch gefährlich, meine Sichtweise zu übernehmen. Wenn Du nämlich die Droge 'Gott' aus

Deinem Leben entlässt, dann entsteht zu allererst, dieser gewaltige Abgrund, etwas Bodenloses, in das Du zu stürzen drohst. Viele sind dort schon hineingefallen und nie mehr wiedergekehrt. Warum? Weil in ihnen nichts vorhanden war, was sie trug. In ihnen selbst tat sich diese unermesslich tiefe Kluft auf. So hatten sie hatten sich zwar des Glaubensopiums 'Gott' entledigt, davor jedoch nicht für eine adäquate Basis gesorgt. Die Basis, von der ich spreche, sind jene Wurzeln, welche noch tiefer gehen müssen als die, welche bloß in einem übernommenen Glaubenskonzept verankert waren. Bevor Du Dich also des Dir vorgegaukelten Gottesbildes entledigen willst, solltest Du daher für ein tragfähiges Fundament in Dir sorgen. Dieses Fundament nenne ich ‚Urvertrauen'. Das Vertrauen, dass Du kein Zufall in der Schöpfung bist. Das Vertrauen darin, dass Du Dich inmitten einer Göttlichkeit befindest, welche jenseits aller Messbarkeit liegt, jenseits aller Begrifflichkeit und auch jenseits jeglicher Vorstellungskraft. Nur mit einem derartigen Fundament kann man schadlos überstehen, den althergebrachten Glauben an einen urteilenden Gott abzulegen und in die nächste Dimension des Lebens einzutauchen. Es ist wie ein Sprung von einer Klippe, wie ein Sprung ins Unbekannte. Du siehst nicht auf den Grund der Klippe, Du siehst nicht, wo er endet, Du siehst auch nicht, ob sie auf weichem oder hartem Untergrund steht. Würdest Du trotzdem springen? Natürlich nicht, Du bist ja nicht wahnsinnig. Daher ist es sinnvoll zu wissen, wo man genau landen werde. Keiner fällt tiefer als die eigenen Wurzeln reichen. Die Frage ist bloß: ‚Wie hoch fliegst Du gerade in Deinem Rausch?' Je 'religiöser' ein Mensch ist, desto tiefer wird daher der Fall sein und desto größer muss die

Überwindung sein um sich lösen zu können. Es braucht wirklich Mut dazu. Und es ist keine Kleinigkeit diesen auch aufzubringen. Kein Wunder, wirken wir auf die meisten Menschen etwas verrückt oder gar bedrohlich. Sind diese doch allein niemals dazu in der Lage, ihre so fest installierte Vorstellung von 'Gott' von ihrer Festplatte zu löschen. Lieber legen sie sich ein neues Installationsprogramm zu, welches noch einigermaßen kompatibel mit ihrem alten ist. Sie wechseln dann möglicherweise ihren Glauben: Christen werden zu Moslems, Juden zu Christen, Katholiken zu Buddhisten oder ‚Wer-auch-immer' zu Esoterikern. Das ist alles noch ganz gut miteinander vereinbar. Selbst wenn sie 99% des alten Programms löschen, das 1 %, welches sie weiterhin mitnehmen, ist die jene alte Vorstellung des oben beschriebenen 'Gottes'. Deswegen findet sich auch kein wirklich konvertierter Buddhist, kein wirklich konvertierter Moslem und auch kein einzig wirklich konvertierter Esoteriker. Alle kleiden sie den alten Gott einfach in ein neues Gewand. Aber dies ist keine echte Verwandlung! Nichts ändert sich wirklich, wenn Du nur Deine Kleidung auswechselst. Um jene Veränderung zu vollbringen, von der ich spreche, musst Du sogar Deine Haut ausziehen ja mehr noch, Deine Seele. Was geschehen muss, ist eine geistige Erneuerung. Erneuerung bedeutet aber nicht, das Alte einfach zu polieren. Nein, es bedeutet: das Alte gegen etwas vollkommen Neues einzutauschen. Dies ist das Angebot, welches ich euch machen kann. Viele die mich gegenwärtig begleiten, befinden sich kurz vor dem Absprung. Noch verstehen sie mich nicht. Aber ich bin gespannt auf die Ersten, welche den Absprung wagen und auf die Freude, welche sich danach in ihnen ausbreiten wird. In der Phase der

Angst bin ich da für sie, danach benötigen sie mich nicht mehr. Danach bleiben sie aus Liebe und nicht mehr deswegen, weil sie glauben, dass es bei mir etwas zu holen gibt. Dann beginnt der echte Genuss für mich und - so egoistisch bin ich - dies ist auch der einzige Grund, weshalb ich mich so für diese Belange und auch für meinen Nächsten einsetze. Ich will mit euch die göttliche Freude teilen, die Göttlichkeit mit euch erleben. Das ist meine größte Sehnsucht. Lasst uns also zuerst ein Fundament errichten, worauf wir dann alle gemeinsam das Leben feiern und durchs Leben tanzen können!

Natürlich kann jeder sich an dieser Stelle der Versuchung ausgesetzt finden, sich in die verschiedenartigsten Entgegnungen und Widerstände zu verlieren... beispielsweise, dass in unserer heutigen, ‚ach-so-aufgeklärten-Zeit' doch wohl keiner mehr an so einen ‚alten, weißhaarigen Mann' als 'Gott' glaube! Ja - so scheint es. Und doch: Bei den meisten Menschen unseres Kulturkreises, die sich noch als ‚religiös' wähnen - aber sicherlich auch bei den meisten, die das für sich nicht mehr gelten lassen und sich als ‚mehr oder minder a-religiös oder gar atheistisch' bezeichnen würden, ist ein pseudoreligiöses Grundmotiv immer noch zutiefst verwurzelt: Beurteilung (im Sinne von Verurteilung von sich selbst oder seinen Mitmenschen) - ‚Schuld' eben. Das ideenhafte Relikt eines alten Gottes - eingeprägt und unendlich oft im Bild des ‚alten, weißhaarigen Mannes' verkörpert: die menschliche Vorstellung eines ‚Vater-Gottes': schöpferisch, mächtig und - immer noch unbewusst und halbvergessen in den Köpfen herumspukend - *strafgerichtliche Instanz*. Fällt jedoch diese vorgestellte, wie nach außen projizierte, nach außen verlegte Instanz, weg, ist man wirklich bereit darauf zu verzichten, dann...! Es ist Eure alte Gottesvorstellung, die euch klein hält, da sie besagt, dass Du klein sein musst um geliebt zu werden. Sie besagt, dass Du nie so sein darfst, wie Du bist, dass Du nicht gut genug bist und dass Du Dein gesamtes Leben dafür opfern sollst, irgendwelche hirnrissige Gesetze zu befolgen, welche noch kaum einer zu überdenken wagte. Ein Free Spirit gibt sich nicht mit Weihrauch und Orgelmusik und auch nicht mit Om Shanti-Gesängen und Räucherstäbchen zufrieden. Er will mehr. Er will das Leben kosten! Er will vom Nektar des Lebens kosten und sich von der Essenz des Lebens nähren. Er gibt sich nicht mehr mit dem Fastfood traditioneller Glaubensrichtungen zufrieden. Er ist jenseits der Macht des ‚Opiums des Volkes' und erblüht in ungeahnter Schönheit und Pracht zur Ehre eines Schöpfergeistes, welcher seine Göttlichkeit in alles verströmt, was lebt. Ein Free Spirit ist die Blume, welche den Duft der Göttlichkeit verströmt, welche Segen und Heilung für alle bringt, die mit ihm in Berührung kommen. Es ist der Beginn eines wahrhaft neuen Zeitalters, nicht einer aufgewärmten Version von etwas Dagewesenem. Etwas vollkommen Neues entsteht! Ein Zeitalter, welches ohne Scheu als das ‚Goldene' bezeichnet werden kann. Ein goldenes Zeitalter benötigt eine goldene Göttlichkeit, der blecherne Gott prähistorischer Zeiten hat endgültig ausgedient.

Willkommen in der Gegenwart,
willkommen in der Zukunft.

DIE GÖTTLICHE GOTTLOSIGKEIT IM ZENTRUM DER MITTE

Wenn man aus dem Zentrum der Mitte spricht, kann es leicht sein, dass man für einen Atheisten gehalten wird. Wieso? Weil die letzte Bastion auf dem jeweils eigenen Weg zum ‚Zentrum der Mitte' von einer Ur-Indoktrination gehalten wird, diese wird auch heute noch aus purer ‚Machtlust-Getriebenheit' am Leben erhalten; erfunden und – ganz ‚Geniestreich' – im menschlichen Bewusstsein installiert um Menschen über Jahrtausende lenken, unterdrücken und manipulieren zu können: Der ‚personifizierte Gott'. Kein Mensch hat ihn je gesehen, diesen strafenden bzw. beurteilenden Gott und Schöpfer aller Universen. Und doch verneigt sich noch heute – in der einen oder anderen Form – die gesamte Menschheit. Kaum einer wagt diese Vorstellung nur schon zu hinterfragen. Die Angst davor, von Gott bestraft zu werden, hat sich zu tief in ihre Herzen eingegraben. Selbst die sogenannt spirituellen Menschen der Jetztzeit – von den religiösen Menschen aller Zeiten ganz zu schweigen – bezichtigen mich deswegen der ‚Gotteslästerung'. Und ja, ich gebe es zu. Ich lästere *dieses* Gottesbild. Aber ich verneige mich zutiefst vor der Anmut und Schönheit sowie der Allmacht himmlischer Göttlichkeit. Solange es in eurem Bewusstsein einen Gott gibt, der Befehle erteilt, seid Ihr nichts weiter als Sklaven. Möglicherweise religiöse Sklaven oder solche mit Heiligenschein, aber dennoch bloß Sklaven eines oft so unmenschlichen und brutalen Gottes, wie es – Gott sei Dank – die Welt noch nicht gesehen hat. Lest die Bibel oder andere 'Heilige Bücher' und ihr werdet staunen, wie brutal dieser Gott gewesen sein muss. Er ließ angeblich Seuchen über ganze Völker kommen, vernichtete ganze Städte mitsamt ihren Bewohnern, Frauen und Kinder. Er tut wahnsinnige Dinge, wie sie bloß von kranken Menschen erdacht werden können. Es ist unfassbar! Lieber würde ich mich ans Kreuz nageln lassen, als mich irgendeinem solchen Gott zu unterwerfen, geschweige denn, vor ihm die Knie zu beugen. Nein, ich gehöre nicht zu jenen Menschen, welche sich weiterhin verblenden lassen und eine Ewigkeit auf einen Erlöser warten, der nie auftauchen wird. Wovon auch soll dieser mich denn erlösen? Hast Du Dich das schon ´mal gefragt? Wenn Du Dir diese Frage stellst, dann wirst Du wie automatisch daran denken, dass er uns von Krankheit, Schmerz und Leid erlöst. Stimmt's? Tja, das ist doch seltsam. So denken alle. Und bis es soweit ist, verhält sich der Mensch still und gehorsam, bis in alle Ewigkeit... Amen.

Du denkst ich sei verrückt? Mag schon sein, sofern es verrückt ist, etwas in Frage zu stellen. Diesbezüglich gestehe ich und bekenne mich des Hinterfragens schuldig. Ich kann das tun, denn ich habe ja keine Strafe Gottes zu fürchten. Auch ich erwartete, dass, wenn ich Gott begegnen würde, er mich, meiner begangenen und unterlassenen Fehler wegen, zumindest rügen würde. Dennoch und obwohl ich große Angst vor diesem Moment hatte, wagte ich den Schritt auf Ihn zu. In tiefer Meditation begegnete ich Ihm. Und ‚Es' war kein Mensch... und Er sah nicht aus, wie ein ‚alter weiser Weihnachtsmann'... und es geschah nichts, aber auch gar nichts von alledem, was ich befürchtete und auch erwartete. Sein Antlitz, wenn ich es ´mal so nennen möchte, war reinstes Licht. Heller als je ein Licht auf Erden sein könnte und dennoch sanfter als alles, was ich mir jemals hätte vorstellen können. Seine Stimme ist die Stimme der gesamten Menschheit. Gott ist in Dir, in mir, in allem und doch - mehr als alles. Jeder Baum, jedes Tier und jeder Stein, alles ist erfüllt davon. Spätestens seit dieser Erfahrung halte ich jedenfalls nichts mehr von blindem Glauben. Lieber gehe ich das Risiko ein, ein Geächteter zu sein als das zu verleugnen, was ich in Gott erfahren durfte. Als ich selbst da war - nicht bloß aufgrund irgendwelcher unüberprüfbarer Überlieferungen - wurde mir klar, dass meine Suche nach einem ‚personifizierten Gott', vollkommen verrückt war. Da ist schon was - aber sicherlich kein ‚weißbärtiger Gottvater'! Etwas, was ich am ehesten mit ‚Göttlichkeit' bezeichnen kann. In dem Moment, als ich die kindliche Vorstellung von Gott aufgeben konnte, war ich ihm näher als man sich vorstellen kann. Da bestand keinerlei Trennung mehr zwischen dem Göttlichen und mir. Wir waren vollkommen Eins. Alle Fragen und alle Ängste waren verschwunden. Ich empfand keinerlei Reue, hörte keinen einzigen Vorwurf, nichts. Ich gab mich hin und weinte. Es waren Tränen der Erleichterung, wie ich sie noch nie zuvor geweint hatte. Ich kann heute nicht einmal mehr sagen, dass sie auch wirklich geflossen sind, aber sie waren größer als der Ozean. Die ganze Schöpfung war in diesem Augenblick eine einzige Träne. Alles, die gesamte Schöpfung teilte meine Erleichterung und mein Ankommen im Göttlichen, im reinen Gewahrsein. Falls Du Geborgenheit suchst, kann ich Dir das nur von ganzem Herzen empfehlen. Sogar mein eigenes Selbst verschwand und löste sich in diesem Licht auf. Es war nicht so, dass es mich nicht mehr gegeben hätte, aber ich war nicht mehr definiert. Es gab keine Grenzen mehr, weder außerhalb noch innerhalb von mir. Nun verstand ich, was die Meister mit der Bezeichnung ‚göttliche Ekstase' gemeint hatten. Ja, es ist wie ein nie enden wollender ‚geistiger Orgasmus', welcher Dein ganzes Sein durchströmt. Nicht so amplitudenmäßig ins Extreme, wie bei einem rein körperlichen Höhepunkt, sondern eher konstant. Kein Auf und Ab. Ein beständiges, konstantes Gleiten auf der Höhe des Höhepunktes aller Höhepunkte. Du hast die Ekstase nicht, Du Bist sie. Das ist ein großer Unterschied!

Ach, aber was soll's... es dient vielleicht auch nicht wirklich, wenn ich davon spreche: Jede Beschreibung spottet erstens der gewaltigen Erfahrung und zweitens könnte es im Missverständnis enden, es ginge mir darum zu zeigen, wie toll und weit fortgeschritten ich sei, dass ich solches erfahren durfte. Es geht einzig und allein darum, Dich zu ermuntern, es selbst zu erleben. Ich versuche Dir schrittweise einen möglichen Weg zu Gott - oder wie ich es lieber nenne - zur Göttlichkeit, aufzuzeigen. Mit Sicherheit gibt es viele Wege dorthin; ich jedoch kann Dir bloß jenen Weg weisen, den ich selbst gewandert bin und Du wirst letztlich Deinen eigenen finden. An einem Punkt aber begegnen sich ja doch alle die Wege. Es ist der Punkt, an dem Du Dein bisheriges Gottesbild, Deine bisherigen Vorstellungen von Gott - und zwar restlos alle - sozusagen als gebührende 'Eintrittskarte', für Dein Eintreten, hergeben musst. In der Göttlichkeit finden sich weder Christen, noch Juden, weder Moslems, noch Buddhisten, weder Atheisten noch Theisten. Nur Du, das was Du Bist, Deine Essenz findet Eingang, sonst nichts. Deshalb sage ich: Egal, welcher Religion Du angehörst, sie wird Dir letztlich den Eintritt ins wahre Reich des Himmels verhindern. Da gibt es keine Ausnahmen. Ob Du den Mut dazu aufbringst...? Ich weiß, dass es gar nicht einfach ist. Ich hab es ja auch selbst durchgemacht. Es gab Zeiten, da wäre ich lieber gestorben, als ‚meinen' Gott zu verraten (...). Aber der vermeintliche 'Verrat' erwies sich als einzig wahre Bekundung meiner echten Sehnsucht und ehrlichen Gottesliebe. Die Liebe zu Gott war irgendwann einfach größer als die Angst und Ehrfurcht vor Ihm – dem 'urteilenden-Mann-mit-dem-Flauschebart'. ☺

Heute ist es für mich kein Wunder, dass sich die Religionen niemals auf einen einzigen Gott einigen können, denn keine besitzt den einzig wahren Gott, alle hängen sie einer vollkommen kleinkarrierten Vorstellung dessen an, wovon ihre eigentliche Sehnsucht beseelt ist. Alle Götzenbilder sind falsch und sie alle müssen zuerst hinter sich gelassen werden. Vorher wird keine ultimative Vereinigung der Menschen aller Universen, Religionen oder besser gesagt: Konfessionen – möglich sein.

Mein Vater hat mich Folgendes gelehrt: ‚Wenn Du lernen willst, wie man ein gutes Brot herstellt, dann geh´ und frag´ den Bäcker; wenn Du wissen willst, wie man eine Uhr baut, dann geh´ zum Uhrenmacher, nicht zum Automechaniker. Dementsprechend sage ich, wenn Du Gott suchst, dann gehe nicht zum Theoretiker oder Theologen oder Priester, oder wie auch immer sie sich alle nennen mögen, sondern zu jemandem – und wenn es ein einfacher Bauer ist – der zumindest schon ´mal da war und weiß, wovon er spricht.' Soweit die Essenz des Rates meines Vaters, welchen ich erst viel zu spät wertschätzen lernte. Aber es macht Sinn. Ich hielt mich in weltlichen Angelegenheiten stets an diesen Rat, aber in spirituellen Angelegenheiten blendete ich diese Weisheit leider vollkommen aus meinem Bewusstsein aus. Die Angst war einfach zu groß. Entschließe Dich Deine Angst zurückzulassen. Wenn es mir gelingt, Dich zu ermutigen, Deine Angst hinter Dir zu lassen und es zumindest ´mal zu wagen, einen Schritt über das Gewohnte hinauszugehen, dann hat es sich für mich gelohnt, hier zu sein. Und wenn Du mir nicht folgen kannst, so hast Du wenigstens nichts zu fürchten. (Dein) Gott wird Dir vergeben und ich trage sowieso niemandem etwas nach.

Also, wenn Du das Zentrum der Mitte erreichen willst, dann muss alles Unwahre abgelegt sein. Denn das Göttliche Sein ist reinste, allerstimmigste Wahrheit und nur eine solche findet Eingang zum innersten Zentrum des Seins. Ist doch logisch oder? Wenn Du magst und Du den Mut dazu aufbringen willst, dann denk´ einfach ´mal darüber nach...

MORAL

Es ist 'gut', wenn die Menschen moralisch sind, aber besser - weil ‚wahr' - wäre es, wenn sie authentisch sind. Ja, die Menschen, die meisten jedenfalls, haben eine Moral. Und woher kommt die? Sie kommt von außen. Je nach Religionszugehörigkeit, gesellschaftlichen Normen, Erziehung, Kulturkreis oder Gesetzeslage wird dem Menschen eine bestimmte Moral indoktriniert. Doch aufgezwungene, von außen kommende Moral ist keine echte Moral. Es ist scheinheilig. Sie dient bloß dazu, dass sich die Menschen dadurch auf den verschiedensten Ebenen Vorteile erhoffen können. Und wenn es der ist: ‚Wenn ich moralisch bin, dann bin ich ein *guter Mensch* und dann, dann komme ich in den Himmel und Gott liebt mich.' Ja, so wird gedacht. Dies führt jedoch weder zu Mitgefühl noch zu Nächstenliebe und schon gar nicht zur Achtung des Lebens. Im Gegenteil! Es führt dazu, dass sich alle gegenseitig etwas vormachen, sich belügen und in einen Wettstreit um die Auszeichnung 'Bester Mensch' verfallen. Solche Scheinmoral führt 'besten-falls' dazu, dass man ein stilles, unauffälliges und gehorsames Leben lebt. Im schlimmsten Falle jedoch führt es zu einem Moralistentum, in welchem jeder jeden überwacht, kontrolliert, kritisiert, bewertet und ihn / sie laufend meint verurteilen zu müssen. Es ist eine Form des Krieges. Wer kennt sie nicht, diese Moralapostel, welche es immer fertig bringen, dass Du Dich wegen irgendetwas schlecht fühlst. Gott solle zwar einerseits die wundervollsten Dinge und Menschen erschaffen haben, doch die Moralisten, welche damit nur nicht umgehen können, weil sie so gierig, suchtgefährdet und 'schlecht' sind, sehen überall nur die Versuchungen des vermeintlichen Widersachers. Je moralischer sich ein Mensch im Außen gibt, desto unmoralischer ist sein Inneres. Wie sonst denn käme man auf die Idee, wo andere schlecht sein könnten? Sie gehen leider lieber den anderen *auf die Nerven*, als sich selbst *auf den Grund*. Interessanterweise sind die Moralisten überwiegend männlichen Geschlechts. Und sie verteufeln alles, was ihnen 'stärker' scheint als sie selbst. So zum Beispiel ‚die Frau'. So ein wundervolles Geschöpf! Und diese herrliche Blume menschlicher Geschöpfe wurde – und wird immer noch! – auf dieser Erde von ihnen kurzerhand als ‚Tor-zur-Hölle' degradiert. Und das bloß, weil diese Männer nicht mit ihrer Sexualität klarkommen. Sie verbannen den Sex in die Sphären des Bösen und dabei denken gerade sie an nichts anderes. Ihnen sind die Hoden dermaßen in den Kopf gestiegen, dass sie ‚die Frau' nur noch von diesem Standpunkt – durch den Röhrenblick ihres Penis – zu betrachten im Stande sind. Sexmoralisten sind gefährlich! Ihre eigene, übrigens komischerweise natürlich ebenso von Gott geschenkte Sexualität, ist dermaßen unterdrückt, dass sie allesamt potenzielle Sexualverbrecher sind. *Hier* kann man *allerdings* sagen: ‚Gott sei Dank haben sie eine so stark indoktrinierte Moral, dass dies alles nicht aus ihnen heraus bricht.' – sonst (...)?!

Moral ist meist nur ein anderes Wort für Widerstand. Moralisten bekämpfen das Leben, die Schöpfung und somit letztlich Gott. Natürlich würden sie das rigoros verneinen, aber mehr als Verneinen können sie ja nicht. Sie sagen zu allem ‚nein'. Zumindest zu allem, was irgendwie mit Genuss verbunden ist. Essen machen sie zur ‚Völlerei', Trinken zur ‚Trunksucht', Intimität zu ‚Wollust', Entspannung zu ‚Müßiggang', Vergnügen zu ‚Zügellosigkeit' und jeglichen sonstigen Genuss zur ‚Lasterhaftigkeit'. Tja, sie leben offenbar schon heute in der Hölle, kein Wunder befürchten sie eine solche im Jenseits. Auch kein Wunder, dass sie drüben tatsächlich ‚in-der-Hölle-schmoren-werden', erschaffen sie sich diese doch ‚ein Leben lang'. Die ‚Hölle' wie auch das ‚Paradies' entstehen in unserem Bewusstsein und was wir im Diesseits erleben, werden wir auch im Jenseits erfahren, weil wir ‚es' im Hier und Jetzt ‚vorerschaffen' – sozusagen. Dann also: Viel Vergnügen.

Auch hier gilt als ‚Moral von der Moral' ein bekannter Grundsatz: weniger ist oft mehr.

Nicht die erzwungene Scheinmoral des Verstandes ist Moral, sondern jene eines liebevollen Herzens, welches voller Wertschätzung auf die Wunder des Lebens, inklusive allem möglichen Sündhaften, eingeht. Moral ist furchtlos, Scheinmoral fürchtet sich selbst vor dem zarten Wesen einer Frau. Das Schlimmste jedoch für solche Moralisten, sind Kinder! Mein Gott, wie können Kinder solche Moralapostel aus ihrem Gleichgewicht bringen (...) Kinder sind noch nicht 'moralisch', sie sind echt. Kinder sind einfach lebendig, neugierig, verspielt und entdeckungs-freudig. Also, so ziemlich genau das Gegenteil eines Moralisten. Moralisten halten sich an fiktive Gesetze und Glaubensregeln, Kinder halten sich jedoch stets an die Unmittelbarkeit des Lebens. Kinder sind lernfähig, sie lernen von innen heraus. Moralisten lernen gar nichts. Sie sind die pure Verweigerung des Lebens und somit ganz einfach tot. Gut, Kinder begehen hin und wieder den einen oder anderen Fehler. Moralisten hingegen sind ein Fehler. Sie verfehlen ihr gesamtes Leben, indem sie auf das ‚Leben-nach-dem-Tod' hoffen. Sie sind bereit dafür, das Leben dem Tod zu opfern. Kein Wunder also werden sie griesgrämig, krank und verbittert. Sie erfreuen sich ja an nichts, alles birgt für sie die Gefahr ihrer Scheinheiligkeit, welche ebenso weit jenseits allen guten Geistes ist, wie ein Wurm vom Flügelschlag eines Falken. Und da sie niemals fliegen lernten, werden sie stets behaupten, dass der Mensch zum Kriechen im Schlamm bestimmt sei. Die ganze Welt stellt für sie einen einzigen Sündenpfuhl dar. Na ja, und wer möchte schon in einer solchen Welt leben? Dann gehe ich jedenfalls lieber das Risiko ein, auf ewig verdammt zu sein, aber eine solche Chance wie ein Leben auf diesem wunderbaren Planeten, lasse ich mir nicht entgehen. Wer weiß denn, ob ich wieder einmal eine solche Möglichkeit geboten bekomme...? Einen einzigen Tag wirklich gelebt zu haben, wiegt eine Ewigkeit im vermeintlichen Moralisten-Paradies mit Leichtigkeit auf!

Ich würde Moralismus eher als Krankheit bezeichnen, als geistigen Rheumatismus sozusagen. Moralisten werden die größten Fanatiker. Und es sind immer Fanatiker, die die grausamsten Verbrechen, welche die Welt je gesehen hat, verübten. Die einzige Möglichkeit ihnen eine Lektion zu erteilen wäre, sie in einer Welt leben zu lassen, wo alle Menschen genauso 'moralisch' wären, wie sie. Dann wüssten sie sofort, wo sich die wahre Hölle versteckt (...)

Moralisten glauben, sie könnten die Welt verändern. Das können sie nicht. Deshalb verlegten sie sich darauf, die Welt zu vergiften. Und das ist es, was sie auch getan haben. Sie konnten weder die Sexualität, noch den Spaß im Allgemeinen abschaffen, aber vergiftet haben sie alles auf ihre Weise. Sie haben die Freude in allem zerstört, jeglichen Genuss verdorben und sich selbst krank gemacht. Das Schlimme dabei ist jedoch, dass es bis zu einem gewissen Grad auch auf alle andren übergesprungen ist. Wie stark dies der Fall ist, kann man bei sich selbst daran erkennen, wie mächtig und hartnäckig Schuldgefühle sind bei jedem von uns einstellen, bei dem, was wir tun. Wie willst Du Deine Mahlzeit genießen, das Liebe-Machen mit Deinem Partner, Deiner Partnerin, das gemütliche Trinken eines Glases Wein, das festliche Qualmen von Tabak oder das Singen, Tanzen und Feiern, wenn Du dabei immer irgendwo in Deinem Bewusstsein zu wissen glaubst, dass es möglicherweise nicht rechtens ist? Die Moralisten und Priester haben es geschafft, uns zu spalten - zweizuteilen. Unsere inneren Bedürfnisse laufen entgegen der gängigen Verstandesmoral und was wir tun, ist mit einer gewissen 'Sündenhaftigkeit' verbunden. Alles hinterlässt irgendwie einen bitteren Nachgeschmack. Doch ursprünglich gab es keine Moral, es gab nur ‚das Leben'. Die Schöpfung hat an alles gedacht, von Anfang an, aber so etwas wie Sünde hatte sie nicht vorgesehen. Das ist erst die Erfindung kranker Geister. Eine Lüge, welche sich unter dem Deckmantel der Moral als Wahrheit ausgibt und schon so uralt ist, dass sie von der gesamten Menschheit als solche angenommen wurde. Nun jedoch ist die Zeit gekommen, in der die Wahrheit sich wieder durchzusetzen beginnt! Das Unwahre beginnt sich zu entlarven und alles Scheinheilige offenbart nun mehr und mehr sein hässliches Gesicht. Das Antlitz der

Wahrheit beginnt wieder zu erstrahlen und entfaltet sich immer schneller und immer deutlicher. Wer Augen hat, der sieht es bereits. Das Licht der Wahrheit und des wahren Lebens steigt auf am Horizont, wie die aufgehende Sonne und erhellt das menschliche, verfinsterte Bewusstsein mehr und mehr. Alles zeigt sein wahres Gesicht, nichts bleibt, was es vorgibt zu sein! Das goldene Zeitalter ist nun nicht mehr aufzuhalten. Du kannst jetzt schon Teil davon sein. Lege einfach all Deine 'Moral' zur Seite, ohne Furcht vor dem, was möglicherweise zum Vorschein kommen könnte. Du wirst überrascht sein, dass da keine Zügellosigkeit, kein Chaos in Dir aufsteigt, sondern wahre Liebe, echtes Mitgefühl und eine wundervolle Lebensfreude! In solch einem Gefühl entsteht echte Moral. Da gibt es nichts mehr zu unterdrücken, da sind keine ungestillten Bedürfnisse und keine Widerstände mehr vorhanden und somit ist auch kein Fehlverhalten mehr möglich. Es ist das absolute Ende der Sünde. Denn so es Sünde - wenn überhaupt - gibt, so kommt sie genau dann in die Welt, wenn man nicht bereit ist seinem Herzen zu folgen. Das Ganze hat noch einen anderen, wunderbaren Nebeneffekt: Karma kann nicht mehr entstehen, weder 'gutes' noch 'schlechtes', denn alles, was da ist, wird augenblicklich gelebt und somit gleich wieder aufgelöst. Es ist das Leben im Augenblick. Unmoralisch ist meiner Vorstellung nach, das Leben ständig auf morgen zu verschieben. Leben ist immer jetzt, oder nie.

IDEALE, VORBILDER, PERFEKTION

Ein Ideal, ist ein Vorbild welches Du niemals erreichen kannst, es macht Dich unzufrieden, angespannt und unehrlich. Perfektion ist kalt, tot und Gott sei Dank, unmöglich.

Selbstverständlich hast Du Ideale und Vorbilder, denen Du nacheiferst. Und auf den ersten Blick mag das hilfreich und sinnvoll sein. Doch welche Vorbilder hast du: Jesus, Buddha, Krsna, Leonardo da Vinci, Michael Jackson vielleicht...?! Wen auch immer, bestimmt wird das von Dir bevorzugte Vorbild unnachahmbar und unerreichbar weit weg sein. Denn Du bist ein Mensch, ein Mensch voller Unzulänglichkeiten und Unperfektheit. Es wird Dich deprimieren, dass Du nicht dieselben Möglichkeiten hast, wie jene, die Du verehrst. Und solltest Du Dich auf dem spirituellen Pfad befinden, wirst Du Dich möglicherweise nach all Deinen Kräften bemühen, perfekt zu sein. Du hast den Blick für die ‚Vollkommenheit der Unvollkommenheit' verloren. Du möchtest keine Fehler mehr haben, hast sie aber. Du willst immer nur gut sein, schaffst es jedoch nicht. Du möchtest nur gute Gedanken, nur gesund essen, nur weise reagieren, doch es funktioniert nicht – Du bist ein Mensch. Und der Mensch, ja die gesamte Schöpfung, ist nicht perfekt, deshalb sind ja auch Entwicklung und Wachstum möglich. Was sich nicht mehr weiter entfalten kann, ist nicht perfekt, sondern tot. Selbst Gott wird mit jedem Augenblick größer, wächst und entfaltet sich mehr und mehr. Dadurch ist auch er vollkommen. Aber was geschieht und geschah tatsächlich bei Dir, während Deiner Bemühungen zur Perfektion? Du musstest alles, was nicht sein durfte, unterdrücken, denn es widersprach Deinem Ideal. Dies führte zur größten Misère der Menschheit. Und da es keine Menschheit gibt, sondern nur Menschen, ist es Deine Misère. Sie gehört Dir. Die Menschheit, die Gesellschaft, Kulturen oder Systeme laufen Dir nicht über den Weg. Nur Menschen. Es ist immer der einzelne Mensch, der es ausmacht. Nicht die Menge kann die Welt verändern, sondern der Einzelne: Du. Nun sage ich nicht, Du sollst keine Vorbilder haben. Du solltest sie jedoch bloß als eine Art Richtschnur betrachten, nicht als etwas, was unbedingt erreicht werden muss, sondern als etwas, was Dir die Richtung anzeigt und Dir - einem Leitstern gleich - den Weg weist. Auch nicht als etwas, zu dem Du werden solltest, sonst läufst Du Gefahr, eine Kopie zu werden. Dann wirst Du zu dem, was der andere ist und nicht zu dem, was Du bist. Deine Verwirklichung liegt aber eben gerade darin, Du selbst zu sein. Ohne Kompromisse. Du bist hier, um Du selbst zu werden, Dich selbst zu erleben, Dich selbst auszuprobieren, solange bis Du erkennst, wie wunderbar göttlich Du bist. Bis jetzt kannst Du wohl sehen, dass es andere Menschen geschafft haben, göttlich zu sein, doch jetzt ist der Zeitpunkt erreicht, wo Du erkennen sollst, dass Du es ebenfalls bist. 'Werden' und 'Vergehen' widersprechen nicht der Vollkommenheit, nach der Du strebst. Alles kommt und geht, alles fließt. Nicht mehr zu fließen wäre Dein Tod. Es wäre der Untergang Deiner Vollkommenheit, welche auch in Deiner Qualität, Dich zu verändern, zum Ausdruck kommt. Alles, was lebt, ändert sich und der Grund Deines Daseins ist: zu leben.

Was Du jedoch bis anhin versucht hast, ist, Dich dem Leben vorzuenthalten, Du hast Dich dem Leben verschlossen, weil es so viele Gefahren birgt. Weil es einfach nicht möglich ist, in einer Welt wie dieser perfekt zu sein. Du bist tot. Dich hat Jesus gemeint, als er von den ‚Toten' sprach. Dich und alle anderen, welche nicht leben, sondern dahinvegetieren und mit geschlossenen Augen durch die Welt wandern. Du siehst nicht mehr die Pracht der Natur, die Blumen, die Düfte und Klänge, welche sie hervorbringt. Die kosmische Musik geht an Dir vorbei, Du hast Dein Musikgehör verloren, Du hast Dich allem Lebendigen verschlossen. Kein Wunder daher, dass Du Dich nach 'lebendigen' Vorbildern richtest. Jesus sprach mit den Blumen, Buddha redete mit den Bergen, aber Du sprichst nur mit Dir selbst. Alles Göttliche und alles Teuflische hast Du schön nach außen hin projiziert. Du selbst bist irgendwo dazwischen; weder heiß noch kalt - lau eben. Und dementsprechend lau und flau ist Dein Dasein. Kein Wunder also, dass Du eine Außenwelt brauchst, in der so viel Aktion, soviel Gewalt, Leid und auch Heiligkeit geschieht. Denn Du sehnst Dich in Wirklichkeit nicht nach einem perfekten Gott, einem perfekten Menschen, sondern nach dem Leben! Gott ist das Leben! Mein Rat ist also: Suche das Ideal in Dir. Werde zu dem, was Du bist und orientiere Dich an Deinem Inneren. Alle äußeren Ratgeber können Dir zwar raten, aber deren Rat führt Dich nicht näher zu Dir, sondern eher noch weiter weg. Es ist nicht wichtig, dass Du so wirst wie andere glauben, dass es gut sei, sondern so, dass Du vollkommen authentisch und Du selbst bist. Dies mag nicht so verlockend klingen, jedoch führt es Dich eher zum Ziel, als dass Du Dich verleugnest und unzufrieden mit Dir bist. Es entsteht dadurch nämlich eine enorme Spannung in Dir, der Du nicht lange Herr sein kannst. Sie macht Dich nervös und angespannt. Durch diese Reizbarkeit bist Du auch nicht mehr bereit, andere Standpunkte und Ansichten zu respektieren. Du gehst auf Kampf mit der Welt und Deinen Mitmenschen, machst Dich unbeliebt und stehst bald alleine da, in einer Welt voller 'Unverständnis', 'Herzlosigkeit' und 'Härte'. Du wirst selbst unter Tausenden von Menschen einsam sein, Dich verloren und alleine fühlen. Niemand versteht Dich, weil Du Dich selbst nicht verstehst. Du verleugnest Dich selber in jedem Moment, wo Du nicht zu Deinen Bedürfnissen stehst, weil Du glaubst, dass sie in Deiner Welt keine Berechtigung haben. Doch alles hat Berechtigung zu sein, alles was in Dir ist, ist Ausdruck göttlicher Vielfalt und Vollkommenheit. Wirkliche Perfektion ist, perfekt Du selbst zu sein. Alles andere ist verlogen und unehrlich, nicht echt, nicht Du. Und selbst so liebt Dich Gott über alles! Gottes Liebe kann nicht erkauft werden, durch welche Taten auch immer. Gottes Liebe ist immer bei Dir und Du wirst sie mehr und mehr spüren können, je mehr Du Dich selbst spürst, und Gott mehr und mehr erleben können, wenn Du bereit bist, Dich selbst zu erleben. Wenn Du bereit bist, ja zu sagen, Dich anzunehmen und endlich aufhörst, Dich selbst abzulehnen. Du brauchst keine Angst zu haben. Das Einzige, was Dir dabei passieren kann, ist glücklich zu werden, Deine Bestimmung zu finden und zu erfüllen. Sicher hast Du schon schlechtere Geschäfte getätigt.

Die Erfolgsrechnung ist ganz einfach:

Leben minus Bewertung gleich Lebensfreude, Lebensfreude minus Begrenzung gleich Dankbarkeit, Dankbarkeit minus alles, was Dich daran hindert, gleich Liebe und Liebe minus Eigenbedarf gleich Erleuchtung.

ZEIT ODER ECHTZEIT?

"Zeit ist immer Vergangenheit. Sobald sie existiert, ist sie schon vorbei. Das Einzige, was Du von ihr sehen kannst ist, ihre Leiche."

Tja, ich denke wir sollten uns ´mal wieder Gedanken über die Zeit machen. Ich unterscheide grundsätzlich zwischen der herkömmlichen Bezeichnung ‚Zeit' und ‚Echtzeit'. Herkömmliche Zeit vergeht. Manchmal rennt sie einem davon, dann wieder scheint sie gar nicht zu vergehen, manchmal schlägt man sie tot und wieder ein anderes Mal verliert man sie. Die ‚normale' Zeit ist ein komplett verrücktes Gebilde, wild, unkontrollierbar, unberechenbar, chaotisch und absolut illusionär. Diese Art von Zeit hat nur das eine Ziel: Dich zu quälen, Dich zu versklaven und Dich zum Wahnsinn zu treiben. Eigentlich gar nicht so schlecht für ein Gebilde, das 'eigentlich' gar nicht existiert...

Kennt ihr die Geschichte jener Eingeborenen, als ein Schiff mit sogenannten ‚zivilisierten Menschen' an ihrer Insel anlegte, zu diesen sagten: ‚Ihr habt die Uhren, wir aber haben die Zeit!'

Was sie erkannt hatten, war Folgendes: Wer eine Uhr besitzt, kann nur noch jene Zeit erfassen, welche bereits vergangen ist. Denn keine Uhr vermag jemals den Augenblick zu erfassen. Ja, Zeit in diesem Sinne wird immer erst dann wahrgenommen, wenn sie vorbei ist. Eine Uhr wird Dir auch nicht anzeigen können, wie viel Zeit Dir noch bleibt. Das Einzige, was sie Dir aufzeigen kann, ist, wie viel Deiner Zeit bereits abgelaufen ist. Und diese läuft ja unaufhörlich ab! Du bist verloren. Jedes mal, wenn Du auf die Uhr schaust wird Dir bewusst, dass Du sterben wirst. Das macht Angst. Und je bewusster Dir das wird, das wirst Du noch sehen, desto schneller scheint Deine Lebensuhr zu ticken. Je eher ein Mensch sich nach der 'normalen' Zeit richtet, desto größer wird diese Angst werden. Ein Segen für alle älteren Menschen, welche es geschafft haben, die Uhr beiseite zu legen und sich wieder der 'Echtzeit' annähern.

"Echtzeit ist jene Zeit, in welcher Du vollkommen aufgehst und darob jegliches Zeitgefühl verloren hast. Sie kann ewig dauern."

Du wirst jetzt vermutlich denken, dass dies nicht ganz richtig sei, dass Du schon des Öfteren die Echtzeit erlebt hast und sie eigentlich viel zu schnell vorbei ging, stimmt's? Dabei handelt es sich jedoch nicht um einen Fehler meinerseits, sondern um einen Irrtum Deinerseits. Was ist passiert? Wie konntest Du es überhaupt bemerken, dass Du gerade eben noch in Echtzeit versunken oder aufgeblüht warst? Nur indem Du kurz vor dieser Wahrnehmung, wieder aus ihr herausgetreten bist. Denn erst wenn Du draußen bist, wenn Du das Zentrum des Seins jenseits der Zeit verlassen hast, bist Du in der Lage, es zu bemerken. Innerhalb der Echtzeit hast Du nämlich nicht bloß die Zeit, sondern auch Deinen Verstand vergessen!

Warum betonen die Meister stets, dass die Toten die Lebenden hier seien? Weil sie in der Zeit leben. In einer toten Zeit kann auch bloß Totes existieren. So wie man nur die Vergangene Zeit beobachten kann,

kann man innerhalb dieser Zeit auch bloß sein vergangenes Leben wahrnehmen. Und da dies relativ unbefriedigend ist, flüchten sich die Menschen in die Zukunft. Da die Zukunft jedoch gleicher Natur ist und sich im selben System befindet, ist auch sie tot. Wenn man wirklich flüchten möchte, dann sollte man sich in die Gegenwart, in den Augenblick flüchten. Es ist das Einzige was funktioniert. Dort, respektive Hier, befindet sich das Leben. Du kannst überall nach ihm suchen, in einem fernen Land, einem schönen Haus, einem tollen Job, einer schönen Frau oder einem schönen Mann. Du wirst es niemals finden können, solange Du es nicht in Dir und im Augenblick suchst. Ist das so schwer zu verstehen?

„Der normalen Zeit kann man bloß hinterher hinken, nur innerhalb der Echtzeit gelingt es, der Zeit voraus zu sein."

Manchmal, wenn ein großer Geist die Menschheit beehrt sagt man, dass dieser der Zeit voraus war. Und es ist wahr, man kann der Zeit voraus sein! Große Erfindungen, unvergleichliche Symphonien, große Taten werden in Herzen geboren, welche ihrer Zeit voraus sind. Solches ist nicht in Schulen und Universitäten zu lernen. Oder hatte Leonardo da Vinci einen Doktortitel? James Cook, wo hat er studiert? War Jesus an der Uni? Hatte Jules Vernes gute Noten? Worüber schrieb Bill Gates seine Doktorarbeit? Wo studierte Mutter Theresa? Welchen Abschluss kann Pater Pio aufweisen? Shakespeare, Goethe, Mozart, Bach, Verdi, Michelangelo, Eddison, Phytagoras, Van Gogh, Rembrandt, Dali, Piccasso, Sokrates, Elvis, Walt Disney und, und, und... Woher kam denn die Genialität all dieser Menschen?

Wo haben sie das gelernt, wovon wir selbst heute noch so beeindruckt sind? Wieso sind solche Menschen noch so lange Zeit nach ihrem physischen Ableben so lebendig?

„Wer aus der Ewigkeit schöpft, der schöpft für die Ewigkeit!"

Ja, die so genannte Ewigkeit ist kein Gefüge unendlich langen Zeitflusses, wie man gemeinhin annimmt nein, sie liegt jenseits der 'Normalzeit' im Bereiche der Unvergänglichkeit. Ja, nur in einem Raum der Zeitlosigkeit begegnet man der Unvergänglichkeit, der ewigen Jugend, der Erleuchtung. Jenseits der Zeit liegt das Ziel unserer innigsten Sehsucht. Nur dort schaffen wir es, dem größten aller Wunder zu begegnen, uns selbst. Und nur dort ist es möglich, wahrhaftig einem anderen zu begegnen. Alles außerhalb davon bleibt an der Oberfläche. Das Zentrum der Mitte der Zeit liegt jenseits von ihr. So lange unser Verstand an die Zeit gebunden ist, finden wir keinen Weg in die Ewigkeit welche sich jenseits aller Uhren befindet. Gut, es gibt Ausnahmen wie in Augenblicken sexueller Verzückung oder selbstvergessenen Augenblicken in der Hingabe an eine Sache, aber im Vergleich zur Ewigkeit sind solche Augeblicke eher unbedeutend, weil viel zu schnell vorbei. Aber, es ist ein Anfang! Und wenn man den Wert dessen anerkennt, dann schreitet man unentwegt weiter auf dem Pfad der Selbstvergessenheit. Aus Sex wird Liebe, aus Liebe entsteht Verbundenheit. Aus einem kurzfristigen Höhepunkt erwacht die Glückseeligkeit. Aber man muss weitergehen. Man muss so lange weitergehen, bis man vergisst, dass man geht. Das ist der Augenblick des Ankommens! Nicht wenn man ein Ziel erreicht ist man angekommen, sondern, wenn man es, ob des Weges, vergisst! Das Ziel ist stets die Hingabe an den Weg, nicht das Erreichen eines bestimmten Punktes in der Ferne. Wirklich zu Hause bist Du erst, wenn Du überall zu Hause bist. Daher auch mein folgender Ausspruch:

„Ich bin überall da zu Hause, wo meine Schuhe sind."

Erst wenn der Weg zum Ziel geworden ist, wechselst Du von der Normalzeit in die Echtzeit über. Dann wird Dir auch klar, was damit gemeint ist und wovon man wirklich glücklich werden kann. Denn die Normalzeit kennt kein dauerhaftes Glück, Die Echtzeit schon.

Das Glück der Echtzeit ist wie Liebe!

Sie Ist einfach, es braucht keinen Grund und will nichts von Dir. Sie verschenkt sich, weil es viel schöner ist zu schenken als beschenkt zu werden. Genau so, wie es eben noch viel schöner ist zu lieben, als geliebt zu werden. Wer diesen Genuss kennt, der wird sich weder vom Lieben, noch vom Glücklichsein, noch von einem Leben in Echtzeit jemals wieder abhalten lassen. Wer immer nach einem Grund zu Lieben oder zum Glücklichsein sucht, der verpasste die schönsten Momente des Lebens; den Augenblick. Ja, auch Zustände wie Liebe und Glück zerrinnen mit der Zeit, innerhalb der Normalzeit verwandeln sie sich in Verliebtheit und Spaß. Diese zeitbedingten Genüsse sind wie Seifenblasen, es dauert meist nicht lange und sie zerplatzen. Selbst die Zeit zerplatzt irgendwann, spätestens dann, wenn die Menschen sterben.

Im Tod regiert die Echtzeit!
Ja, das ist die wohl größte Veränderung wenn man tot ist. Richtig tot meine ich jetzt. Ja, denn dann zerplatz die Blase der Normalzeit und überrascht die meisten Menschen damit, dass sie sich noch nie so lebendig gefühlt haben wie jetzt, da sie tot sind oder zumindest glaubten es sein zu müssen. Der Tod ist das Leben und das Leben ist der Tod. Wer diese Metapher versteht, der besitzt den Schlüssel zum ewigen Leben!

Die Zeit ernst zu nehmen ist und macht krank!
Wer die Zeit ernst nimmt, die Normalzeit meine ich, der wird auch das Leben zu ernst nehmen. Wer das Leben zu ernst nimmt, der wird auch die Spiritualität viel zu ernst nehmen und wer das tut, in dessen Bewusstsein wird sich ein ernster, strenger Gott finden welcher mit eiserner Faust regiert. Wer das tut ist vergiftet! Er ist schon gestorben, bevor er jemals zu leben begann. Doch wenn Du das Leben aus der Echtzeit heraus betrachtest, dann bemerkst Du sehr schnell, dass gar nichts wirklich ernst ist, außer... die Zeit. Sie ist es, welche die Menschen gefangen hält, welche sie ernst und traurig macht. Es ist nicht das Leben. Das Leben macht Dich glücklich, es bringt Dich zum Lachen und es lässt Dich einem Gott begegnen, der voller Humor und immer zu einem Späßchen aufgelegt ist. Wer allzu ernst ist, kann das Leben nicht im Griff haben, sondern das Leben hat ihn im Griff. Er lebt eingezwängt im Griff der Zange 'Normalzeit'. Er wird sich ein Leben lang unfrei und irgendwie eingezwängt fühlen. Also Folge davon versucht er natürlicherweise sich immer aus allen Zwängen zu befreien. Der Punkt ist bloß der, dass

dieser grundsätzliche Widerstand gegen alles Zwanghafte dazu führt, dass sich die Menschen immer mehr in ebensolche begeben. Mit der Hoffnung natürlich, dass ihnen das Freiheiten bringt (...)

Zeit – Freiheit – Geld
Die unbekannten Zusammenhänge

Um sich diese vermeintlichen Freiheiten wie Urlaub, Autos, Häuser, Unterhaltungselektronik, Designerklamotten, Hobbies und andere Liebhabereien leisten zu können, benötigt es des Geldes. Um zu Geld zu kommen braucht man im allgemeinen Zeit. Normalzeit verwandelt sich nun in Arbeitszeit. Eine weitere Einschränkung, natürlich immer im Hinblick auf die vermeintlich bevorstehende, vergrößerte Freiheit. Da nun die Freiheit, real gesehen, immer kleiner wird und dadurch immer stärker auf Konsum verlagert wird, steigt natürlich auch der Bedarf an Geldmitteln. Diese 'Freiheitskompensation' ist letztlich dafür verantwortlich, dass die Menschen immer stärker in die Abhängigkeit des Geldes geraten. Einige beginnen dann, es zu vergöttern, andere wiederum verteufeln es. Beide, derjenige welcher vergöttert wie auch jener der verteufelt, leiden unter demselben Gefühl; ...dass es nicht reicht. Beide haben sie das Gefühl, dass es doch ein bisschen mehr sein könnte. Ja klar, sie glauben ja, dass mehr Geld auch mehr Freiheit bedeutet.

Die Menschen sind also nicht einfach bloß geldgierig, sondern gierig auf mehr Freiheit. Es ist also nicht das Geld, wovon die Menschen abhängig sind, sonder in Wirklichkeit sind sie bloß süchtig nach Freiheit. Sie sehnen sich nach Freiheit, nach Echtzeit.

Und es ist interessant, denn Echtzeit kann auch während der Arbeitszeit erlebt werden. Dabei kommt es nicht drauf an, was man arbeitet, sondern wie. Mit welchem Bewusstsein, welchem Engagement und vor allem, mit welcher Motivation. Ist die Motivation das Geld, dann funktioniert das natürlich nicht. Ist die Motivation basierend auf einem Herzenswunsch und Freude an dem, was man arbeitet, dann gelingt es. Dann verwandelt sich der gewöhnliche Job in ein Hobby. Tätigkeiten welche man jedoch als Hobby ausführt, bedeuten für den Betreffenden nicht Arbeit, sondern Vergnügen. Er wird mit vollster Hingabe seiner Berufung folgen und nicht irgendeiner Arbeit nachgehen. Nicht wer arbeitet ist glücklich, sondern wer seine Arbeit liebt! Nicht wegen des Geldes, sondern wegen der Arbeit an sich. Er würde sie auch ohne Bezahlung und auch ohne Aussichten auf mehr Freiheit tun. Er tut es des Tun's willen, nicht des Ertrages wegen. Dies kann man nicht einfach nur vorspielen, das funktioniert so nicht. Entweder ist es wirklich so, oder es ist nicht so. Sicherster Gradmesser hierfür ist, das Glücksgefühl des Augenblicks.

Das Rentenalter – Die Träume sind geblieben, die Möglichkeiten aber nicht...

Das Rentenalter ist die einzige Zeit die Dir bleibt, wenn die meiste Zeit bereits vergangen ist. Sein Leben ins hohe Alter zu verschieben birgt ein hohes Risiko. Nicht alle Menschen werden über hundert Jahre alt und sind dazu noch gesund und Vital. Oder? Genau genommen sind es die wenigsten. Die meisten Menschen sind schon froh, wenn sie die Treppen zu ihrer eigenen Wohnung noch ohne Hilfe schaffen.

Darauf zu warten und zu glauben, dass man sich die Wünsche der Jugend im Alter erfüllen könne, ist ein fataler Irrtum. Nur in einem Leben welches total schief gelaufen ist, hat ein Mensch mit über 60 Jahren noch dieselben Wünsche wie mit 25. Und wenn, dann stell Dir mal vor, wie peinlich es ist, wenn ein Mann mit 65 Jahren den Lamborghini oder den Ferrari, welcher bestimmt besser zu einem Dreißigjährigen passt, an der Disco vorfährt? Da ist doch offensichtlich etwas ziemlich schief gelaufen (...)

Ich verurteile damit jedoch niemanden, sondern ich zeige bloß die kuriosen Blüten eines Lebens welches unter falschen Prioritäten gelebt wurde. Da gibt es noch viele andere Peinlichkeiten die ich anführen könnte wie zum Beispiel: Menschen, welche ein Leben lang nur des Geldes wegen arbeiten, sich gerade mal 3-4 Wochen Urlaub gönnen, wobei sie bestimmt die Hälfte der Zeit erkältet im Bett verbringen. Ich sage aber nicht, dass es möglich ist, das Glück eines Menschen anhand der Menge an Urlaubstagen zu bestimmen im Gegenteil, meist brauchen Menschen, die in einer Vision aufgehen, überhaupt keinen Urlaub. Aber auch das findet sich in beiden Lagern. Doch einer kann es genau beurteilen... Du selbst und... bei Dir!

Obwohl es nie zu spät ist, so ist es doch ein gewisser Vorteil, wenn Du noch jung bist, dann kannst Du es länger genießen! Aber es lohnt sich selbst dann, wenn Dir nur noch eine Sekunde bleibt, denn Echtzeit heißt bekanntlich: Ewigkeit! Also, es ist echt an der Zeit für ein Leben in Echtzeit. Ich hoffe, Du bist schon soweit.

KOMPROMISSLOSE MEDITATION

Meditation ist immer kompromisslos. Kompromisslos gegenwärtig.

Meditation kann nur im Hier und Jetzt sein. Meditationen, welche Vergangenes oder Zukünftiges zum Inhalt haben, sind keine Meditationen. Meditation ist bedingungsloses Wahrnehmen dessen, was ist. Nicht was war oder sein wird. Über Vergangenes oder Zukünftiges lässt sich bloß nachdenken. Die wirkliche Gegenwart jedoch – der Augenblick – ist *un-denkbar*. Sie lässt Dir keine Zeit zum Denken. Deshalb bezeichnet man den Zustand der Meditation als zeitlos. Nicht weil Zeit im Augenblick nicht existieren würde, sondern weil sie nicht vorhanden ist (...) Du musst diese Aussage nicht verstehen, trotzdem kannst Du deren Sinn erfassen. Nimm sie so einfach ´mal hin. Solche mysteriösen Aussagen sind wie kleine Samen, man weiß nie, welche Frucht sie entfalten werden. Lässt man sie sich setzen lässt, lässt man sie ruhen, dann entfalten sie sich früher oder später und geben ihre ganze Pracht preis. Wenn also Meditation im Augenblick allein möglich ist, so bietet sich keine andere Möglichkeit, als zu beobachten. Beobachte das Jetzt und wenn Du dies lange genug tust, wirst Du in eine Gegenwart eintauchen, welche am ehesten noch als Allgegenwart bezeichnet werden kann. Immer wenn Du gegenwärtig bist, tauchst Du ins All ein, wirst Du zum Universum und alle Grenzen verblassen im Hinblick auf Dein Sein im Augenblick der Gegenwärtigkeit. Du bist dann immer da präsent, wo Du gerade bist. Das genügt. Das ist Meditation. Sie veranlasst Dich nicht, etwas zu verändern, zu verstehen oder etwas Bestimmtes zu sein. Der augenblickliche Moment ist immer das, was er gerade ist, so wie Du immer nur das Bist, was Du Bist.

Manche Menschen üben sich in gewissen Meditationspraktiken. Sie besuchen ein- bis zweimal die Woche oder monatlich einen Meditationskurs oder sie üben ein zwei Stunden die Woche für sich alleine im stillen Kämmerlein. Dann gehen sie in die Welt hinaus und versuchen zu bestehen. Sobald sich wieder genügend Stress angesammelt hat, ziehen sie sich zurück und versuchen wieder in die Mitte zu kommen. Natürlich hat das seinen Wert und macht in gewisser Hinsicht Sinn, aber grundsätzlich gesehen, ist dies die falsche Voraussetzung. Eigentlich müsste man es genau umgekehrt machen. Man müsste ruhig durch den Alltag gehen und gelassen dem Leben begegnen. Wenn man sich stressen will, dann sollte man dies in der Art und Weise bewusst machen und erschaffen, dass man sich hierfür zurückzieht. Wenig aber gezielter Stress und viel Ruhe anstatt viel und ungewollten Stress und dem gegenüber wenig Ruhe. Man würde über die Wirkung eines solchen Vorgehens mächtig staunen. Einer der Hintergründe dieses Standpunktes ist, dass *der Mensch* auf unerwünschte Gefühle, welche ihm im Alltag immer ´mal wieder einholen, mit Widerstand reagiert. Stress, Ärger, Frustration, Enttäuschung, Versagen... ‚Nein(!), das will ich nicht'. Ein solches Verhalten führt dazu, dass solche Gefühle verdrängt, abgelehnt, unterdrückt oder bekämpft werden. Unter anderem auch mit den üblichen Formen und Vorgehensweisen sogenannter Meditationstechniken. Diese helfen natürlich zu einem besseren Überleben, davor war man ja gewissermaßen tot oder zumindest auf tödlichen Pfaden. Aber es geht um´s Leben! Und Leben kann man nur einen Alltag nennen, den man in meditativer, beobachtender Geisteshaltung erfährt. Solange der Alltag nicht zur Meditation geworden ist – lebt man nicht.

Ich weiß, diese Aussage ist hart, aber wenn Du den Unterschied erst einmal kennen gelernt hast, dann wirst Du mir absolut beipflichten. Viele von euch haben diese Erfahrung ja schon im FREE SPIRIT Grundkurs gemacht, sie wissen genau, was ich meine. *In der Welt* sein, mit beiden Beinen auf dem Boden stehen: Ja. Aber nicht *von dieser Welt sein*!

Meditation hat somit nichts mit einer bestimmten Sitzhaltung oder Yogastellung zu tun und auch nichts mit einer bestimmten Technik. Sie wird auch nicht zu einem bestimmten Zweck durchgeführt. Meditation ist eine Geisteshaltung. Diese hat man entweder immer, oder nie. Sie ist kompromisslos. Das Leben selbst ist Meditation, tauche in das Leben ein und Du meditierst. Vorsicht, ich sage nicht, Du sollst Dich ins Leben hineinverlieren! Du tauchst mit ganzer Seele ein, aber der Geist bleibt Beobachter. Du lebst sozusagen in zwei Welten. Obwohl Du Dich nicht darin verlierst bist Du mittendrin. Das scheint im ersten Augenblick ein Widerspruch zu sein, ist es aber nicht. Du bist dann wie ein Lotosblatt im Regen. Der Regen trifft Dich zwar, aber nass wirst Du nicht. Alles perlt an Dir ab. Das ist Meditation, das ist es, was ich damit sagen will und es ist kein Widerspruch. Es ist lediglich anders. Tja, und wie Du jetzt bestimmt erkennen kannst... kompromisslos.

Wenn Du also nicht bloß in die Mitte, sondern ins Zentrum der Mitte gelangen möchtest, so kommst Du einerseits nicht umhin, gewisse althergebrachte spirituelle Traditionen zu hinterfragen und andererseits so einiges auszuprobieren, wovor Dich alle warnen. Ja, manchmal muss man - will man unkonventionelle Ziele erreichen - auch unkonventionelle Wege beschreiten.

Das auf jeden Fall betrachte ich als echte Meditation. Sie wird alles verwandeln, was bis anhin gewesen ist, allem voran: die Meditation der Vergangenheit, welche niemals eine echte Meditation gewesen ist. Wahre Meditation beginnt dort, wo das Meditieren aufhört. Du kannst Dich nun abwenden und sagen: dass das gefährlich, falsch oder idiotisch sei. Aber Du brauchst Dich nicht davor zu fürchten! Es stimmt, Du wirst dabei viel verlieren, aber der dadurch entstehende Gewinn wird alles Vorhergegangene bei weitem übersteigen!

DAS ULTIMATIVE ERLEBNIS

Das ultimative Erlebnis ist jenes, Dich selbst zu erfahren, so wie Du wirklich Bist.

Das höchste Ziel der Meditation ist nicht, wie viele meinen, zur Ruhe zu kommen oder mit den Engeln auf Wolke 7 zu schweben, sondern die Erfahrung dessen, was Du bist und wie die Welt in Wirklichkeit ist. Der Blick wird dabei vollkommen nach innen gerichtet. Und zwar nicht auf den Kopf, den Verstand oder die Vorstellung, sondern auf Dein Bewusstsein. Es ist ein Eintauchen in etwas, was größer ist als Deine Vorstellung oder Deine Gedanken es sich jemals auszudenken im Stande sind. Eben das, was Du wirklich Bist, in Dein Sein hinein. Es ist diese Innenschau, welche Dir den wahren Ausblick und Durchblick verschafft. Von dort aus vermagst Du hinter den Schleier jeglicher Illusion zu blicken. Damit erreichst Du den Zustand jenseits aller Fragen – ja, mehr noch – jenseits aller Antworten.

An diesem Ort wird Dein Verstand zur Ruhe gekommen sein, vollständig. Frag- und kompromisslose Stille breitet sich in Dir und um Dich herum aus. Du fühlst Dich am Ziel Deiner ewigen Reise angekommen. Das Haben- und Erreichen-Wollen ist zu Ende. Alle Bedürfnisse sind gestillt, ohne dass Du sie hättest erfüllen müssen. Es ist der Zustand wunschlosen Glücklich-Seins.

Nun, es stellt sich die Frage: ‚Wieso fürchten sich die Menschen vor diesem Zustand?' Die häufigste Ausrede, die ich bis dato gehört habe, ist, das sei dann langweilig... Langweilig?! Oh mein Gott! Gibt es doch wohl nichts Langweiligeres als so zu leben, wie es die meisten tun (...): aufstehen, arbeiten, essen und trinken, in Urlaub fahren, essen und trinken, schlafengehen, Sex haben, arbeiten, arbeiten, arbeiten, Wochenende genießen usw.; dasselbe hin und wieder, zurück und umgekehrt, bis dass der Tod sie scheidet. Das ist langweilig! Der Mensch ist nicht zum Arbeitssklaven geboren, sondern zum Lebensentdecker und Lebensgenießer. Das menschliche Wesen – jedes menschliche Wesen – ist seiner Anlage nach ein Entdecker: neugierig, lebendig und voller Abenteuerlust. Seht euch die Kinder an. Sie verkörpern das in höchster Vollkommenheit. Weshalb sonst lehren und lehrten uns die großen Meister aller Zeiten: ‚Werdet wie die Kinder.' ...? Sind sie nicht vollkommener Ausdruck ‚Fleisch-gewordenen' Lebens?

Erwachsene leben den vollkommen normalen Wahnsinn! Ihr Leben wurde halt für sie zum reinen Überlebensk(r)ampf. Zuerst (über)arbeiten sie sich um ihre Gesundheit zu *ruinieren* und danach um sie wieder zu *restaurieren*. Dazwischen verpassten sie 'leider' das Leben. Wie schade. Das Leben – es ist so wunderbar, so herrlich spannend, interessant, weise und auch lustig... es ist verrückt. Anstatt das Leben, so spannend wie es ist, zu leben, müssen sie sich vor lauter Langeweile unzählige Probleme erschaffen um wenigsten ein wenig Adrenalin, ein wenig Kitzel in ihr Leben zu bringen und sich zu spüren. Am Ende finden sie sich im Alter dann als 'Fernsehmumie' auf einer Couch oder als häkelnde Oma vor den Bildern der Enkel wieder. Gut, manchmal spielen gestandene Männer in ihrem Hobbykeller auch noch mit der elektrischen Eisenbahn oder sie hängen, im schlimmsten Falle, Bier-trunken und lästernd oder depressiv an irgendeiner Bar-Theke herum und warten auf eine ‚gerechtere Welt'.

Bitte entschuldige meine provokante Beschreibung, aber ich will es pointiert deutlich machen, dass es sich nicht lohnt bis ans Lebensende einfach immer nur dem billigsten Sonderangebot nachzurennen. Du hast einfach mehr verdient! Sei es Dir auch wert.

Zugegeben: Dies erfordert ein wenig Mut das eigene Leben dermaßen umzugestalten. Es bedeutet aber nicht, dass Du es nicht kannst, sondern bloß, dass Du davor auch Angst verspürst. Wer jedoch keine Angst hat, der hat auch keinen Mut. Lass Dich von so etwas nicht abhalten, deinen nächsten Schritt zu tun. Und überlege Dir ´mal, ob es letztendlich nicht um einiges mehr an Mut erfordert beziehungsweise sogar tollkühn sein kann, weiterhin am Leben vorbei-zuvegetieren? Komm, tauche ein, erlebe Dich selbst, verkörpere das, was Du wirklich Bist! Zieh´ Dich nicht mehr zurück, sondern öffne Dich dem Leben. Teile Dich mit uns und werde Teil des ‚Großen Ganzen'. Du würdest wohl auch dieses Buch nicht grade lesen, wenn Du diese Sehnsucht nicht verspüren würdest! Du willst Dich verbinden, Du willst wieder Teil des Gesamten sein, Du willst Glücklich-Sein! Wenn es Dir bis anhin noch nicht gelungen, ist dies umzusetzen, dann lag es bloß daran, dass Du dieser Sehnsucht noch nicht genügend Raum einzunehmen erlaubt hast. Aber Du kannst es jetzt erlauben! Das Leben – das lebendige Leben – duldet keinen Aufschub. Es ist viel zu kurz. Tue es und lebe – jetzt! Das wünsche ich Dir von ganzem Herzen und es ist alleine das, was ich mit Dir zu teilen habe: Das Leben.

Wenn Du Dich auf dem Weg zur Mitte befindest und den Schritt ins Zentrum der Mitte nicht wagst, dann wird Dich die Fliehkraft des Lebens wieder weit an die Peripherie hinauswirbeln. Und alles beginnt von vorne. Wie oft hast Du das schon erlebt? Wie oft möchtest Du das noch erleben? Immer wieder von vorne beginnen, immer wieder zurückfallen, Dich immer wieder dort finden, wo Du schon einmal gewesen bist? Ist es wirklich das, was Du willst? Das Schicksal hat Dich nicht dazu verbannt, es ist auch nicht Dein Karma und schon gar nicht Gottes Wille, dass Du nicht glücklich bist. Du bist es selbst, der entscheidet wie er lebt. Du bist es selbst, der entscheidet, was das Schicksal Dir zukommen lässt, Du bist der Schöpfer oder die Schöpferin nach dem, nach der Du Dich sehnst! Mach´ Deiner Sehnsucht ein Ende und werde zu dem, was Du in Wirklichkeit Bist.

DAS ZENTRALE ZENTRAL-SEIN ODER DIE VERWIRKLICHUNG DES ZEN

Zen-tral zu sein ist eine Fähigkeit, welche sich durchs ganze Leben eines Meisters oder einer Meisterin, zieht. Das Zentrale ist das Wesentliche. Genauso ist das Wesentliche an Dir, das Zentrale und umgekehrt.

Wenn Du ein ZEN-Möch werden willst, dann kannst Du gleich zum Wesentlichen vorgehen und den Mönch weglassen. Du brauchst kein Mönch zu werden um das ZEN zu verwirklichen. Mönche gibt es wie Sand am Meer und nur ganz wenige einzelne davon haben je vom Zustand dessen gekostet, womit sie sich bezeichnen. Ein ZEN zu sein bedeutet, dass Du immer und in jeder Lage Beobachter bist und bleibst. Es besagt nichts darüber, dass Du irgendwie asketisch, fromm oder arm sein müsstest. Nein, das sind Märchengeschichten für die Anfänger in Sachen Bewusstseinsforschung und Spiritualität. Wirkliche Religiosität hat nichts mit Konfessionalität oder bemühter ‚Frömmigkeit' zu tun. Das ist bloße Heuchelei. Das ist wie wenn man ein Aushängeschild vor die Türe hängen würde auf dem steht: ‚Ich bin kein Haus... und Zuhause ist auch niemand!' (...) ‚Frömmigkeit' ist die pure Verleugnung seiner selbst kombiniert mit der Berechnung auf einen bevorzugten Platz im Paradies. In einem Paradies, welches jedoch niemals irgendwo im Jenseits erreicht werden kann, solange es nicht auf Erden, in dieser Welt verwirklicht wurde. Das wahre ZEN hat ursprünglich weder mit dem Buddhismus, noch mit einer anderen Religion zu tun. Es beinhaltet im Kern kein Konzept und keinen 'Gott' als solches. ZEN besteht alleine durch mystische Erfahrungen. Diese können solchermaßen vielfältig sein, wie der Mensch selbst. Deshalb gelingt es nicht, zumindest nicht ohne Beschneidung des Wesentlichen, ZEN in ein System zu pressen. ZEN ist gleichbedeutend mit Freiheit. Alles, was die Freiheit einschränkt, bringt das ZEN zum Verschwinden. Das ZEN-trale, der Kern eines Wesens, vermag sich alleine in der absoluten, bewusstseinsmäßigen Freiheit zu verwirklichen. Dazu ist nicht unbedingt die physische Freiheit notwendig. ZEN kann genauso gut im Kerker wie auch in der endlosen Weite des unbegrenzten Ozeans verwirklicht werden. Vorausgesetzt: das Bewusstsein ist frei.

Dies ist auch mit ein Grund, weshalb man nie von ZEN hört, ohne über das eine oder andere ‚Koan' zu stolpern – eine Art ‚Rätsel', welche der Meister seinen Schülern zur Lösung aufgibt. Das Spannende daran jedoch ist, dass diese Rätsel keine verstandesmäßige Lösungsmöglichkeit beinhalten. Sie sind sozusagen ‚unlösbare Rätsel'. Die Intention liegt darin, so man sich lange genug in ein solches Koan vertieft, ‚man' sich darin auflöst und sich alsbald in einer mystischen Erfahrung wiederfindet. Ein solches Koan könnte zum Beispiel die folgende Rätsel-Aufgabe sein: ‚Wie klingt der Ton welcher entsteht, wenn man nur mit einer Hand klatscht?' Sobald man in völlige Versenkung gerät, wird man vom universellen Bewusstsein aufgesogen; man taucht ins Unbekannte ein und geht vollkommen in ihm auf. Dies führt, wird zu einer mystischen Erfahrung. Die Antwort ist demnach hinfällig geworden. Doch darf der Schüler nicht einfach kommen und sagen: ‚Es gibt keine Lösung', oder ähnliches. Der Meister erkennt sofort, ob ein

Schüler ‚dort' gewesen ist oder nicht, da er mit einer bestimmten Ausstrahlung von dort zurückkehrt. Diese findet sich weit jenseits jeder möglichen ‚Antwort' oder ‚Lösung'. Es ist nicht möglich, dies vorzutäuschen. Entweder man hat die mystische Erfahrung erlebt, oder nicht. Deshalb macht es sehr wohl Sinn, sich in ein Koan zu vertiefen, auch wenn man weiß, dass keine Antwort - zumindest keine erklärend verbale - erwartet wird oder möglich ist. Denn die Erfahrung steht jedem offen der bereit ist, einzutauchen und sich selbst zu vergessen.

Die Kerze brennt. Wo das Feuer hergekommen ist, vermag man möglicherweise noch festzustellen. Aber wenn man es auslöscht, wo geht es dann hin?

Einen weiteren Hinweis, wo ZEN herkommt, finden wir im deutschen Wort ‚Her-Zen'. Deshalb die Weisheit, dass das Zen-trale im Her-Zen verborgen ist. Ja, meine Lieben: Das Zentrale an allem liegt im Herzen der Dinge, so wie die Frucht des Baumes im Kern verborgen ist. Du selbst Bist so ein Kern und ich möchte gerne dazu beitragen, diesen Kern zum Keimen, Sprießen und Erblühen zu bringen. Ich möchte von Deinen Früchten kosten und die entfaltete Blüte Deiner Herzensblume bewundern und ich ruhe nicht, bis diese Welt als wahres Blumenmeer erblüht. *Alles*, was andere Wege dem Schüler vorschreiben und lehren, erwächst im ZEN allein aus der inneren Einsicht mystischer Erfahrung. Diese weiterzugeben, anderen zu Lehren oder gar als Vorschrift und Ideal einer religiösen Bewegung zugrunde zu legen wäre nicht nur sinnlos, sondern äußerst kontraproduktiv. (Siehe den Text über Ideale, Vorbilder und Perfektion).

Die entsprechenden Verhaltensrichtlinien können nur aus innerer Erfahrung gefunden und verwirklicht werden, nicht zufolge einer Doktrin. Sie müssen auf der Basis von Selbsterkenntnis, Selbst-erfahrung und Eigenverantwortung gründen, ansonsten werden sie nicht tragen, werden sie keinen Bestand haben. Insofern steht jede Lehre im Widerspruch mit der Erfahrung des ZEN. Dieses zentrale Wesen der Dinge, des Lebens zu erfassen, wäre schon ein gewaltiger Fortschritt auf dem Weg zu mehr Bewusstheit. Du selbst kannst anderen immer bloß Wegweiser und Wegbereiter sein. Den Weg oder gar die Erfahrungen selbst, kannst Du nicht lehren. Diese muss ein jeder selbst erleben, so er davon profitieren möchte. Das ist der Unterschied zwischen Schriftgelehrten und wahrhaftig Weisen.

Du kannst nun selbst entscheiden, wo Du enden willst: Gehe entweder in eine Bibliothek oder in Dein Herz. Sei aber bloß nicht so töricht, Dich als 'weise' auszugeben, wenn Du bloß Bibliothekar werden willst – geworden bist. Solche Lehrer gibt´s schon mehr als genug! Alles Wissen, was nicht selbst erfahren wurde, verliert sich eines Tages wieder. Das Einzige, das von wirklicher Dauer ist, ist: die Weisheit Deiner Erfahrungen und die daraus resultierten Erkenntnisse. Denn diese alleine gehen in ‚Fleisch-und-Blut' über und nur das wird wesentlich, nur darum geht es. Alles andere: bloß Ballast, der Dein Vorwärtskommen behindert. Du siehst also, ZEN ist ganz einfach. Und: Möglicherweise liegt genau darin seine größte Schwierigkeit...

DIE EKSTASE IM ZENTRUM

Die Ekstase im Zentrum des Seins zu erleben, ist der ‚Orgasmus' des Meditierenden. Um dies zu verstehen, müssen wir weit zurück in der Vergangenheit anfangen: In der Wiege der Liebe sozusagen. Die erste menschliche Erfahrung der Glückseeligkeit erfuhren die Menschen - beim Sex. Der wahre sexuelle Höhepunkt ist nicht wesentlich unterschiedlich zur spirituellen Erfahrung des Eins-Seins. Nur viel kurzlebiger. Die grundsätzliche Haltung zum besten Verständnis meiner Worte gründet in dem Bewusstsein, dass alles gut ist, so wie es ist. Ich meine damit die totale Bejahung des Lebens in allen seinen Facetten. Solange die Menschen auch nur kleinste Teile des Lebens verneinen oder gar ablehnen, bleibt ihnen das Mysterium des Eins-Seins im Zentrum der Mitte verborgen. Ich meine hier jetzt nicht ein: ‚Ja, es ist halt so, wie es ist.', sondern ein gefühltes und begeistertes: ‚Jaaa! Wow, es ist wie es ist!' Verstehst Du? Ein ‚Ja' ist erst dann ein ganzes Ja, wenn es aus Deiner tiefsten Seele emporsteigt, voller Bewunderung und Begeisterung für das Leben an und für sich. Das erst ist ein richtiges Ja.

Die sexuelle Ekstase wird in einem kurzen Augenblick des ‚No-Mind', des ‚Nicht-Denkens' erlebt. Vordergründig möchtest Du dem anderen nahe kommen, nahe, intim sein, doch letztlich ist dies nicht durch einen rein sexuellen Akt zu schaffen. Die Körper können sich noch so nah sein und wortwörtlich ‚in-ein-ander' eindringen, aber es bringt die zwei Menschen nicht näher, weil die stets trennenden Gedanken dennoch, bis auf diesen einen Augenblick des Höhepunktes, vorhanden sind. Deshalb und aufgrund der Forschungen vieler Meister und Meisterinnen, entwickelten sich gewisse Praktiken der Meditation und des Yoga. Diese ermöglichten erstens ein unabhängiges und zweitens ein dauerhafteres ekstatisches Erleben. Später entdeckten die spirituellen Bewusstseinsforscher, dass dieser ,No-Mind-Zustand' Folgendes ist: Das Erfahren des Lebens ohne Gedanken und Interpretationen. Einfach: Eins-zu-Eins leben.

Wir untersuchen hier ja gerade das Thema ,Eins-Sein'. Und in einem gewissen Sinne stimmt es, dass die anderen Menschen dieses, alleine durch ihr Dasein, verhindern oder zumindest erschweren. Ja, denn wäre keiner außer mir da, dann wäre ich ja ,Eins'. Wenn es nichts gibt außer mir selbst, dann bin ich Eins. Aber ich kann ja nur deshalb nicht die ganze Schöpfung ausradieren oder?! Was kann man also tun? Ja, wir können diesen Teil in uns, welcher die anderen Menschen als etwas von uns Getrenntes betrachtet, verwandeln, eliminieren. Dieses ,Teil, dieses ,Etwas' ist unser Ego-Ich. Solange es ein ,Ich', ein ,Ego' gibt, wird es auch ein ,Du' geben. Bloß, solltest Du jetzt denkst, dass Du einfach sagen könntest: ,Ich will die Trennung aufheben und nicht mehr ein Ich, ein Ego sein.' - wer sagt denn das? ,Ich will Erleuchtung finden...', ,Ich will Gott finden...', ,Ich will mein Ego transformieren...' – wer sagt so was? Klar: das ,Ich-himself', das Ego selber sagt das.

Das Ego gibt also vor, dass es ,sich selbst' loswerden will. Du kannst Dir ja vorstellen, wie unsinnig so ein Unterfangen ist. Niemals würde ein Ego, sich selbst *wirklich* umbringen.

Aber es gibt vor, sich zu bekämpfen, damit Du beruhigt bist und nichts tust, was es tatsächlich in Gefahr bringen könnte. Auf diese Weise wird es einfach nur noch stärker, noch größer und noch dominanter. Das ist ein guter Trick, nicht wahr? Doch es gibt einen Ausweg. Denselben nämlich, wie wenn Du Dich von Deiner Sexualität lösen willst: Bejahen! Sobald Du bejahst, beginnst Du zu genießen und wenn Du genießt, beginnen sich die Dinge zu integrieren. Es ist nicht leicht es so sehen zu wollen, ich weiß. Aber es ist so einfach. Du kannst Dein Ich anerkennen und von ganzem Herzen be-jahen um es vollständig zu erfahren. Wenn Du Dich selbst einmal vollkommen erfahren hast, verliert sich das Ego ganz von selbst. Und dann geschieht ‚es'. Wenn sich das Ich verliert, sich selbst vergisst, dann verschwindet auch das Du auf der anderen Seite. Ohne Ich, kein Du und ohne Du, keine Dualität. Und was glaubst Du, befindet sich hinter der Dualität?! Die Einheit, ja. Das, was Du die ganze Zeit durch Ablehnung und Widerstand zu erlangen suchtest und was so unerreichbar schien, ist plötzlich einfach da. Unglaublich! So einfach(!) – wenn auch nicht ganz so leicht. Vielleicht hat es Dir auch nie jemand erklärt, aber jetzt weißt Du es. Höre auf gegen dies und jenes zu kämpfen. Gib Dich *Dir, Deinem Leben* und auch(!) Deiner Sexualität hin und schau, was dann geschieht. Hab den Mut gedankenlos zu Sein, hab die Stärke zu Deinen Schwächen zu stehen und die Geduld in jeder Situation ‚Beobachter' zu sein. Gib Dich ganz einfach und vollkommen dem hin, was Du bist und werde zu dem, was Du Sein könntest; zu dem, was Du jenseits der Gedanken schon immer gewesen bist und auch immer sein wirst. Ja, denn das Zentrum der Mitte, das Ziel Deiner Sehnsucht bist letztlich Du selbst!

DER DUFT DES LOTOS

Der Zustand eines in Meditation lebenden Menschen gleicht einer wundervollen Blume, einer Lotosblüte. Selbst wenn es regnet - und sie wohnt ja schon auf dem Wasser oder anders gesagt inmitten dieser Welt - wird sie trotzdem nicht nass. Dieser Zustand von ‚mittendrin-und-trotzdem-nicht-identifiziert-mit-der-Welt-zu-Sein', ist nur dem Erwachten möglich. Und wenn die Blume der Meditation sich entfaltet und ihre Blüte sich in ihrer herrlichsten Pracht dem Licht geöffnet hat, dann verströmt sie den wundervollen Duft reifer Liebe. Sie verströmt nun nicht mehr bloß Verliebtheit, Leidenschaft und Begehren, sondern den gehaltvollen, herbsüßlichen Duft tiefen Mitgefühls und echter Demut sowie Hingabe. Ich nenne diese reife Liebe: den ‚Duft des Lotos'.

Nicht umsonst bezeichnen die überlieferten Weisheiten die menschlichen Energiepunkte, die Chakren, als Lotosblüten. Das Scheitel-Chakra zum Beispiel nennt man: den tausendblättrigen Lotos. Mit diesem Duft geht eine wundervolle Musik einher. Für die meisten Menschen unhörbar, aber für viele fühlbar. Duft und Klang umgeben und durchdringen den offenen, den offenbarten Menschen. Seine Melodie stimmt sich ein in die Sphärenmusik des universellen Symphonieorchesters aller erblühten Herzen des Dies- und Jenseits. Hier ist das Spielen eigener, einsamer Melodien zu Ende. Alle spielen nun das Lied des Lebens, welches in perfekter Harmonie das Sein des größten aller Komponisten widerspiegelt. Die Blume hat sich sozusagen wieder in den göttlichen Garten hineinbegeben und blüht nun in ihrer demütigen und hingebungsvollen Schönheit zur Herrlichkeit des Groen und Ganzen – des Garten Edens, wenn Du so willst. Das Wort ‚Eden' weist auf die Erde hin. Auf Erden oder in Eden herrscht die ewige Schönheit, nach der wir an so manch' entferntem Ort gesucht haben. Nun ist es an der Zeit, diese Suche zu beenden und zu bemerken, dass dieses verheißene Paradies ausschließlich in eines jeden Herzen verborgen ist. Es wird Zeit, dass wir dieses Land aufsuchen, unsere wahre Heimat in ihm erkennen und anerkennen. Du musst nicht warten, bis Deine Herzensblume voll erblüht ist. Das ‚Paradies' steht jeder auch noch so kleinen Knospe offen, scheue Dich nicht und tritt ein! Ja, tritt ein und das Goldene Zeitalter beginnt auch für Dich. Das Tor ist immer genau so weit geöffnet, wie es Deine eigene Herzenstüre auch ist. Solltest Du den Eingang also nicht finden, dann öffne Dein Herz einfach ein wenig mehr und sobald mit Deinem Herzenslicht, ein klein wenig Duft Deines Lotos nach außen strömt, wirst Du den lichtvollen Spalt zum Ziel Deiner Sehnsucht erkennen können. Nur zu. Schreite voran. Es ist nur noch ein kleines Stück Weges, eine kleine Öffnung die getan werden muss und Du bist angekommen. Riechst Du den Duft der Liebe nicht schon hin und wieder? Hörst Du nicht, tief in der Stille Deines Herzens diese Musik? Lass Dir Duft und Klang als Orientierung dienen. Folge Schritt für Schritt der von Dir intuitiv wahrgenommenen Richtung. Vertraue, fühle, gehe den Weg Deines Herzens und beginne schon heute das Leben wieder zu feiern. Denn es ist in der Tat ein Fest! Ja, das Leben ist eine Symphonie, in der jedes einzelne Wesen seinen Klang und seinen Duft hinzu gibt und somit zur Vollkommenheit beiträgt. Ohne Dich ist es nicht vollkommen, ohne Dich fehlt ein Instrument, ohne Dich fehlt eine wichtige Duftkomponente im göttlichen Parfum! Lass uns nicht allzu lange warten, Du fehlst uns...

Manche werden denken, dass es nicht so leicht sei im ‚Paradies' zu leben, dass man da nichts Falsches machen dürfe, man ansonsten gleich wieder aus ihm hinausgeworfen werde. ‚Para-Dies' heißt zwar: gleich oder ähnlich wie Dies, also das Diesseits, dennoch herrschen dort ganz andere Gesetzmäßigkeiten als im normalen Leben. Du brauchst Dich nicht zu fürchten. Im Gegensatz zur 'normalen' irdischen Realität herrscht im neuen Bewusstsein nicht Gesetz und Gewalt, sondern die reife Liebe. Jeder ist willkommen und jeder, welcher den Ruf in sich verspürt, ist auch reif genug dafür. Diese reife Liebe, welche auf Erden so selten ist, lässt Dir jeglichen Raum zur weiteren Entfaltung und dafür, so sein zu dürfen, wie Du bist. Nur wer Dich fürchtet, will Dir drohen, aber hier fürchtet sich keiner vor Dir, im Gegenteil: Sie lieben Dich, das Universum liebt Dich, Gott liebt Dich, das Leben liebt Dich! Lass Dir von niemandem etwas anderes einreden. Komm und überzeuge Dich lieber selbst. Denn von all jenen, die Dir vom Paradies predigen und Dir sagen, wie Du zu sein hättest und was Du tun solltest oder nicht, haben wir hier noch nie etwas gesehen. Bestimmt sind sie irgendwo ‚gelandet', aber wo auch immer sie auf ihren Reisen angekommen sind, hier war es mit Sicherheit nicht, sonst wären sie noch da. Wer einmal hierher gefunden hat, zum Zentrum der Mitte des Lotos, verlässt es nie mehr ohne einen besonderen Auftrag.
Du kannst die Beauftragten des Universums daran erkennen, dass sie Dir nichts und niemals

vorschreiben, was Du tun darfst oder was Du nicht tun sollst. Denn echte Blumen, das wissen wir, blühen am besten und am schönsten, wenn sie sich in Freiheit befinden. Dieser Ort im Zentrum der Mitte ist kein begrenztes Gewächshaus, es ist der unbegrenzte Garten des Universums, die grenzenlose Weite der Existenz, welche unseren Nährboden bildet. Deshalb liegt es nicht in unserer Natur, andere zu begrenzen. Ich bin Gesandter des Zentrums und darf der Welt die wundervolle Botschaft der Freiheit überbringen. Es ist auch für mich eine Herausforderung, selbst frei zu bleiben im ‚normalen' Leben. Aber mit der Erfahrung des Zentrums in mir, ist es möglich. Immer wenn ich mich selbst, der Einfachheit oder der Sicherheit wegen, wieder in die Gefangenschaft meines alten Lebens hineinfallen lassen will, atme ich tief durch und entspanne mich. Ich atme den Duft des Lotos ein und lasse die Musik meines Herzens erklingen. Und, nach wenigen Augenblicken der Besinnung, bin ich wieder klar.

Wenn Du also Freiheit suchst, dann finde das Zentrum der Mitte im Innersten Deiner Herzensblüte; dort, wo sie seit jeher verborgen ist. Du kannst ruhig an anderen Orten, im Himalaja oder sonst wo suchen, eines Tages endest Du jedoch trotzdem genau hier.

Also, warum denn nicht gleich – jetzt?

**Die Blume des Lebens, das bist Du selbst.
Du selbst in der Vervollkommnung dessen, was Du Bist.**

DU-SELBST SEIN

Es klingt möglicherweise gar nicht so spektakulär wie es in Wirklichkeit ist: ‚Du-selbst' zu sein. ‚Ja ja', sagen die Leute, ‚ich bin ja logischerweise ich'. Aber so stimmt das eben nicht ganz. Es reicht nicht, wenn man nur weiß, wie man heißt. Wenn jemand weiß, dass er Fritz, Franz oder Heidi heißt, so bedeutet dies ja noch lange nicht zu wissen, wer er oder sie wirklich ist. Und zu wissen, wie man heißt, ist noch keine besondere Fähigkeit (...) Spannend ist aber, dass es auch in spirituellen Kreisen viele Suchende gibt die sich bereits als erleuchtet fühlen, nur weil sie wissen, wie sie heißen.

Es geht nicht darum seinen Namen zu kennen, sondern zu erfahren, zu erleben, wer man ist. Nicht was man hat oder was man tut ist maßgeblich, sondern das, was man Ist. Um dies herauszufinden bedarf es der gewissenhaften Erforschung der eigenen Persönlichkeit. Der ganze Schutt, welcher die klare Sicht auf das, was Du wirklich bist, verhindert, muss abgebaut und entsorgt werden. Das jedoch ist bloß die zu leistende Vorarbeit. Und die Hauptsache folgt dann danach...

Die Hauptsache: Jeglichen Anspruch anders sein zu wollen als man ist, aufgeben. Alle Ideale, alle Vorbilder, alle Ideen darüber, wie man sein sollte, müssen fallen gelassen werden. Denn sie hindern uns daran, zu akzeptieren, wer wir sind und vor allem daran, dass es gut ist, wer und wie wir sind. Das ist der Knackpunkt! Selbst wenn Du weißt, wer Du Bist, musst Du den nächsten Schritt wagen und Dir auch erlauben, so sein zu dürfen. Du musst Dir erlauben dem, was und wie Du bist, Ausdruck zu verleihen! Kein anderer kann es Dir erlauben, wenn Du es selbst nicht tust. Alle Befürchtungen müssen von Dir überwunden werden, welche begründen wollen, weshalb es nicht gut wäre, einfach Du-selbst zu Sein.

Du-selbst zu Sein ist die Lösung. Wenn Du es Dir erlaubst, wird sich Dein Leben und die Welt in der Du lebst, grundlegend und nachhaltig verändern! Jetzt erst geschieht es, dass Du von der Mitte ins Zentrum gelangst. Dort kommt nämlich nur der hin, der bereit ist, ohne jede Maske, ohne jede Vorstellung von 'richtig' und 'falsch', einfach zu Sein. Ja, es bedarf zuvor dieser ‚Entlarvung', bevor man fliegen kann. Du wirst Dich möglicherweise auch dafür schämen, was Du bist. Aber mach´ Dir nichts draus. Man schämt sich ja eh schon die ganze Zeit für sich selbst, sonst würde man ja niemals versucht haben, etwas anderes zu sein. Keiner, der glaubt, dass er 'richtig' ist, versucht anders zu sein. An diesem Punkt geht es also genau darum, so zu Sein, wie Du bist. Mehr noch: Dich selbst so Sein zu lassen, wie Du bist.

Irgendwann hast Du Dir offenbar einreden lassen, dass Du nicht gut bist, so wie Du bist; dass Du nicht genügst, dass Du nicht schön, nicht wertvoll genug bist. Das ist alles hohles Gerede. Natürlich bist Du richtig, wertvoll und schön, so wie Du bist! Ja, Du bist sogar außergewöhnlich einzigartig in diesem Universum und es ist wichtig, dass Du das nicht bloß 'weißt', sondern es auch voller Verwunderung und Bewunderung glaubst! Du kannst Dich jetzt entscheiden, welcher Lehrer oder Meister, Religion oder Lehre für Dich am lebensvollsten ist: einer oder eine von jenen die sagen, dass Du nicht in Ordnung bist oder eine, die Deinen Wert anerkennt? Was denkst Du denn, in welcher Ansicht mehr vom Duft des Lotos steckt? Klar, ich bin kein krampfhaft Dich überzeugen wollender Prediger oder Verkäufer einer Religion, aber ich vertraue darauf, dass Du riechen kannst. Die meisten Menschen können riechen. Zum Denken sind viele zu feige oder stellen sich dumm und fallen deshalb auch auf die Argumente der Seelenfänger aller Konfessionen herein. Doch riechen... riechen können die meisten! Und wenn Du ´mal nicht sicher bist, wem Du gegenüber stehst: Der Duft des Lotos hinterlässt seine Spuren auch in den Augen jener, welche das Zentrum der Mitte berührt haben. Ihre Augen leuchten. Sie strahlen eine liebevolle Klarheit, Mitgefühl und Weisheit aus. So kannst Du sie leicht erkennen, wenn Du willst. In gewisser Hinsicht haben diese Menschen die Augen ihrer Kindheit zurück erobert. Ihre Augen tragen nicht mehr den Schleier des Verstandes und der Berechnung. Nein, sie besitzen sogar ein Quäntchen Naivität. Ich sage Naivität, nicht Dummheit. Der Dumme kann oder will nicht sehen, was Sache ist, der Naive schon, doch setzt er außerdem immer das Beste voraus. Das ist ein wesentlicher Unterschied, meine Freunde.

Der Dumme interpretiert – wenn er von anderen über den Tisch gezogen wird – die Reibungshitze als Wärme der Geborgenheit. Das ist dumm. Der Naive weiß sehr wohl was geschieht, misst dem aber kein Gewicht bei und nimmt es auch nicht persönlich. Auch verurteilt er den anderen deswegen nicht. Ganz im Gegensatz zu jenen Idioten, die sich an allem und jedem rächen möchte, der sich an ihnen vergriffen hätte. Naivität trägt den Glanz der Heiligkeit. Kann sein, Du hast so etwas nie zuvor von jemandem gehört. Natürlich, noch sind es ja nicht so viele, welche aus dem Zentrum der Mitte zu Dir sprechen. Aber das könnte sich bald ändern. Zumindest dann, wenn Du ins Zentrum eintauchst! Nun kannst Du vielleicht verstehen, weshalb Du so wichtig für mich bist (...) Ich hoffe, es erklärt Dir auch, weshalb ich ab und an eine gewisse Schonungslosigkeit oder Konsequenz in meinen Worten verdeutliche. Ich tue es nicht, weil ich ein 'böser Mensch' bin..., sondern, weil ich die Menschen liebe. Weil mir jeder einzelne Mensch am Herzen liegt. Ich will nicht um den heißen Brei herumreden und endlos philosophieren, wenn ich jemanden aus seinem Schlaf erwecke. Kein Wecker klingelt sanft und melodiös ein Schlafliedchen! Du willst ja wach werden, oder?

Gut, dann weiß ich also jetzt, dass Du mir diese Töne verzeihst. Jetzt, da Du weißt, dass ich ein ‚Wecker' bin. Es hilft auch nicht, wenn jemand auf mich einschlägt, mich abstellt um weiterschlafen zu können oder mich in die Ecke wirft. Egal wo ich bin und wie es mir geht, ich bin ein Wecker und ich klingle immer wieder und wieder und wieder so lange, bis meine Batterien leer sind. Es gibt keine Ausflucht vor mir. Außer einer: Sag mir, dass Du nicht geweckt werden willst, dass Du gerade im Urlaub bist und ausruhen möchtest. Wenn Du mir das klar und glaubhaft vermitteln kannst, dann bin ich natürlich gerne still in Deiner Gegenwart. Jedoch um sicher zu gehen, dass ich Dich nicht doch störe – zum Beispiel, wenn ich andere wecke – würdest Du wohl am besten weit weg von mir bleiben müssen. Denn ein Wecker ist in einem gewissen Umkreis hörbar und ein Duft verbreitet sich ebenfalls ungeniert in der Umgebung – soweit die Aura eben reicht. Andererseits könnten wir auch davon ausgehen, dass wenn Du mich schon hören kannst, Du mich ‚irgendwo' wohl auch hören wolltest und es insofern also Sinn macht, auch wenn man noch verschlafen und müde ist, trotzdem aufzustehen. Denn eines kann ich Dir versichern: Von allen Weckern dieser Welt bin ich noch der sanfteste.

Also: Rrring... Rrriiiing... Rrriiiiiiiiiiing...!

Warte nicht, bis das Universum selbst klingelt, denn das kann mächtigen Tinitus verursachen. Das Universum arbeitet nämlich wie eine Saft-Presse. Wenn sie Deine Essenz haben will, weil Du reif bist, dann presst sie Dich um einiges rücksichtsloser und schmerzhafter aus um Dich zuzubereiten (...) Also, überlege gut, was Du für Dich bevorzugst.

Rrring... Rrriiiing... Rrriiiiiiiiiiing...!?!???

HINGABE

Hingabe ist einer der wesentlichsten Faktoren auf dem Weg ins Zentrum der Mitte und auch im Zentrum selbst. Hingabe ist die Essenz Deines Seins, Hingabe ist Liebe. Denn Liebe hat nichts anderes im Sinn, als sich hinzugeben. Allem und jedem, kompromisslos.

Dies aber ist nur ein Aspekt der Hingabe. Da existiert noch ein weiterer Teil von Hingebung. Dazu muss man sich fragen, was und wem muss ich ‚es' hingeben?

Die Antworten sind wieder einmal ziemlich einfach klingend und doch gar nicht so leicht zu bewerkstelligen. Denn: Du wirst Dich selbst hingeben müssen. Wem? Dem Leben, all dem, was gerade Ist. Hingabe bedeutet, dass Du Dich selbst dabei vergisst und, dass Du – vor lauter Hingabe – auch das Hingeben selbst vergisst. Ja, Hingabe beinhaltet schlicht: totale Selbstvergessenheit – und Du bleibst trotzdem Zeuge. Keine ‚produzierte Vergessenheit', sondern eine, welche einfach entsteht. Nichts Wesentliches kann ‚gemacht' werden, es kann bloß entstehen – oder nicht. Alles Wesentliche im Leben kommt so zustande. Oder hast Du Dir schon ´mal, einfach so, aus heiterem Himmel gesagt: ‚Jetzt verliebe ich mich…', oder: ‚Jetzt bin ich zornig…', oder: ‚Jetzt will ich traurig sein…', jetzt begeistert…, jetzt gottverbunden… oder: ‚Jetzt bin ich glückselig.'? Und es sind in der Tat nicht die lautesten, sondern die stillsten Momente im Leben, welche solches hervorzubringen vermögen. Deshalb gilt die Stille vielerorts als etwas Heiliges. Das ist kein Zufall. Die meisten Menschen überkommt ein Gefühl der Andacht, sobald es still wird, da die Menschen intuitiv wissen, dass das Göttliche in der Stille auftauchen kann und sich die Tiefe des eigenen Seins darin offenbart. Und wenn diese ‚Tiefe-des-eigenen-Seins' in uns aufkeimt, dann können wir uns ihrer kaum erwehren. Der Mensch empfindet dabei nämlich einen natürlichen Drang, sich dieser Tiefe hingeben zu wollen. Dies ist der Beginn dessen, was ich ‚Hingabe' nenne. Sie wurde nicht von Dir ‚gemacht', sondern sie hat sich aus Dir selbst entfaltet ja, sie ist in dieser Stille aufgekeimt und beginnt sich zu entfalten. Und sofern Du davor nicht in den Lärm des Alltags und Deiner Gedanken zurückflüchtest, wird sie sich immer mehr in Dir ausbreiten so lange, bis sie vollends Besitz von Dir ergriffen hat.

Die Hingabe ist also nicht ‚Mittel-zum-Zweck', nicht ein Weg zum Ziel, sondern bereits das Ziel selbst. Wenn Du sie in Dir fühlst, dann erlaube, dass sie sich ausbreiten. Gestatte ihr, von Dir Besitz zu ergreifen, lass es einfach geschehen und der Sog des Lebens wird Dich direkt ins Zentrum der Mitte hineinführen.

In Hingabe zu leben bedeutet, dass Du fortwährend alles integrierst, was Du erfährst. Somit häuft sich kein Karma mehr an und Du wirst immer freier werden. Mehr und mehr wirst Du fähig sein, ein wirklich hingebungsvolles Leben zu leben. In diesem ‚Jetzt' wird das Leben wieder zu dem, was es einst gewesen ist: ein herrliches Fest der Liebe, ein Tanz der Freude am Sein, ein Geschenk des Himmels.

DIE OFFENBARUNG DES SCHLÜSSELS

Vor nicht allzu langer Zeit kontemplierte ich auf einen Schlüssel. Ja, Du hast recht gelesen: über einen ganz normalen Hausschlüssel. Ich weiß schon, daß dies etwas eigenartig klingt, kontempliert man doch üblicherweise eher über die Entstehung des Universums oder über die Natur der eigenen Psyche oder über die Lösung eines Problems. Doch was mir der Schlüssel vermittelte, war nicht weniger erkenntnisreich als das Lesen eines guten Buches oder die Unterweisung eines Meisters. Jetzt war also ein ganz normaler Schlüssel mein Meister. Überhaupt möchte ich an dieser Stelle betonen, dass es meistens ganz einfache Dinge sind, welche mir die größten Weisheiten offenbaren. Früher, als ich immer auf den einen, großen Meister, wartete oder auf das beste Buch, war mein Bewusstsein bezüglich der schlichten Weisheit ganz einfacher Dinge, verschlossen.

Dieser Schlüssel offenbarte mir, dass die wichtigsten Dinge jene sind, die man nicht sieht, dass die weisesten Worte jene sind, die man nicht spricht und dass man die Tore der Einweihung nicht damit öffnen kann, was man bereits hat, sondern mit all jenem, was man noch nicht hat. Und das ist sehr weise! Wir streben ja ständig dem Erreichen bestimmter Tugenden nach, allen möglichen Fertigkeiten, Disziplinen, Wissen und anderen Fähigkeiten. Das ist bestimmt nicht falsch, jedoch sind all das Wissen und die Bemühungen etwas zu erlangen, nicht in der Lage, Schlüssel zu sein und uns die letzten Tore zu öffnen. Lass mich Dir ein Beispiel geben: Wenn gewisse Worte, etwas ganz Bestimmtes und Weises ausdrücken sollen – steht die Weisheit dann nicht meistens *zwischen* den Zeilen? So, wie es bei einem guten Zitat der Fall ist? Wenn ich also sage, dass nur derjenige, der seine eigenen Fehler erkennt *wirklich* zur Toleranz fähig sein kann, wirst Du vielleicht ahnen, welche Art von Schlüssel ich meine. Oder wenn ich Dir eine Geschichte erzähle. Zum Beispiel die Geschichte von dem Mädchen, das einen kleinen Jungen trug und denen ein Herr begegnete, der zu ihm sagte: „Na aber hallo mein kleines Mädchen, was trägst denn Du für eine schwere Last." Und das Mädchen antwortete: „Mein Herr, ich trage keine Last, ich trage meinen Bruder." (...)

Oder jene von dem Jungen, der eine brennende Kerze in der Hand trug, als ihm ein Mann begegnete, der sagte: „Na mein Junge, wo ist denn dieses schöne Licht her?" Worauf der Junge die Kerze ausblies und antwortete: „Mein Herr, können sie mir sagen, wo es hingegangen ist?" Solche Aussagen sind, in ihrer ganzen Weisheit, nicht gleich jedem verständlich, zugänglich. Das Wichtige steht eben auch hier zwischen den Zeilen und eines ist sicher: Mit solch wenigen Worten, kann mehr gesagt werden, als mit tausenden Büchern. Wie bitte, Du möchtest noch ein Gleichnis hören, damit Du ein wenig darüber nachdenken, kontemplieren kannst? O.k. Da habe ich noch etwas ganz Schönes für Dich:
Ein Mann begegnete einem kleinen Mädchen und er sagte zu ihm: „Kleines Mädchen, ich geb´ Dir einen Gulden, wenn Du mir sagen kannst, wo Gott ist?" Und das Mädchen antwortete: „Mein Herr, ich gebe ihnen zwei Gulden, wenn sie mir sagen können, wo er nicht ist."

Tja, wen kann eine solche Weisheit nicht berühren...?! Mich jedenfalls begeistert sie unendlich!

Jetzt aber – zurück zum Schlüssel. Ich möchte, dass Du nun einen Schlüssel holst und ihn vor Dir aufs Buch oder den Tisch legst. Und dann, betrachte ihn. Kannst Du sehen, dass seine eigentliche Form, die letztendlich das Schloss zu öffnen vermag, dadurch entstanden ist, dass etwas fehlt? Wenn es ein Schlüssel mit Bart ist, dann siehst Du, dass man da ein paar Stücke weggesägt hat, bei einem moderneren Schlüssel, wurde etwas Metall entfernt, in dem man Vertiefungen reingebohrt hat, stimmt's? Das bedeutet also, dass der Schlüssel erst dann seine Funktion ausführen kann, wenn etwas fehlt. Fehlt jedoch zuviel, geht es nicht mehr, fehlt zu wenig, dann geht es auch nicht. Es muss also ganz genau *das* fehlen und *das* da sein, was nötig ist. Und damit ich Dir keine lange Erklärung darüber abhalten muss, was das nun für Dich bedeutet, würde ich Dir herzlichst empfehlen, das Buch nun zur Seite zu legen und Dir einige Minuten Gedanken darüber zu machen, was es Dir sagt. Es ist nicht wichtig, was es mir sagt, sondern für Dich ist wichtig, was es Dir zu sagen hat. Wenn Du es nun wirklich machst, dieses Experiment, dann wirst Du mehr Erkenntnisse über Dich finden, als je zuvor. Viel Spaß auf Deiner Forschungsreise und mit der ‚Weisheit des Schlüssels'. Lass ihn für diese Kontemplation Dein Meister sein und erfahre selbst, daß das Unsichtbare wesentlicher ist, als das Sichtbare, das Ungreif- oder Unfassbare essenzieller, als das Greifbare und das Unvorstellbare, weitaus größer als das Fassbare. Aber entdecke selbst, was der Schlüssel Dir, Dir ganz persönlich, erschließen kann.

DU BIST NICHTS – ABER DAS IST ALLES

Stell Dir ´mal vor: Da kommt ein Freund ganz stolz auf mich zu, hat sein neues Auto vorgefahren und sagt: „Schau, ist der Wagen nicht phantastisch? Ich habe mich sofort in ihn verliebt, gleich als ich ihn zum erste Mal im Autohaus gesehen habe!" Und stell´Dir weiters vor, ich schaue mir das Fahrzeug an, setze mich hinein und schraube das Radio ´raus. Ich bring es ihm und frage: „Ist das Dein Auto?" Er verneint und sagt: „Natürlich nicht, das ist bloß das Radio." „Aha", antworte ich, gehe wiederum zum Fahrzeug, montiere einen Sitz ´raus, setze diesen vor ihm auf den Boden und frage abermals: „Ist das Dein Auto?" „Nein, natürlich nicht, das ist ein Sitz!" antwortet mein Freund wieder. Also gehe ich erneut zum Wagen, löse die Räder und rolle sie ihm vor seine Füße. „Ist das Dein Wagen?" frage ich. Und wieder verneint er mit der Bemerkung, dass dies nur die Räder seien. Tja, also bringe ich ihm den Kühler, den Vergaser, die Batterie, den Zylinderkopf und alle Einzelteile nach und nach. Aber er bleibt stur und verneint jedes Mal hartnäckig meine Frage, ob dies nun sein Auto sei. Stell Dir vor, irgendwann habe ich das ganze Fahrzeug in seine kleinsten Bestandteile zerlegt und zwischendurch immer wieder gefragt. Mein Freund – der Verzweiflung nahe und kurz vor Schluss, als nur noch eine Schraube am Boden liegt, frage ich ihn erneut: „Ist diese Schraube etwa Dein Auto... mehr ist ja davon nicht übrig und bisher hast Du immer verneint..." Schau: Möglicherweise stünde mein Freund immer noch dort und würde nach seinem wundervollen Fahrzeug suchen und wird es doch wohl nicht finden...

Wir hätten nun also das ganze Mobil zerlegt und jedes Einzelteil untersucht und, erstaunlicherweise hätten wir alles gefunden – nur kein Auto. Da ist tatsächlich kein toller Wagen zu finden! Da kann man doch vor einem Rätsel stehen, oder? Wohin ist er denn plötzlich verschwunden?

Du hast mein Beispiel natürlich längst durchschaut: Erst wenn alle Komponenten in der richtigen Art und Weise zusammengefunden haben, entsteht das, als was man es bezeichnet.

Solchermaßen kannst Du auch vorgehen, wenn Du die Frage: ‚Wer bin ich?' erforschst. Du bist weder Dein Kopf noch Deine Arme oder Beine. Nein, Du bist dieses Unsichtbare, welches in den Dingen wohnt und gewissermaßen alles umfasst. Du könntest es auch wie die Mediziner machen und den Körper nach Gesundheit, Krankheit oder einer Seele untersuchen... Da ist nichts zu finden. Das Einzige was man finden kann, sind die Auswirkungen dessen, was Du suchst. Die Einzelteile oder die Symptome, mehr nicht. Du bist als das Nicht-Vorhandene, das Nichts. Und dennoch macht dieses Nichts, was Du bist, alles aus. Das ‚Nichts' ist also vollkommen unabhängig vom ‚Etwas'. Es Ist eigentlich nicht und trotzdem ist es das Essenzielle an allem. Möglicherweise können wir es nicht endgültig benennen, aber wir wissen, dass es existiert. Was ein ‚tolles Auto' ist, oder was ‚Du' bist, das kann wohl keiner sagen... Aber wir können alle davon ausgehen, dass es existiert und das tun wir auch. Das Wesentliche ist immer unsichtbar. Das Auto oder ein Körper sind bloß Objekte. Aber sie können durch die Anwesenheit dessen, was selbst nicht zu beschreiben ist, zu

Subjekten werden. Allem kann Leben eingehaucht werden, wenn Du da bist. Für Kinder werden selbst Kuscheltiere zu lebendigen Wesen, sie erwecken diese zum Leben! Kinder können das. Tja, und manchmal gelingt es sogar Erwachsenen so, wie meinem Freund dem Auto-liebhaber, Dinge zu beleben. Das ist nicht kindisch oder doof wie viele sagen würden, sondern ein Zeichen erweiterter Wahrnehmung und ein Hinweis auf die Identifikationsfähigkeit des Menschen. Alles, in was Du Dich voll und ganz hineinbegeben kannst, wird lebendig. Es ist also wiederum eine Frage der Hingabe.Gib Dich hin und alles lebt oder halte Dich zurück – und alles bleibt tot. Nur was Du selbst mit Deiner Essenz erfüllst, mit Deinem Licht erhellst, kann leuchten und lebendig sein. Dein Licht ‚leuchtet' selbst gar nicht, Licht ist nicht ‚hell'. Das wissen die wenigsten. Es ist immer bloß die Wirkung des Lichtes, die hell ist. Und so beginnst auch Du erst dann zu leben, wenn es Dich nur noch in Deinen realen Wirkungen gibt. Ich weiß, das alles klingt ziemlich verwirrend. Es scheint unlogisch und ungreifbar zu sein. Aber das ist es nur so lange, als man es mit dem Verstand zu erfassen versucht. An eine so tiefgründige Angelegenheit muss man intuitiv ′rangehen, nicht verstandesmäßig. Es handelt sich hier um den Bereich im Zentrum der Mitte, hier besitzt der ‚Mind' keine Zutrittsmöglichkeit. Er muss draußen bleiben. Deshalb wirst Du die Frage – wer oder was Du bist niemals schlüssig beantworten können. Es lässt sich nicht definieren, wer oder was Du bist. Weil nur der Verstand, der ja nicht ins Zentrum der Mitte gelangen kann, fähig ist zu definieren. Daher lautet die wohl ehrlichste Antwort: ‚Ich weiß es nicht.' Meine Definition ist:

Ich bin weder das eine noch das andere.

Es ist wie mit einem Duft: Wo hört er auf, wo beginnt er? Das ist schwer zu sagen. Selbst dann, wenn klar ist, dass Duft da ist. Oder ein Regenbogen, wo beginnt er? Wo sind die Grenzen zwischen den verschiedenen Farben eines Regenbogens? Oder Hitze, oder Licht, oder Ton oder Deine Sicht usw.; wo befindet sich jeweils die äußerste Grenze?

Tja, irgendwie endet alles im Nichts dort, wo wir es normalerweise nicht mehr wahrnehmen können, obwohl es dennoch bestimmt weiterhin vorhanden ist. Es ist und gleichzeitig ist es nicht. Damit sollte jetzt auch klar geworden sein, dass ich mit ‚Nichts' nicht ‚nichts' meine. Ich meine damit einfach, dass es da nicht bloß *eine* Welt gibt, nicht nur die gegenständliche. Gegenüber der manifestierten Welt existiert eine unmanifestierte Welt. Diese ist bloß deswegen so wenig bekannt, weil die Wissenschaft in ihren Erforschungen sich lange Zeit bloß auf die materielle Ebene konzentriert hat. Was aber noch lange nicht bedeutet, dass da jenseits des Manifesten nichts weiter existiert. Es existiert genauso wie auch Du, jenseits Deines Körpers existierst. Was davon nun essenzieller ist, kannst Du nun bestimmt selbst beantworten...

‚Nichts' ist deswegen ‚Alles', weil es alles durchdringt so, wie ‚Gott' – ‚die Göttlichkeit' – alles durchdringt und erfüllt. Erkenne also, was Du für mich bist, wenn ich sage, dass Du Nichts bist! Ja, Du *Bist* Gott.

Sexualität

FREIE LIEBE
DAS EWIGE MISSVERSTÄNDNIS

„Freie Liebe" hat nur am Rande etwas mit ‚Sex' zu tun – auch wenn dies immer wieder und gerne missverstanden wird. Aber: Liebe muss frei sein!

Sobald die Menschen hören, dass ich für die ‚Freie Liebe' plädiere, zucken sie gleich innerlich zusammen. Warum denn bloß?! Weil sie immerzu an Sex denken. Wer ob der Bezeichnung ‚Freie Liebe' keine besondere Regung in sich spürt, sei ausgenommen. Aber mit Sicherheit betrifft dies nicht mehr als 0,01% aller Menschen. Eigentlich ziemlich beschämend. Denn es bedeutet, dass die meisten Menschen Liebe mit Sex gleichsetzen. Ja, in ihrer Welt oft sogar noch ‚über' der Liebe platziert haben. Man hat ja real immer das zuoberst platziert, was einem am schnellsten in den Sinn kommt.

Wenn man berechnet, wie hoch der prozentuale Anteil ist, den Sex in einer Beziehung einnimmt – er wird ja mit der Zeit immer weniger – dann schätze ich seinen Anteil auf durchschnittlich etwa 1% (!) Das ist verschwindend wenig und dennoch nimmt dieser Bereich einen so hohen Stellenwert im Bewusstsein der meisten ein. Das ist vollkommen verrückt! Wehe, wenn Du Sex mit ‚jemand anderem' hast, dann ist es aus! Sofort behaupten die Betroffenen, welche sich nun – wie sie glauben zu Recht – als Betrogene fühlen: Du hast mich ja so tief in meinem Herzen verletzt! Du Schwein! Nachdem die erste Wut sich langsam gelegt hat, hagelt es meist noch ein paar Jahre lang Vorwürfe. Der / die andere fühlt sich schuldig, gemein und schlecht. Er / sie glaubt vermutlich, dass eher verziehen würde, wenn er oder sie nur genug leide und Reue zeige. Mit Reue meinen die meisten jedoch, sie müssten nun fortan alle Wünsche des anderen erfüllen. Sie versprechen, ja mehr noch: sie geloben, so etwas nie mehr zu tun und von nun an ganz artig zu sein. Die meisten können dann ein Leben lang nicht mehr aus der ‚Realität': ‚Ich böse, der / die andere gut (...)' aussteigen. Sie ziehen von nun an in jeder Entscheidungsfrage den Kürzeren. Weil...: Sie sind ja die Schuldigen. Sie brauchen Bestrafung, sie müssen dafür büßen. Für diese ‚Null-Komma-Irgendwas' Minuten oder Stunden des Lebens, büßen sie nun rund um die Uhr ein Leben lang. Wow! Wie beeindruckend! Wie viel Macht der / die andere doch nun plötzlich hat (...)

Gut, ich muss zugeben, es gibt heute auch eine bessere, übliche Lösung: Es kommt zur Trennung. Alles ist ja wohl besser als die oben beschriebene Variante. Wir stellen also fest, dass ein ca. 1%-Anteil in unseren Beziehungen 100% an Macht über diese und uns besitzt. Wenn das normal sein sollte, dann weiß ich also auch nicht mehr (...)! Kein Wunder traut sich keiner mehr von freier Liebe zu sprechen, riskiert man doch von 99% der Menschheit dafür verurteilt zu werden. Und das Verrückte daran ist, dass sie nicht einmal wissen, wovon ich spreche! Ich sage ja Liebe, nicht Sex. Natürlich ziehe ich auch beim Sex nicht die Grenze, aber darum geht es nicht. Zumindest nicht mehr als 1%. Sobald Du es Dir ´mal erlauben kannst, wirst Du bemerken, dass dieses eine Prozent sehr rasch immer weniger wird. Von alleine. Es übt einfach nicht mehr denselben Reiz in Dir aus, wie etwas, was verboten ist. Und sollte es dennoch zu einem zärtlichen Zusammensein außerhalb Deiner offiziellen Beziehung kommen, dann kannst Du es wenigsten von ganzem Herzen genießen. Du brauchst dann keine Angst zu haben, deswegen, wegen dieser läppischen paar Minuten, Deine Beziehung, Deine Ehe oder Familie damit zu zerstören. Im Gegenteil! Die Liebe, welche geflossen ist, fließt nun auch in Deine Beziehung mit Deinem Partner mit ein und... bereichert beide! Eigentlich kann man gar nicht gegen die Freie Liebe sein, wenn man für Liebe ist. Denn Liebe muss frei sein!

Sobald Du versuchst, Liebe einzugrenzen oder auf bestimmte Personen wie Partner, Eltern, Kinder oder Freunde zu begrenzen, tötest Du sie – unerbittlich.

Liebe ist ein Ozean, kein Rinnsal. Versuche es zu begrenzen, errichte einen Staudamm und Du wirst bald feststellen, was geschieht, sobald dieses Meer an Liebe zu fließen beginnt (...) Zwinge diesen Fluss der grenzenlosen Liebe in einen begrenzten, begradigten Flusslauf und Du wirst bald erschrocken darüber sein, wie gewaltig die Verwüstungen sind welche geschehen, wenn der Fluss über die Ufer tritt. Er wird alles mitreißen, was ihm in die Quere kommt. Es ist eine Kraft von unvorstellbarem Ausmaß, welche sich entwickelt. Es ist eine Naturgewalt und wird Dein Leben gewaltig durcheinander wirbeln. Freie Liebe hat nichts mit sexueller Perversion zu tun, diese entwickelt sich erst dadurch, dass wir ihr *nicht* freien Lauf lassen. Die Menschen können es nicht, weil sie zu feige sind. Dabei müssten sie sich eher davor fürchten, was geschieht, wenn sie – jede(r) Einzelne – erst einmal damit begonnen haben, ihre Liebe zu unterdrücken (...)! Sie würden sich wohl wünschen, nie jemals den ersten Schritt dazu getan zu haben, nie damit angefangen zu haben. Aber danach ist es zu spät. Dann heißt es: ‚Schwimmweste anziehen, die hohen Gummistiefel und irgendwie über Wasser bleiben.' Viel Vergnügen. Was denkt Ihr denn, weshalb so viele sexuelle Übergriffe ausgerechnet immer wieder dort passieren wo sie auf keinen Fall geschehen sollten: in Heimen, Kirchen, Klöstern, Familien, Schulen, in ärztlichen Praxen, während Therapien oder in anderen Abhängigkeitsverhältnissen mit schutzbefohlenen- oder gar schutzbedürftigen Menschen? Weil jede Moralvorstellung, jedes Gesetz, welches etwas verbietet, einer Mauer gleichkommt, welche letztlich das Überfließen des Flusses bewirkt. Regeln und Richtlinien bilden das begrenzende Wasserbecken und in Folge auch den begradigten Flusslauf. Und es ist meist bloß eine Frage der Zeit, bis das Unheil geschieht. Tja, wie ich schon sagte: Liebe darf nie eingesperrt sein, einerlei wie vielen moralischen Vorstellungen oder traditionellen Überlieferungen dies zu widersprechen scheint. Sonst wird´s zu gefährlich.

Die Ehe, nicht nur mit einem Menschen, sondern auch mit diesbezüglich beinhaltenden Glaubenskonzepten, beschwört das Unheil geradezu auf den Plan. Gut, es kann Dir keiner – auch nicht ich – sagen, was 'richtig' und was 'falsch' ist. Du musst es – für Dich – selber herausfinden, Deine eigenen Wege finden und die *für Dich* richtige Variante entdecken. Sobald Du Dich aber zu etwas anderem verpflichtest oder verpflichten lässt als frei zu sein, wirst Du Dich unfrei fühlen. Und alles was unfrei ist, alles was unterdrückt wird, jedes Volk jeder Glaube, wird eines Tages rebellieren. So wie die Schafe am liebsten jenes Gras fressen, welches hinter dem Zaun wächst, will jeder Mensch intuitiv aus seinen Begrenzungen ausbrechen. Jeder Gefängnisinsasse denkt ununterbrochen ans Ausbrechen, an die Flucht aus den Mauern hinaus! Die einzige Möglichkeit diesen Drang zu umgehen ist: keine Mauern und Zäune mehr um sich herum zu erbauen. Ist doch auch logisch, wo kein Zaun ist, gibt es auch kein Gras dahinter. Dies sollte doch jedem vernünftig denkenden Menschen einleuchten, oder?

Ich bin nicht grundsätzlich gegen die Institution Ehe und schon gar nicht gegen den Sex. Aber ich stehe eben auch nicht dafür, dass man so wunderbare Naturkräfte einsperrt und fehlleitet. Ich vermute, dass alles fehlgeleitet wird, was man ablehnt und ich vermute weiters, dass der Mensch nur das einsperrt, wogegen er Widerstand hat. Dies ist insofern bedenklich, als die Schlussfolgerung naheliegt, dass die Menschen *letztlich* sich selbst und das Leben ablehnen.

Solange der Mensch sich selbst ablehnt, wird er gegen die Freiheit der Liebe sein.

Wer sich selbst ablehnt zeigt, dass er sich fürchtet: vor sich selbst fürchtet. Es besteht somit eine grundlegende Angst vor dem Leben. Das Leben wird gefürchtet, weil: ‚Die Welt ist voller Gefahren...' Je massiver jedoch diese grundlegende Ablehnung ist, desto unglücklicher und liebloser wird der Mensch sein. Von so jemandem Verständnis für ein Thema wie ‚Freie Liebe' zu erwarten, wäre unrealistisch. Angst zu haben bedeutet, sich an der Peripherie des Lebens zu bewegen. Je mehr Du Dich zur Mitte hin bewegst, desto größer wird Dein Vertrauen. Schreitest Du von dort weiter zum Zentrum der Mitte, dann erwacht in Dir das göttliche Urvertrauen in die Liebe. Hm... ja, und nur wer vertraut, kann Freiheit auch tatsächlich genießen. Es ist wichtig, dass Du das weißt! Jetzt kannst Du auch der Freiheit der Liebe vertrauen. Denn der Liebe größter Feind ist die Angst, ihr folgt die Eifersucht und diese wiederum versucht – von ihrem Standpunkt betrachtet, verständlich – jegliche Freiheit zu unterdrücken. Freie Liebe ist demnach nichts für ängstliche Menschen. Wenn Liebe frei fließen kann, dann verströmt sie sich nach allen Seiten. Und: Liebe Ist nunmal, wie wir ja wissen, ein ‚Kind-der-Freiheit'. Sie hat eben nur ein Verlangen: sich zu verschenken. Sie verschwendet keinen Augenblick dafür, von anderen etwas zu erwarten oder dafür, etwas bekommen zu wollen. Liebe gibt. Nicht weil sie 'gut' ist, sondern weil sie nicht anders kann und will. Sie folgt ihrer Natur, sie gibt sich ihr selbst vollkommen hin, denn die Natur ist Liebe. Du bist Liebe! Deshalb wird es niemals jemandem gelingen, sich ihr für immer zu verschließen. Es ist diese tiefe innere Sehnsucht, welche wir alle in bestimmten Momenten verspüren, dieses Verlangen danach, sich selbst verschenken zu wollen, dieses stets lodernde innere Feuer, dieses nach allen Seiten drängende Licht, dieser Drang vorwärts zu gehen, welche auf die Gegenwart der freien Liebe in uns allen hinweist. Ich habe sie und Du hast sie ebenfalls. Solange wir sie nicht lebendig-sein lassen, leben wir nicht. Denn sie ist ich, sie ist Du, sie ist alles.

Liebe, Freie Liebe, ist von solch unfassbarer Größe, dass Du wohl nicht verstehen kannst, wenn ich sage, dass sie ‚Du' ist. Du würdest selbst augenblicklich zu der ungeahnten Größe Deiner selbst erwachen und in sie eintauchen. Und danach..., danach ist keine Liebesbegrenzung mehr möglich. In gewissem Sinne bist Du 'verloren' denn jetzt gibt es kein Zurück mehr. Du wirst nicht mehr wissen wollen, *wer* Du bist und *wohin* Du gehst und völlig vergessen haben, woher Du gekommen bist. Der / die, welche(r) Du zuvor gewesen bist, existiert nicht mehr. Das was Du werden könntest wird nie sein, aber das was Du Bist, ist von einzigartiger Schönheit, Originalität und Einmaligkeit. Jetzt wirst Du erkennen, dass Du niemals etwas anderes gewesen bist, niemals etwas anderes Sein wirst als das, was Du schon immer warst. Da war kein Weg, da ist kein Weg und da wird niemals ein Weg sein, denn Du hast Dich niemals wirklich vom Zentrum der Mitte entfernt. Es war lediglich ein Traum, eine Vorstellung... An diesem Punkt angelangt wird klar, dass selbst die Freiheit der ‚Freien Liebe' relativ gewesen ist, nur dass es diesmal nicht der wiederholte Anfang, sondern das (vorläufige) Ende der Geschichte ist (...)

Und hier beende ich nun meine Ausführungen. Sonst stürze ich Dich noch vollends in Verwirrung. Und falls sie schon da ist, dann liebe sie und staune, wie schnell sie sich in Klarheit transformiert. Erlebe die Wunder, welche nur die Liebe allein vollbringen kann.

Wenn dem Menschen von Anfang an gelehrt wird, dass Sex etwas Schlechtes sei – alle Religionen untermauern dies – dann wird damit nicht bloß die Freude und der Wert des Sex, sondern auch die

Fähigkeit zu lieben, kastriert. Dadurch ist die Menschheit zu einer spirituell kastrierten Gesellschaft geworden, welche noch nicht einmal zum niedersten Ausdruck der Liebe fähig ist. Ja, Sex ist Ausdruck der Liebe und wenn ich sage, der niedrigste, so sage ich damit nicht, der schlechteste. 'Hoch' und 'nieder' sind keine Bewertungen, sondern wertneutrale Feststellung. Es ist wie bei einer Leiter, die höhere Sprosse ist nicht besser oder wichtiger wie die darunter liegenden. Da gibt es eben mehrere Stufen auf unterschiedlichen Höhen und Tiefen. Dies ist einfach so. Und es ist gut zu wissen, dass erst die Verbindung aller Stufen, oder eben Sprossen, in ihrer Gesamtheit eine brauchbare Leiter ergeben. Wenn man jedoch schon die ersten Sprossen dieser Leiter ansägt, wie will man dann jemals gefahrlos höher steigen und die oberen Stufen erreichen? Die unteren Stufen diesbezüglich heißen; Essen und Trinken, Fortpflanzung und Sex, Lachen und Tanzen, Ich und Du, Erfolg und Reichtum usw. Angesägt wurden diese Sprossen mit der Indoktrination der ‚Sünde'. Das alles wurde ja als Völlerei, Trunksucht, Versuchung, Hurerei und Triebhaftigkeit, Egoismus, Hochmut etc. so umfassend verteufelt, bis es sich keiner mehr getraute, es ohne das Gefühl von Sündhaftigkeit, ohne diesen bitteren Geschmack des ‚Es-sollte-nicht-sein' zu leben. Nun, wer traut sich schon eine Leiter zu erklimmen und Sprossen zu besteigen, von denen uns gelehrt wurde, dass sie sündhaft, also angesägt seien?

Fast keiner, nur die Mutigsten, die Neugierigsten oder die Naiven. Wenn man dann diese Stufen doch einmal zu besteigen wagt, wird sofort klar, dass sie vollkommen intakt sind. Die Geschichte von den angesägten Stufen entpuppt sich als indoktrinierte Mär. Ein Märchen – nicht nur für Kinder und: Wer von uns fiel / fällt nicht darauf herein...?!

So hat man also ersucht, uns die Liebe zu den ‚unteren Stufen' zu vergraulen, und es ist wohl auch gelungen. Wir haben diesen Dingen unsere Liebe entzogen. Da wir aber alles das, was ‚man-nicht-tun-sollte' dennoch tun, tun wir es nun jedoch ohne Liebe. Und erst dieser Umstand macht diese Dinge ‚sündhaft'. Ich bin der Meinung, dass alles, was lieblos gelebt, gemacht wird, eine so genannte ‚Sünde' ist. Das ist meine Definition des Begriffes Sünde. Dies könnte auch für Dich ein wichtiger Hinweis und ein möglicher neuer Standpunkt sein, anders mit diesen Dingen umzugehen. Nur wer diese Dinge nicht kennt, fürchtet sich vor ihnen... und Du kennst *nichts* von alledem, so lange Du sie lieblos tust. ‚Triebhaft' zu sein ist nicht gleichbedeutend mit ‚liebevoll' sein! Bitte verwechsle das nicht. Ansonsten werden Dir diese unteren Stufen zur Last, dann bist Du lasterhaft, wenn Du die Dinge ohne Liebe tust. Ansonsten wirst Du eher lustvoll und neugierig sein! Also: lieber Lust statt Last...

Durch die gängige Auffassung in Sachen ‚Liebe und Sex' geschieht es, dass wir plötzlich nur noch in der Lage sind, jene Menschen wirklich zu lieben, mit denen wir keinen Sex haben: Kinder, Eltern, Freunde, Lehrer, Priester, Meister, Tiere. Dies führte dazu, dass sich unsere Liebe derart verschoben hat, dass wir heute sogar in der Lage sind, Gegenstände mehr zu lieben als Menschen. Aber auch da wohlgemerkt, nur solche, mit denen wir keinen Sex haben können; die anderen sind ja ebenfalls ‚sündhaft'. Nun gut, so wurde also die gegenwärtige Konsumgesellschaft, in der die Menschen ein Auto, ein Kleid, einen Computer oder ein Haus mehr lieben können als einen anderen Menschen, begründet. Ein wahrhaft cleverer Schachzug und sehr langfristig geplant, aber das ist ja sicher bloß ‚Zufall' gewesen! (...)

Freie Liebe bedeutet also nicht, dass Du mit jedem Sex haben sollst oder gar musst, sondern dass Du es haben könntest, wenn Du wolltest!

Und solltest Du mit einem Partner oder einer Partnerin zusammen sein, welche Dich verlässt, wenn Du mit einem anderen Menschen intim bist, dann hast Du nichts verloren. Zumindest nichts, was von echter Liebe getragen ist. Echte Liebe ‚verlässt' in solchen Momenten des Lebens nicht, sondern sie liebt ungeschmälert weiter, ohne sich zu sorgen. Oder verlässt Du Dein Kind, wenn es mit jemandem Sex hat? Nein, aber warum denn nicht? Genau, weil Du es eben wirklich lieb hast! Genauso wenig wird Dein Kind Dich verlassen, wenn Du mit jemandem intim bist oder? Ja, weil es Dich eben wirklich liebt. Wann werden die Menschen das bloß verstehen? (...) Solange sie Liebe mit ‚Besitztum' und Sexualität mit ‚Lasterhaftigkeit' verwechseln, wird sich das nicht verwandeln können. So lange, wie dieses kurze ‚rein-raus-Spielchen' menschlicher Sexualität mit solch einer hohen, einflussreichen und verdrehten Bewertung aufgeladen ist, wird keine ‚Freie Liebestätigkeit' möglich sein und die Liebe wird weiterhin auf ein Minimum beschränkt bleiben. Beschränkt also auf Lebenspartner, Eltern, Kinder, etc (siehe oben). Nun, wie soll sich die Liebe unter diesen Umständen über die ganze Welt verbreiten...?!

Natürlich, eines Tages wirst Du die unteren Stufen der Leiter hinter Dir lassen. Aber nicht aus Widerstand oder Bewertung, sondern ganz natürlich und alleine deswegen, weil der Ausblick von den höheren Stufen aus interessanter, weil er schöner, weiter und durchaus um einiges intimer und intensiver ist.

Nicht durch Kampf steigt der Mensch in seiner Entwicklung höher, sondern durch Wachstum, Entfaltung und Bewusstheit!

Und noch etwas: Durch Verteufelung der Dinge wurde noch keiner jemals bewusster. Asketen, welche niemals geliebt haben, niemals mit einer Frau verschmolzen sind und sich niemals intimer Verbindungen hingeben oder hingegeben haben, sind nicht fähig zu lieben und darüber hinaus wissen sie rein gar nichts. Ja: Sie sind Angsthasen! Sie sind zu feige und fürchten sich davor, von den Dingen abhängig zu werden. Sie sind nicht besonders spirituell - so, wie sie es gerne vorgeben - sondern bloß auf eine bestimmte Art und Weise, Materialisten. Nicht bloß jener ist ein Materialist, der sich ständig darum bemüht mehr zu bekommen, sondern auch jener, der sich ständig bemüht, es nicht haben zu wollen. Bitte denke ausführlich über diese Aussage nach. Das sind bloß die beiden Enden derselben Identität. Warum nun der eine als Sünder und der andere als Heiliger eingestuft wird, ist mir ein Rätsel.

Als Spiritualist der Meister oder Meisterin werden will ist es wichtig, dass Du das verstehst. Meister zu sein bedeutet nicht, sich den Dingen zu verwehren, sondern eintauchen zu können ohne unterzugehen.

Was ich Dir und euch mit meinen Worten vermitteln will, sind: das Know-how und in Folge die Fähigkeit des ‚Schwimmens'. Denn wenn Ihr schwimmen könnt, dann braucht Ihr den Ozean nicht zu fürchten!

Gehst Du gerne im Meer schwimmen? Genießt Du es – so wie ich – ins erfrischende Meer einzutauchen und Dich ihm hinzugeben? Weshalb ist es denn so wundervoll, so erquicken, belebend und traumhaft schön? Was meinst Du? Tja, weil... es ist: ‚Sex'! Intimer geht es nicht als völlig einzutauchen *und* es zu lieben! Ja, es ist das Gefühl der freien Liebe. Sehr intim. Ja, was denkst Du denn? Atmest Du und genießt Du es, atmen zu können? Wow...(!) Ja, auch das ist Sex, rein-raus! Essen? Trinken? Geben? Nehmen? Säen? Ernten? Aha! Alles: Rein-raus. Alles ‚Sex'. Nein, das ist nicht ‚Pfui', das ist ‚Hui'! Das Einzige, was Dir möglicherweise im Weg steht dies zu verstehen ist, Dein Falsch-Verstehen des Wortes Sex. Sobald Du es hörst, hast Du bestimmte Vorstellungen, Reaktionen und gewisse in Dir verankerte Verknüpfungen und Muster treten in Aktion. Mach´ Dich frei von solchen indoktrinierten Unwahrheiten! Die Zeit sollte vorbei sein, wo Du andere über Dich bestimmen lässt. Bestimme selbst und sei mutig genug auch dann selbstbestimmt zu leben, wenn es bedeutet, dass Du Eigenverantwortung übernehmen musst. Vertraue Deiner ungetrübten Wahrnehmung! Selbst, wenn auch dann nicht immer alles so läuft, wie Du es gerne hättest, so endet es doch um ein Vielfaches stimmiger, als wenn Du weiterhin ein ferngesteuertes Leben lebst. Was Du dazu benötigst, nenne ich schlicht und ergreifend: Selbstvertrauen. Selbstvertrauen in Dein Selbst in Dir. So hast Du eine echte Chance ‚Freie Liebe' zu leben, eine echte

Chance ein selbst-bestimmtes Leben zu führen und eine Chance auf Erleuchtung.

Hier noch eine passende Anekdote zum Thema:

Zwei Mönche, ein alter und ein junger, waren unterwegs von einer Reise zurück zu ihrem Kloster. Nach einiger Zeit kamen sie zu einem Fluss. Dort begegneten sie einer jungen Frau, die - wie sie beide - an das andere Ufer gelangen musste. Sie bat, ob es ihnen möglich wäre, sie über den Fluss zu tragen, da sie nicht schwimmen könne? Der junge Mönch tat so, als hörte er die Bitte der hübschen Frau nicht. Der ältere jedoch bejahte, hob sie auf seine Arme und trug sie ans andere Ufer. Dort setzte er sie ab. Die Frau bedankte sich und die beiden Mönche setzten ihre Reise schweigend fort. Doch nach einer Weile konnte der Jüngere nicht mehr an sich halten und sagte sichtlich aufgeregt: "Du hast die Frau über den Fluss getragen, obwohl Du weißt, dass wir als Mönche das Gelübde abgelegt haben, nie eine Frau zu berühren. Wie konntest Du bloß!" Da antwortete der andere Mönch ganz ruhig und leicht verwundert: "Ich habe die Frau am anderen Ufer abgesetzt, trägst Du sie immer noch?"

EINE GESCHICHTE AUS DEM ZENTRUM DER MITTE UND DEINER ENTSTEHUNG

Diese Geschichte beginnt jenseits des vom Verstand Fassbaren. Denn ohne, dass sie jemals erschaffen wurde, war sie da, die Essenz des Lebens. Weit, sehr weit noch entfernt von der Idee eines Schöpfers. Selbst Gott war noch nicht geboren und wie ein glitzerndes Lichtermeer funkelte die Existenz in ihrem Sein jenseits von Raum und Zeit. Ewig, beständig und unveränderlich, zeitlos, was jemals war, ist und sein wird, enthaltend. Namenlos und sich jeglicher Beschreibung entziehend, versuche ich es dennoch zu beschreiben oder besser gesagt: zu umschreiben, so, dass Du eine Vorstellung findest, was ich meine. Es war und ist keine Schöpfung, denn Schöpfer war noch keiner geboren. Doch Du, Du warst im Keim bereits vorhanden. Du warst und bist ein solches Funkeln, ein Glitzern im Farbenspiel des Herzens der Existenz. Untrennbar Teil davon und doch das Ganze ausmachend beinhaltete und beinhaltet die Essenz des Lebens das, was Du Bist.

Kein Gedanke störte die vollkommene Harmonie dessen, was sich im Zentrum der Mitte allen Seins abspielte. Unmanifestiert und doch gegenwärtig schien es alles zu durchdringen, obwohl nichts was hätte durchdrungen werden können, existierte. Am ehesten könnte ich es mit Potenzialität beschreiben. Es war reine ‚Potenzialität' dessen, was möglich ist. Sowohl alles, wie auch nichts. Wie Musik, welche noch keine Manifestation durch einen Musiker oder eine Musikerin erfahren hat: unhörbar aber dennoch vorhanden. Eine Musik intensivster Stille und dennoch von unvergleichlich schönem, gewaltigem, orchestralem Ausmaß. So still, wie das Auge eines Wirbelsturmes – nur ohne Sturm. In diesem Zentrum des Lebens existiert alles in solchem Maß unglaublicher Fülle, dass sich alles vor lauter ‚Allem' gleichzeitig in Nichts verwandelt ohne jedoch einen Prozess der Transformation zu benötigen. Alles ist, war und geschieht im allgegenwärtigen Jetzt jenseits eines zeitlich bedingten Augenblicks.

Ja, ich sagte ja, es ist schwer zu erklären... Sobald ich es in Worte kleide, zerstöre ich auch seine wahre Schönheit und Anmut. Du musst ohne zu fragen in den Zwischenraum meiner Worte eintauchen und fühlen, wovon ich hier spreche. Du wirst es verstehen, denn Du bist ja Teil dessen, warst und wirst es immer sein. Ich spreche von der Wiege Deines Seins, aus dem Du hervorgingst und -gehst. Du wurdest nicht ‚geboren', konntest nicht geboren werden, da Du immer schon Bist. Menschen werden geboren und nur deshalb können und werden sie sterben. Doch das ewige Leben spielt sich jenseits von Geburt und Tod ab, jenseits des Werdens und Vergehens, jenseits des Blühens und Verblühens, jenseits aller Vergänglichkeit. Dafür verwende ich das Wort ‚Sein'. ‚Sein' ist der gegenwärtigste und zeitloseste Begriff, den es gibt, deshalb verwende ich ihn mit solcher Leidenschaft. Alleine die Hingabe an die Musik dieses Wortes ‚Sein', könnte zur Erleuchtung führen. Lausche dem Sein, dem Klang der Ewigkeit, tauche ein und erwache in Dir selbst.

Du magst denken, dass ‚Gott' der Ursprung allen Seins gewesen ist, aber das stimmt nicht ganz. Du

Bist älter, viel älter als ‚Gott' es jemals sein könnte. Das musst Du verstehen um mir zu Deinem Ursprung folgen zu können. ‚Gott' ist eine Schöpfung. Eine Schöpfung des menschlichen, gequälten Verstandes, welcher auf der Suche nach Trost für all jenes war, was er nicht verstehen konnte. Vielleicht ist Dir dies selbst schon klar und Du verwendest den Begriff ‚Gott' als Synonym dafür, was ich die ‚Essenz', die ‚Existenz' oder das ‚Reine Sein' nenne. Ich nenne es so, weil der Begriff Gott allzu sehr von den Religionen strapaziert ist und fast immer falsch verstanden wird. Aber lass´ uns einfach eintauchen... Entspanne Dich, fühle Dich umarmt und geborgen in der Essenz Gottes. Es ist vorbei. Die Qualen menschlich begrenzten Bewusstseins enden hier. Du kannst jetzt entspannen. Zu lange schon dauert Dein Lebenskampf, vertraue einfach und entspanne. Lass´ Dich in ‚Mich' hineinfallen. ‚Mich' ist nur ein anderer Begriff für ‚Sein'. Fürchte nicht, ich könnte damit *‚mich'* – den Menschen – meinen. Nein, ‚Mich' heißt gleichzeitig auch ‚Dich', ‚Mein' heißt ‚Dein' und ‚Ich' Bist ‚Du' und umgekehrt. Gib die Trennung auf, entspanne Dich, bleibe nicht weiter fern vom Zentrum der Mitte, tauche ein. Das ist Meditation. Leben ist Meditation, Du bist Meditation. Meditation ist für mich der passendste Begriff für die Tätigkeit der Essenz, welche sich jenseits des aktiven Tuns abspielt.

Tja, und wie könnte man wohl besser zum Ursprung zurückfinden als durch den Ursprung selbst, durch Meditation? Aber wenn ich Meditation sage, dann meine ich nicht, dass dazu eine bestimmte körperliche Sitzhaltung nötig wäre oder gemeint ist, sondern eine bestimmte innere Geisteshaltung. Diese innere Haltung ist das Bewusstsein dessen aufrecht zu erhalten, dass Du niemals getrennt warst. Die ganze Schöpfung ist vergleichbar einem Traum. Deshalb nenne ich das Heimkommen auch Erwachen. Ja, es ist auch wie ein Erwachen aus einem unendlich langen Traum. Einem Traum der Dich viel Schweiß, viele Ängste, viele Schmerzen gekostet hat. Ich weiß es. Ich war ja bisher auch in Deinem Traum vorhanden oder? Siehst Du... und deshalb kenne ich Dich. Ohne Dich, ohne Deinen Traum, wo wäre ich? Wo wäre ich, wenn Du nicht von mir geträumt hättest? Ich würde nicht existieren. Kein Wunder also, bin ich so dankbar dafür, dass es Dich gibt.

Ich erzähle das – Dir. Wer sonst würde mich verstehen können, wenn nicht Du? Es klingt möglicherweise verrückt, aber Du bist alles, was ich habe. Mit Dir steht und fällt mein Sein, zumindest auf *dieser* Ebene. Wie könnte ich Dich also jemals verurteilen? Wie könnte ich Dir jemals böse sein? Wie könnte ich jemals gegen Dich sein? Glaubst Du wirklich die Menschen vertrauen mir weil ich so gescheit bin oder weil ich Bücher schreibe, Kurse gebe oder wegen sonst etwas, das ich tue? Nein, sie vertrauen mir, weil sie spüren, dass ich *für sie* bin. Selbst da, wo ich ihre Meinung nicht teile: Ich bin dafür, dass sie sie äußern dürfen. Auch wenn ich viele ihrer Handlungen nicht 'gut-heiße', bin ich dafür, dass sie sie ausführen dürfen. Selbst wenn sie mich verletzen, bin ich dafür, dass sie es tun dürfen. Ja, ich bin verrückt. Verrückt nach Liebe, sozusagen: in die Liebe hinein verrückt. Aber ich brauche nichts mehr zu fürchten. Verstehst Du? Tja, das ist die eine Seite. So spricht es, wenn es aus dem Zentrum der Mitte herausspricht. Doch wir haben stets auch die

Möglichkeit aus ihm hinauszutreten und die Polarität zu genießen, wir sind ja frei. Manchmal ist es jedoch so, dass – wenn man sich außerhalb davon befindet – man Angst davor hat, wieder in ‚es' einzutauchen. Bei mir ist es so, dass ich dann befürchte zu sterben oder befürchte dann keine Lust mehr darauf zu haben, all die Dinge zu tun, welche mir Spaß im polaren Leben vermitteln. Es ist völlig irrational, aber es ist so: Im Zentrum des Seins verschwinden alle Bedürfnisse. Man ist so erfüllt, dass man in der Tat wunschlos glücklich ist und jeglicher Antrieb etwas zu tun oder etwas zu verändern, dahingeschmolzen ist. Ja, man fühlt sich wie ein Eiswürfel in warmem Wasser. Alles was Dich als Mensch ausgemacht hat, verschwindet. Aber ich denke, dass es einfach eine Gewöhnungssache ist, bis man sich in der neuen Form zurechtgefunden hat und es mitten ins Leben mitnehmen kann. Seit dem Entschluss FREE SPIRIT zu gründen, befinde ich mich zum Beispiel beim Schreiben und während der Kurse in einem solchen Zustand und gegenwärtig überlege ich mir, ob ich denn nicht den Entscheid fällen sollte, immer darin zu bleiben. Das Dumme an der Sache ist, dass ich rein und raus *kann*, denn dann sage ich mir: Warum nicht beides genießen...?! Wenn man drin ist, möchte man ab und zu raus und wenn man draußen ist, möchte man rein. Zumindest mir geht es so. Bis zum Zeitpunkt des klaren und endgültigen Entscheides werde ich wohl ein Gratwanderer bleiben, ein Zigeuner der Welten, ein Reisender des Bewußtseins. Natürlich weiß ich, dass alle Ängste irrational und unbegründet sind – *und*: Es löst auch einen gewissen Reiz aus, in zwei Welten zu leben. Es kann ganz plötzlich geschehen, dass ich mich in der einen Welt wähne, mich aber bereits wieder in der anderen befinde. Der Übergang ist manchmal so fließend, dass ich selbst es kaum bemerke. Und: Es ist auch möglich, ganz gezielt die Grenze zu überschreiten. Dies ist jedoch stets mit einer gewissen Angst verbunden, diesen Schritt zu tun. Mit der Zeit aber fällt es immer leichter. Heute kann ich so fließend wechseln, dass es keiner mehr bemerkt. Früher musste ich mich dazu in eine gewisse Trance versetzen, heute gehen die Zustände fließend ineinander über. Ich berichte Dir davon, weil ich Dir wünsche, dass Du keine Angst davor hast, wenn es bei Dir soweit sein wird. Du kannst Dich dem in völligem Vertrauen hingeben. Es besteht kein realer Grund auch nur das Kleinste befürchten zu müssen. Es ist einfach nur wunderbar. Das Gefühl der zeitlosen Ewigkeit lässt alle Befürchtungen und Unsicherheiten, alle Nervosität verblassen und schon nach ein paar Minuten wirst Du nicht mehr derselbe sein. Dein Geist zerfließt in die Schöpfung hinein und alle Grenzen heben sich auf. Es ist ein Gefühl, wie wenn man fliegen würde. Sofort spüre ich Deine Gegenwart, egal wie weit Du von mir entfernt bist und manchmal denke ich, wie schön es doch wäre, wenn auch Du es spüren könntest. Du kennst dieses Gefühl aus den Momenten des Verliebt-Seins – der Liebe. Es *Ist* Liebe. Doch bevor man damit umgehen kann, muss man gelernt haben, nicht alles besitzen zu wollen, was man liebt und es auch wieder frei zu lassen, obwohl man es am liebsten ganz fest halten möchte. Du kennst das ja, man will es am liebsten nie mehr hergeben, nie mehr ohne es sein. Aber genauso wird einem in solchen Momenten deutlich bewusst, dass man es, durch sein Festhalten, zerstört. Man muss das, was man liebt, loslassen, sonst stirbt es. Also – wirst Du es loslassen. Du hast keine Wahl: Loslassen oder es sterben lassen. Doch wenn man etwas wirklich liebt, dann will man in allererster Linie, dass es lebt und nicht mehr, dass es einem persönlich gehört. Das ‚Haben-wollen' ist dem ‚Sein' gewichen. Die Menschen werden vom Leben selbst, ganz sanft darauf, dafür vorbereitet, indem sie ihre Kinder, ihre Eltern, ihre Freunde, ihren Hund oder ihre Katze irgendwann der Freiheit überlassen müssen. Entweder, weil sie fortziehen oder weil sie sterben. Etwas intensiver wird dieser Prozess dann sein, wenn Du selbst stirbst und gleich alle und alles zurücklässt. Das ist die Art und Weise, wie das Leben selbst Dich auf diesen Moment vorbereitet. Du wirst es so oft und immer wieder erleben, bis es Dir leicht fällt zu kommen und auch zu gehen. Nicht umsonst ist der Tod eine Erfahrung, welche jeder Mensch mit uns teilt. Was alle teilen, muss aus irgendeinem Grunde sehr wichtig sein, sonst wäre es vom Leben nicht so eingerichtet worden. Darauf kannst Du vertrauen.

Ein enorm unterschätztes Hindernis, gerade in der spirituellen Entwicklung ist: die Eifersucht. Ich weiß, dass es Religionen gibt, deren Gott sagt: ‚Ich bin ein eifersüchtiger Gott und ich dulde keinen anderen Gott neben mir.' Ein solcher Gott hat selbst keine Möglichkeit jemals Erleuchtung zu finden. Alleine schon daran erkennt man, dass Gott eine von Menschen geschaffene Lüge sein muss. Eifersucht ist die Angst, zu kurz zu kommen. Eine solche Angst, und auch eine andere, existiert in keinem Augenblick im Bewusstsein der Einheit und könnte dort auch niemals bestehen. Eifersucht ist die Sucht das, was man liebt, für sich alleine beanspruchen zu wollen. Was dabei geschähe ist in etwa dasselbe, wie wenn man das Wasser eines plätschernden Flusses für sich behalten und ihn deswegen am Weiterfließen hindern wollen würde. Natürlich, man könnte einen Staudamm errichten oder das Wasser abschöpfen und mit nach Hause nehmen und in ein Becken sperren. Dann gehört es einem ganz alleine. Aber was geschieht mit ihm, wenn Du ihm damit gleichzeitig das Wichtigste nimmst, was er hat: das Fließen? Es verdirbt. Es stirbt. Es wird bald nur noch aussehen wie Wasser aber tot sein. Und was geschähe, wenn Du es trinken würdest? Es würde auch Dich umbringen. Es ist derselbe frische Quell, welcher Dich zuvor so wunderbar zu beleben vermochte, der Dich heute, wenn Du nicht mit ihm umzugehen wüsstest, umbringen könnte. Eifersucht vergiftet alles und die wundervollste Liebe wird zu Gift. Bei einem Glas voller Liebe mag das wohl noch irgendwie zu verdauen sein, das ist möglich, aber bei einem Universum, welches bis zum Überfließen von Liebe erfüllt ist, wären die Auswirkungen dramatisch. Ein eifersüchtiger Gott wäre also der sichere Untergang allen Lebens. Und genauso ist ein eifersüchtiger Mensch der Untergang aller Liebe in seinem Leben. Bitte merke Dir das, Dir zuliebe. Es ist ja eigentlich noch viel dramatischer, denn: Einen eifersüchtigen Menschen kann man zwar lieben, aber er wird es nicht spüren können. Er ist der Liebe verschlossen und nur das Leben selbst kann ihn dafür wieder öffnen. Man kann nichts mehr für ihn tun, es sind einem die Hände gebunden. Auch ich bin da machtlos. Doch weiß ich auch, dass das Leben ihm die notwendigen Lektionen beschaffen wird, damit er sich wieder öffnen kann. Das Leben wird unter Umständen sein Herz brechen müssen, um es zu öffnen. Das schmerzt mich zwar, aber manchmal ist es nötig, denn: ‚Gebrochene Herzen sind offene Herzen.' Das ist die Arbeitsweise des Universums. Es lässt uns unendlich viel Zeit, unendlich oft sterben und geboren werden, unzählige Male verlieben und lieben. Doch irgendwann... irgendwann erbarmt es sich unser, schon alleine deswegen, weil es uns vermisst, und... dann greift es zur äußersten Maßnahme und... bricht das Schloss zu unserem Herzen auf. Viele Menschen interpretieren dies – wenn es ihnen geschieht – als ‚Strafe Gottes'. In Wahrheit aber ist es die Gnade des Himmels, welche ihnen gerade zuteil wird. Du kannst es mir glauben, das Leben würde viel lieber viel sanfter mit uns allen umgehen, mit Dir umgehen, aber irgendwann fehlen wir einfach und das Universum braucht uns und dann, dann ist es Zeit heimzukehren. Wir können uns nicht ewig dem Leben vorenthalten. So unwichtig sind wir nicht. Du, ich, wir sind ein Teil der Essenz des Lebens, ohne uns kann es nicht vollkommen sein. Das Universum ist eifrig bemüht um Dich und – süchtig nach Dir; aber nicht eifersüchtig. Das ist ein gewaltiger Unterschied. Und vielleicht können wir es dem Universum gleich machen und eifrig unsere Sucht nach Leben, anstatt die Eifersucht im Leben entfalten. Du brauchst keine Angst davor zu haben, zu kurz zu kommen, im Gegenteil... Du kannst nur gewinnen. Du schenkst Dein Glas Wasser her und gewinnst ein Universum voll göttlicher Lebendigkeit, welche Inbegriff jener bedingungslosen Liebe ist, nach welcher Du Dich in Wahrheit sehnst. Jene Liebe, von welcher Du ein nicht unwesentlicher Teil bist. Du verlierst bloß Deinen Verstand, aber Du gewinnst Dich selbst. Und da der Verstand das Einzige ist, was verrückt werden kann, wirst Du nicht wie befürchtet verrückt, wenn Du diesen verlierst, sondern normaler und außergewöhnlicher, einzigartiger als Du es jemals von Dir erfahren hast. Zumindest schon sehr, sehr lange Zeit nicht mehr...

So, und wenn Du noch genauer verstehen willst, was ich meine, dann höre Dir den stillen Meditationsteil der FREE SPIRIT-CD „ACTIVITY TO SILENCE" an und lass´ Dich durch sie in Dein tiefstes Inneres Sein, in Dein Zentrum der Mitte, begleiten. Denn der Meditationsteil dieser CD ist im selben Moment entstanden wie meine Worte. Und das Wunderbare an Musik ist, dass sie weitaus weniger begrenzt ist, als es Worte sind. Ich kann es Dir empfehlen. Und wenn Du Dich jemals gefragt hast, wozu ich ein Bewusstseinstraining entwickelt habe, dann wirst Du es nun wissen. Es ist einfach Ausdruck meiner Sehnsucht nach Dir und der Einheit allen Seins. Wie ein Feuerwerk, jeder Funke ist wichtig, jedes Farbtüpfchen trägt zur Vollkommenheit des Ganzen bei. Tauche ein... kehre Heim... erlaube Dir zu Sein.

LASS DEINE SORGEN HINTER DIR

Lass Deine Sorgen hinter Dir! Das ist der weiseste Rat, den ich Dir erteilen kann. Sorgen sind immer eine Frage des Standpunktes, den Du zu den Herausforderungen des Lebens einnimmst. Sie sind reine Fiktion. So wie ‚Gott' eine Fiktion ist um die Fiktion ‚Sorge' zu lindern. Die allgegenwärtige Göttlichkeit lindert nicht Deine Sorgen, sondern sie versucht Dir zu sagen, dass da keine Sorgen notwendig sind. Für jede Herausforderung hat das Leben bereits eine Lösung für Dich parat. Nur musst Du lösungsorientiert sein, um sie zu finden. Solange Du problemorientiert bist, wirst Du diesbezüglich blind sein. Probleme zu sehen, lässt Dich für die Lösung erblinden, wo hingegen das Annehmen einer Herausforderung Deinen Blick für Lösungen schärft und Dich wach und lebendig macht, anstatt Dich zu verwirren. Wache Lebendigkeit ist eine entspannte Angelegenheit, sich zu sorgen hingegen, verspannt selbst den hintersten und letzten Muskel in Dir, körperlich wie auch seelisch. Es blockiert und fixiert Deine Energie auf das Problem. Du bist dann nicht mehr in der Lage die Lösung, welche das Problem umgibt ebenfalls wahrzunehmen. Ist es nicht so, dass Du bei den anderen immer rasch erkennen kannst, wo die Gründe ihrer Probleme liegen und welches die einfachste Lösung wäre? Tja, und was denkst Du, ist der Grund dafür? Könnte es sein, dass ihre Probleme einfach nicht Deine sind und Du sie deshalb nicht als ‚Problem' betrachtest? Wenn etwas als Problem erscheint bedeutet das, dass man zu nah an der Sache dran ist. Je näher man an eine Sache ´rangeht, desto eher verliert man die Übersicht.

Deshalb ist es wichtig, eine gewisse Distanz zu wahren. Diese hat man natürlich nicht, wenn man sich selbst zu stark involvieren lässt oder sich selbst involviert. Genau dasselbe geschieht, wenn Du die eigenen Herausforderungen nicht als Probleme siehst. Du bewahrst eine gewisse Distanz und kannst mit Leichtigkeit eine Lösung erkennen. Denn wo eine Herausforderung ist, ist auch immer eine Lösung. Die beiden gehören zusammen wie Zwillinge. Kein Baum ohne Wurzeln, kein Meer ohne Wasser und kein Problem ohne Lösung. Die Schöpfung lädt niemals jemandem eine Last auf, die er nicht auch zu tragen vermag. Soviel ist sicher.

Was immer wieder eine gute Hilfe ist, um den eigenen Standpunkt zu relativieren, ist: die Probleme anderer Menschen zu betrachten. Du wirst staunen, wie schnell sich Deine eigenen Probleme in nichts auflösen. Denke einfach ´mal an alle täglich verhungernden Kinder dieser Welt oder an Menschen, welche unter unermesslichen Qualen des Krieges leiden oder deren Körper massivst behindert oder verstümmelt sind, an alle unheilbar Kranken und von unerträglichen Schmerzen gepeinigten Menschen. Blitzartig wirst Du zu Deinen eigenen Problem(ch)en einen völlig neuen Standpunkt einnehmen. Jetzt, da Deine eigenen Probleme nicht mehr so übermächtig scheinen, löst sich automatisch Deine Identifikation mit ihnen – und Lösungen tauchen auf. Dies ist einer der wenigen Momente, wo ich ein ‚Sich-Vergleichen' mit anderen gut heiße. Und dann, schau ´mal nach allem, was Du hast... Du hast ein Dach über dem Kopf, einen vollen Kühlschrank, möglicherweise immer ein paar Moneten für ein Bierchen, Zigaretten oder um Dein Fahrzeug aufzutanken. Du hast Kleider,

Freunde, möglicherweise sogar einen Job, eine Versicherung, Schmerzmittel oder zumindest einen Arzt gleich um die Ecke. Vermutlich hast Du sogar ein Mobiltelefon, einen Computer, einen Fernseher und Schuhe an den Füßen. Du kannst über Strom verfügen und im Winter kannst Du möglicherweise sogar Dein Heim beheizen, oder? Unglaublich, wie gesegnet Du doch bist! Verstehst Du? Wo sind sie jetzt, Deine eben noch unüberwindlich scheinenden Probleme? Relativ, gell?

Also, lass Deine Sorgen hinter Dir. Erkenne, dass Du keine hast. Und noch was, zu Deiner Unterstützung bieten sich viele Freunde, Verwandte und Bekannte an. Du musst nur offen dafür sein, ihre Hilfe auch anzunehmen. Es ist wahrlich gut gesorgt für Dich. Wenn Du diese Worte von mir irgendwo lesen kannst, so bedeutet dies, dass Du gesegneter bist als das Gros der Menschheit, welche entweder nicht lesen kann oder nicht das Geld zur Verfügung hat um sich Bücher zu kaufen. Also, lass Deine Sorgen hinter Dir. Werde Dir Deiner Bevorzugung wieder bewusst, sei dankbar und gehe freudigen Herzens Deine Herausforderungen an. Du schaffst es!

Du verfügst über ungeahnte Talente und Fähigkeiten, welche Dir bloß deswegen unbewusst sind, weil Du sie noch nie gebraucht hast. Nutze sie. Du bist kreativ und großartig... nur - vergisst Du es immer wieder. Stehe zu Deiner Größe - mehr als zu Deinen Problemen und Du wirst staunen, wie einfach sich alles bewältigen lässt, was Dich bis heute an Deine Grenzen gebracht hat. Ein herzliches Lachen wird Dich überkommen wenn Du erkennst, wie schwer Du Dir selbst Dein Leben bisher gemacht hast. Öffne

Deinen Geist einfach wieder für die Möglichkeiten, anstatt für die Schwierigkeiten. Keine Suppe wird jemals so heiß gegessen, wie sie gekocht wird und kein Problem ist jemals so schwierig, wie es im ersten Moment den Anschein macht. Ein freudiges Herangehen an die selbigen ist bereits die erste Hälfte der Lösung. Und sollte es Dir nicht gleich auf Anhieb gelingen, die nötige Distanz zu wahren, dann schlaf´ einfach mal darüber. Auch das kann wahre Wunder bewirken.

Meist ist es bloß der Verstand, welcher sagt, dass es ‚nicht zu bewältigen' ist, dass es ‚schwierig' ist und dass es ‚nicht so leicht zu lösen' wäre. Falls er sich einmischt und sich mit seinen Erklärungen und Begründungen bei Dir meldet, dann nimm es einfach wahr. Beobachte es einfach. Steig nicht auf ihn ein, sonst bist Du verloren. Beobachte ihn und sag: ‚Aha, der liebe Verstand will ´mal wieder ein Problem machen. Interessant.' Und dann lass´ es einfach sein. Der Verstand muss das tun, mehr kann er nicht, es ist seine Aufgabe so zu reagieren. Aber es besteht kein Zwang dazu, dass Du ihn ernst nimmst. Beobachte ihn einfach. Es ist der Verstand, welcher aus ‚Herausforderungen' 'Probleme' erschafft, aber es ist die Intuition des Herzens, welche sie löst. Vertraue darauf, vertraue Deiner Intuition, Deinem Herzen. Dann wird alles gut, dann wird sich alsbald alles in Wohlgefallen auflösen. Also noch einmal: Lass Deine Sorgen bitte, Dir zuliebe, hinter Dir. Nur so wirst Du schnellstens wieder frei um auch anderen zu helfen ihre Herausforderungen anzunehmen und genau so elegant zu lösen, wie Du.

Nachwort

Lieber Leser, liebe Leserin, ich danke Dir von ganzem Herzen, dass Du Dir die Zeit genommen hast, meine Worte in Dich aufzunehmen. Ich hoffe zutiefst, dass sie vermochten, Dein Bewusstsein zu erweitern, Deinen Verstand zu schärfen und Dein Herz zu berühren.

Wenn Du Lust auf mehr hast, dann besuche unseren Shop (www.bt-visiontrade.com) oder überlege Dir doch mal eine Teilnahme am FREE SPIRIT-Training© (www.freespiritinfo.com).

Ich grüße Dich aus dem ‚Sein im Zentrum der Mitte' und wünsche Dir, dass sich alle Deine Visionen mit ebensolcher Leichtigkeit und Freude wie bei mir, verwirklichen mögen!

In Liebe, Wertschätzung und Verbundenheit

Bruno Purusha Würtenberger

BRUNO EMPFIEHLT FOLGENDE BÜCHER UND MUSIK-CDs:

DER FREE SPIRIT

DAS Standardbuch für alle Free-Spirit-Interessierten. Interessant - Spannend - Informativ

REVOLUTION

Dieses Buch lebt, bewegt und berührt! REVOLUTION ist der momentane Bestseller! Nach der Lektüre dieses Buches wird nichts mehr so sein, wie es war.

KLARTEXT

Ein starkes Buch mit einer Fülle an spannenden Statements von Bruno Purusha Würtenberger. Viele tausend verkaufte Bücher belegen auch den Wert dieses Buches.

HÖRBUCH KLARTEXT / 2-CD's

von Bruno P. Würtenberger liest persönlich aus seinem Buch. Ein Genuss mit Schweizerdialekt und zarter musikalischer Untermalung von Mosaro.

FLYING HIGH – MUSIK-CD

Spirit-Pop vom Feinsten. Eine Freude für alle Musikliebhaber. Komponiert von Mosaro, getextet von Bruno P. Würtenberger. (vorwiegend in Englisch)

Activity to Silence – Musik-CD

Instrumentalmusik speziell für die aktive Meditation komponiert. Der Ablauf beinhaltet alle Stationen. „Grooving Spirit" in Bestform.

PEACE 4 YOU – Der Musikmix

Endlich sind die zwei Erstlingswerke von ‚Grooving Spirit' wieder da! Diesmal auf einer CD. Bester Spirit-Pop – Peacedance gemeinsam mit J. R. Silverbird!

Genauere Beschreibungen und vieles weiteres ‚Nettes' findest Du in unserem Shop unter:

www.bt-visiontrade.com

Bruno Würtenberger

Spirituelle Schule Schweiz
FREE SPIRIT
Wermatswilerstrasse 48
CH-8610 Uster

Telefon:
CH- (0)44 951 04 05

Fax:
CH- (0)44 951 18 00

www.

- **freespiritinfo.com**
- **new-peace.com**
- **bt-visiontrade.com**
- **groovingspirit.com**
- **spirituelleschuleschweiz.ch**